圖解
系列

圖解

三大特色

● 一讀就懂的民意公關入門知識
● 文字敘述淺顯易懂、觀念完整
● 圖表形式快速理解、易懂易記

民意與公共關係

莊克仁 著

閱讀文字

理解內容

觀看圖表

五南圖書出版公司 印行

本書目錄

本書目錄

本書目錄

本書目錄

本書目錄

本書目錄

第 15 章　公共關係的研究與調查

第 16 章　公共關係的評估方式

第 1 章

民意總論

Unit 1-1
輿論與民意的歷史和概念

一、我國輿論概念的產生

輿論概念是先有「輿」再有「輿人」，「輿人」的議論變成「輿人之論」，「輿論」即「輿人之論」的縮寫。

1.「輿」的出現

「輿」在春秋末期出現，本義指車子，《周禮・考工記・輿人》中說：「輿人為車」，意思是輿人製造車子。按照春秋末期的劃分，人分為十等，輿人為第六等。後「輿人」泛指差夫、手工業者等下層群眾。《左傳・僖公二十八年》中有「晉侯聽輿人之誦」的記載。

2.「輿論」的出現

最早出現「輿論」一詞的文章是《三國志・王朗傳》，其中有言：

往者聞權有遣子之言而未至，今六軍戒嚴，臣恐輿人之未暢聖旨，當謂國家慍於登之逋留，是以為之興師。設師行而登乃至，則為所動者至大，所致者至細，猶未足以為慶。設其傲狠，殊無入志，懼彼輿論之未暢者，並懷伊邑。臣愚以為宜敕別征諸將，各明奉禁令，以慎守所部。

3. 早期輿論的涵義

早期記載中的「輿論」，由於直接來自於「輿人之論」，其涵義指的主要是下層百姓的議論。這種輿論代表的是被統治階層的意見，並沒有將統治階層包括進去。

二、西方民意概念的產生

「民意」一詞翻譯成英語是 Public Opinion。該詞最早出現在十八世紀末，起初作為「公眾意見」來使用。

1. 公眾議政觀念的出現

古希臘、古羅馬在奴隸社會時期，就在城邦定期召開民眾大會，除去外邦人、婦女和奴隸，所有的男子都可以參加，大會職權廣泛，涉及立法、選舉、罷免等多項職責。亞里斯多德（Aristotes，西元前384-322）在《政治學》一書中指出，「就多數而論，其中每一個個別人，常常是無善足述，但他們合而為一集體時，往往卻可能超過賢良的智慧。」

2. 公意概念的出現

盧梭（J. J. Rousseau, 1712-1778）是法國資產階級啟蒙主義理論家，1762年4月，他出版了集中民主主義思想的著作《社會契約論》，首次提出「公意」的概念。在書中，盧梭指出，「唯有公意才能按照國際創制的目的，即公共幸福，來指導國家的各種力量。」「任何人不服從公意，全體就要迫使他服從公意。」於是，西方「公意」的概念從此基本形成。

比較中國與西方輿論概念產生的過程，可以看出兩者的差別：

第一，中國的輿論概念形成是一種語言的延伸、轉化過程，從最初的指代車子的「輿」到最後的「輿論」，中間經過了「輿人」、「輿人之論」；西方的輿論概念形成是一種政治理念的深化過程，從早期的公民議政到最後的國家政治中公意至上、公意不可違。

第二，中國的輿論概念產生於史學家之手，為無意之記載；西方的輿論概念產生於思想家之口，為有意之鼓吹。

民本體系下的古代中國民意

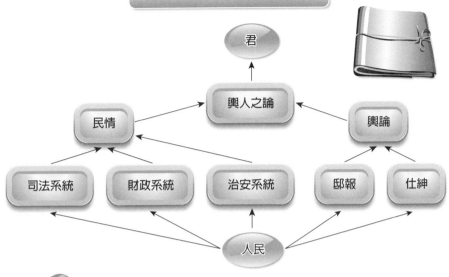

知識補充站

民意的定義

　　現代政治思想發展史上，十八世紀法國的哲學家盧梭（Rousseau），乃是首先將「民意」與「政治決策」，以及「民意」與「多數統治」的關係做過精闢研究的先驅。他的主要論點有二：第一，「民意」不是人類社會原始的特質，它是人際關係發展的產物；第二，民主政體的運作，最根本的基礎不是建立在法律規章之上，而是透過民意的呈現維持它的存在。即使在一個快速變遷的社會，政府有時候必須負起領導民意的功能，它的政策最後仍然必須回歸到民意的基礎上。

　　在英文裡面，即使公眾意見的公眾（public）一詞如何定義，也是眾說紛紜。至於何謂意見，新聞學者、心理學者、社會學者，則從不同的角度，各有不同的看法。因此我們在為「民意」（public opinion）一詞下定義時，不必、也不能侷促於一個統一的答案。正確的態度，是同意在不同的時空環節下，「民意」一詞具有多樣的解釋方式。

民意vs.君權

　　雖然中國自古即有所謂「天視自我民視，天聽自我民聽」的說法，但在政治實務上，還是以統治者的利益為中心，而儒家的倫理觀也似乎支持這樣的看法。

Unit **1-2**
民意的涵義

一、「民」

第一，「人民主權」（Popular Sovereignty）的原則，乃是要求制定政治決策的最終權利歸屬於全體人民，而不是人民中的一部分人或一個人。

第二，「人民諮商」（Popular Consultation），蘭尼（Austin Ranney）指出，政府需有制度上的管道安排，以便能夠掌握人民所想要採取和執行的公共政策。

那麼，何謂民意？各家的解說都不同。民意在英文為「Public Opinion」，早期譯為「公意」，亦即由「公」（public）與「意」（opinion）兩個要素所構成。

然而，何謂「公」？沒有公認的適當定義。最簡單的說法，「公」就是「公眾」。有學者將公眾界定為「一群具有共同態度的個人之集合體」（Yeric and Todd, 1983: 2）。在一個社會裡，會同時存在著許多不同的公眾。不同的公眾，關心不同的問題。

第一類係根據公眾的特性而分，Yeric和Todd指出三類值得注意的公眾：

1.**獨特性問題的公眾**（The Single-Issue Public）：這類公眾是由一群關心某項特殊問題的人所構成，例如：核四、網路咖啡店管理、環保等等問題。

2.**組織性的公眾**（The Organizational Public）：這類公眾基本上屬於某種特殊利益的組織，例如：公會的成員、藥劑師工會的成員等等。

3.**意識型態的公眾**（The Ideological Public）：這類公眾的特點是依附於某種意識型態，例如：民族主義、本土主義、女性主義等等。他們對公共問題常根據其意識型態來反應。

第二種分類係根據公眾對公共問題的關心、瞭解程度來分（Roskin et al., 1997: 144）：

1.**一般的公眾**（A General Public）：這群是社會上的大多數人，他們對於跟自己或目前無關的公共問題，並不太去關心或瞭解。

2.**關懷的公眾**（An Attentive Public）：這群是社會上的少數人，受較好的教育，能瞭解較高層次的政治社會問題，如：外交政策。

3.**政策與意見的菁英**（A Policy and Opinion Elite）：他們是社會上極少數具有高度影響力的人，具有相當專業性並介入政治。這些人是國會議員、政務官、知名的學者和高層的新聞工作者。

上述兩大分類的各三種類型公眾，並不相互排斥，且可能重疊。

二、「意」

談到「意」，「意」就是「意見」。有學者認為，「當一項態度被表達出來，不管是透過語言或是行為表達」，就稱之為一項意見。

何謂「民意」（或「公意」）？它的定義很多，Glynn等人曾歸納成四類，如下所示（Glynn et al., 1999: 17-30）：

1. 民意是個人意見的集合。
2. 民意是多數人信仰的反映。
3. 民意是媒體與菁英的意見。
4. 民意是一種虛構。

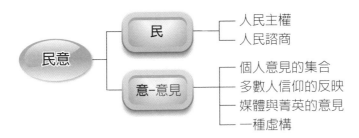

中西民意現象之比較

中　　國	西　　方
1.春秋戰國 　小國寡民,人民被重視,有類似民意的現象。 2.秦漢以後 　人民重要性降低,政治以皇權為中心進行運作,輿論現象以士人為主體。	1.古希臘 　一般人民不被重視,公民是國家主體,可行使直接民意。 2.封建時期 　人民不被重視,沒有民意現象。 3.資產階級興起 　人民權利被重視,主要是民主代議制的間接民主。

知識補充站

民意的歷史和發展

　　春秋時代,一般平民百姓的地位更加顯著,凡國家大事,民眾莫不參與。人民的謗言,與古希臘羅馬自由的議政頗為相似。

　　根據《左傳‧昭公四年》記載:「鄭子產作丘賦。國人謗之曰:『其父死于路,已為蝎尾。以令于國,國將若之何?』」而《左傳‧襄公三十年》載:「(子產)執政一年,輿人誦之,曰:『取我衣冠而褚之,取我田疇而伍之。孰殺子產,吾其與之!』及三年,又誦之,曰:『我有子弟』,子產誨之。我有田疇,子產殖之。子產而死,認其嗣之?』」由此可見,「國人之謗」與「輿人之誦」在當時涵義完全相同。輿人本來是地位很低的人,後來泛指一般百姓。「輿人之論」在三國時期進一步發展為「輿論」,《三國志‧郎傳》首次使用了這個概念。

　　近代有關民意的研究,主要包括了民意的意義、形成過程、傳播方式,以及效果研究等。任何一個民主社會,都建立在自由思考與表達的基礎上,因此只要民主制度繼續存在,民意的活動就會不斷的繼續發生。

Unit 1-3
民意的意涵與功能

一、民意的意涵

（一）民意的意義

根據李普曼（Walter Lippmann, 1889-1974）的定義，對民意真正展開實證的研究，是二十世紀的事。1922年，美國政論家、專欄作家李普曼寫了《民意》（Public Opinion）一書，更開研究民意的學術風氣。

李普曼在《民意》中，並沒有對「民意」作出明確的定義，只給一個很長的解釋：凡涉及別人行為者，大致上稱之為公眾事務。前述那種行為，與我們在現實世界的行為會有一定關聯，且是有依賴於我們或我們所感到興趣的。他們腦中的想像，包括對於他們自己、別人、他們的需要、意圖和關係等等皆屬於他們的民意。一些集團的人或以集團名義的個別的人，按照這些想像來行動，就成了大寫字母的「民意」。

（二）民意的面向

政治學者指出，民意有兩個面向，即偏好與強度。就實際的政治衝突而言，這兩個面向都很重要。

1. 偏好：偏好的面向是用來評估某些人對某政黨、候選人或政策贊成或反對的屬性。

2. 強度：強度的面向是用來評估人們的好惡程度。

（三）民意的特徵

1. 民意並不完全理性。

2. 民意往往是對某一個問題資訊不足、瞭解不足的人形成的意見。

3. 民意中有的穩定，有的易變，也有顯性和隱性的不同。

(1)因為議題的不同，民意有的易變，有的穩定。例如：民眾對於一些自認熟悉的問題的看法，較不易改變；對於較陌生的問題的意見，則較易受外界影響而改變。

(2)在某些議題上，民意明顯地表現出來，社會上多數人都清楚地表達其立場，政府此時自然會依較受支持的立場而行動；在某些議題上，少數人以積極的態度表達其立場，但大多數人則成為「沉默的多數」，則此時政府決策便可能受多數人影響。

二、民意的功能

（一）支持的功能

對許多正在實施中的政策而言，民意具有支持的功能。在民主國家，一個政策即經採取，並且產生某些人民喜歡的績效之後，就可被民意支持；反之，若一項新的政策，事前的規劃不顧民意，事後的執行又忽視民意的反對，則該項政策很可能後繼難為。

（二）指導的功能

所謂指導的功能，實包含監督政府與表達需求之功能。當民意具有此種指導的功能時，政府往往會依其需求方向而採取公共政策。

（三）放任的功能

在公共政策的制定與執行過程中，民意大都採放任態度，亦即對大多數公共問題，人民並不熱切關心，也不在乎政府採取何種措施，讓政府享有自由裁量權，謀求對策與解決之道。在民主國家中，此種放任的功能非常重要。

民意的定義、構成要件與功能

定　義

1. 民意是同屬於一個社會團體的人們，對於某一事件的各種不同看法。
2. 民意，乃是團體中的一群個人，在經過思想交流之後，對某一事件所匯集的各種意見。民意不代表每一個人的每一項意見。它只是在一特定的時空以及團體之內，就某項共同相關的事物，反映出團體內各種不同的意見。
3. 民意，乃是某一特定的群體，在某一特定的時間內，對某一有共同興趣的事物，所表達出來的各種觀點及意見。
4. 民意是一群特定的人，針對具有一定重要性的事物，所表達出來的各種不同看法的總合。

構成要件與功能

一、民意的構成要素
  1. 要有特定的議題。
  2. 要來自某一特定的公眾團體。
  3. 民意是特定團體內各種不同意見的總合。
  4. 民意必須是公開表達出來的意見。
  5. 民意必須對第三者的行為規範有影響力。

二、民意的功能
  1. 支持的功能：可使公共政策具某種程度的一貫性與平穩性。
  2. 採取公共政策。
  3. 放任的功能：可使得政府決策及執行時能順利。

知識補充站

關於民意的社會影響來源四方格

　　1955年，美國學者多伊奇（Deutsch, M.）和傑拉德（Gerard, H.）將民意的社會影響劃分為兩種基本的類型：納入規範的社會影響和訊息式的社會影響（Glasser, 1995: 180）。大眾傳播媒體是一種重要的對民意的社會影響力。

　　1955年，美國輿論學研究者普萊斯（Price）、奧斯哈加（Oshagan, H.）提出的「關於民意的社會影響來源四方格」（four-cell matrix of social in fluences on public opinion），從傳播環境與社會影響兩方面結合的角度，劃分出四種變動著的對民意產生重要社會影響的領域，如下圖：

民意的社會影響來源四方格圖

傳播環境

	人際（直接）	媒介（間接）
社會影響　規範的影響		
訊息的影響		

資料來源：陳力丹，2012，p.67。

Unit 1-4
民意的形成與出口民調

一、民意的形成與變化

Hennessy（1985）曾列舉出幾個研究民意來源的方法，包括從生理性主義的途徑、幼兒成長的途徑、社會組織的途徑、經濟決定論的途徑等等。

根據這些研究途徑，意見肯定是來自於理性的判斷，或是成長的過程，或是社會團體的影響，或是經濟地位的關係。Hennessy認為，這些理論都可以解釋民意的形成，而且可能互相影響，所以有待資料的蒐集、假設的驗證、變數的控制等等，以建構更完整的理論。

根據Downs（1957）的理論，民眾的偏好應該是基於許多對於政治事務的資訊所作出的判斷，前提是正當提供其政見或是黨綱，而民眾吸收政黨提供的資料，再加以判斷得出對於政黨的偏好。不過，Downs認為，許多民眾不見得有興趣瞭解政治，而政黨也不一定會提供足夠的政治資訊，因此，民眾直接以政黨過去的表現或是意識型態加以判斷，而不是具體的政策內容。

Erikson and Tedin（2007）指出，個人在幼年時花相當多的時間在家庭，所以，家庭成員間的態度會彼此影響，尤其是家長對於子女的影響更為明顯，例如：政黨認同，因為子女會揣摩父母的想法，甚至改變自己的想法以迎合他們心目中的父母想法。雖然隨著家庭功能的弱化，父母與子女之間的態度傳遞也開始弱化，但是因為選舉期間會討論彼此之間的政黨支持，所以，政黨認同仍然相當程度地經由家庭傳遞。

此外，同僚團體與學校也是影響民意的主要來源。

二、出口民調的特色

1.出口民調的特色

(1)受訪者都是剛從投票所完成投票的選民，換言之，出口民調的母群體乃是實際有去投票的選民全體，避開了不投票者所造成的誤差，因此，其對於選舉結果的預估可以更加準確。

(2)出口民調可以定時的方式蒐集結果並進行統計，對於爭取時效的新聞媒體而言，提供了及時更新的服務。

(3)出口民調若採取仿效真正投票方式的「假投票」，即以問卷交給選民填寫後投入調查單位準備的「票箱」，選民將更願意將投票結果真實告知。

(4)根據以往在美國等地實施的經驗來看，出口民調的最後結果與選舉的真正結果相當接近。台灣曾於1998年台北市長選舉投票日，由TVBS民調中心與山水行銷顧問中心實施第一次的出口民調，最後準確得到馬英九勝選的結果。

2.出口民調的缺失

訪員執行的錯誤（如：未按既定方式選擇受訪者或訪問方式偏差）和回答率的問題（地方民眾保守，不願立即表達他投給誰），會影響調查結果。例如：某個黨派或候選人的支持者特別「樂於」回答，就可能會讓預測失準。

實例：2004年總統大選，TVBS進行第二次出口民調（第一次民調是在1998年的台北市市長選舉，由TVBS與天和水民調公司共同主持），造成話題吸引觀眾，然而結果卻失真。

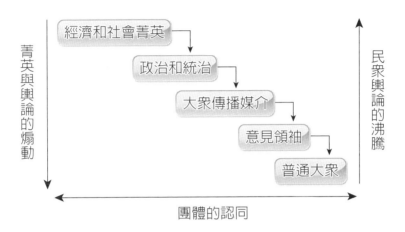

「瀑布模式」的輿論形成圖

經濟和社會菁英 → 政治和統治 → 大眾傳播媒介 → 意見領袖 → 普通大眾

菁英與輿論的煽動

民眾輿論的沸騰

團體的認同

知識補充站

輿論的形成

☆輿論是社會中的特定群體，對特定事件表現出來的特定意見，具有相對的一致性和持續性。

☆輿論必須要有一個焦點，但也不斷發展與變化，對社會發展及有關事件的發展過程，產生鉅大影響。

☆輿論多半混雜理智和非理智部分。

民意是推動立法的原動力

　　民主國家的立法機構，在制定、修改或是廢除任何法律時，民意是推動改革最重要的因素。有鑑於民意的多樣性及易變性，立法機構無法將眾多的民意直接轉換成具體的法律條文。

　　任何體制下的社會，人民最關切的是他們切身的需要。在民主的社會，人民有權利大聲的要求政府滿足人民的要求，否則在下一次的選舉時，他們就很可能成為在野政黨。民主社會的立法，很多都是以呼應民意為開端。當個人在謀求本身的利益時，政府必須制定遊戲規則（也就是法律）來規範他們的行為、權利以及義務。

Unit 1-5
民意的表達方式（一）：投票與大眾傳播媒介

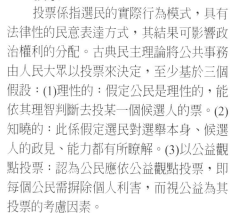

圖解民意與公共關係

010

一、投票

投票係指選民的實際行為模式，具有法律性的民意表達方式，其結果可影響政治權利的分配。古典民主理論將公共事務由人民大眾以投票來決定，至少基於三個假設：(1)理性的：假定公民是理性的，能依其理智判斷去投某一個候選人的票。(2)知曉的：此係假定選民對選舉本身、候選人的政見、能力都有所瞭解。(3)以公益觀點投票：認為公民應依公益觀點投票，即每個公民需摒除個人利害，而視公益為其投票的考慮因素。

然而，各國人民的實際投票行為與上述假定有重大差異。茲以投票行為的特色說明之：

1.投票者參與的消極性：並非所有人於每一次選舉時都會投票。一般而言，不投票者多為社經地位較低、教育程度較差及缺乏資訊的人，這些人的政治效能感很低，不認為自己的投票行為能產生任何影響。

2.投票者未必支持當選者的每一項政策：投票者可能只同意候選人的某幾項對其有利的政見而已，或可能只認同候選人個人而已（如：同鄉、同事、同學……），並非完全贊成其所提出的政見，因此，投票結果也未必能客觀反映民意。

3.投票者未必知道所有政見的內容：有時投票者對候選人之政見僅略知一二，很少人對政黨或候選人的政見有全盤的瞭解，頂多只憑「感覺」來投票，所以，投票結果未必能反映該項政策為民意所支持。

如上述所知，投票並不能百分之百的反映民意，仍有其先天上的缺點。

二、大眾傳播媒介

當代大眾傳播工具日新月異，傳播技術突飛猛進，無形中成為了民眾表達意見的方式。但是，大眾傳播真的能完全反映民意嗎？此不無疑問。茲就下列幾點加以說明：

1.從法理上而言：社會大眾，人人都有平等自由的機會，運用傳播工具表達意見，但實際上並非如此。如美國的報紙，表面上人人可自由辦報，但實際上具有影響力的僅是少數幾家報社。因此，美國所謂的民意，幾乎只是這幾家所反映的民意而已。

2.就民意報導而言：民意的報導往往需經記者、編輯的採訪、撰寫，然而，每一位記者、編輯本身有其價值成見存在，因此，就新聞抉擇的觀點而言，這些人往往具有左右大眾消息及意見的作用。

3.就責任方面而言：所有大眾傳播媒體應對其所報導的消息負責，但實際上，大眾傳播者一直扮演著「無冕王」的角色。亦即控制傳播機構的人在民主社會中，除對自己的道德、良心負責外，不受社會體系的任何控制，不需對任何人負責。因此，所謂的「民意」，真實性有多大，自有待商榷了。

 知識補充站

李普曼的圖像世界

　　早期理論家告訴我們，大眾傳播的角色，只是告訴我們所無法直接經驗到的事件、事情、何人與地。

　　但李普曼（Walter Lipman）則是劃了一個三角關係圖（見下圖），並且告訴我們這三角組成要素：

　　1. 行動的意識：

　　　　包括人、地、行動及可能現象的整個範圍，

　　2. 受眾的感覺。

　　3. 根據感覺的反應。

　　大眾媒介是介於行動意識和受眾感覺之間，它協助我們對外在世界產生一種「值得信賴的圖像」，而這個外在世界是我們摸不到，也看不到的。

民意形成的大眾媒介圖

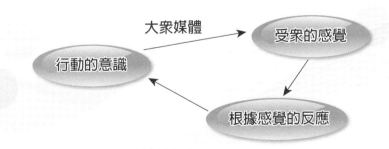

Unit 1-6
民意的表達方式（二）：民意調查與其他

一、民意調查（民意測驗）

1. 意義

(1)一般而言，民意調查是指，「直接徵詢部分民眾的意見，並根據這些意見來推知所有人民的想法為何。」

(2)民意調查通常即指「抽樣調查」（sampling survey）。其乃是從整個母體（population）範圍中，抽出一部分來予以調查，並進一步認為其統計上具有代表母體的事實性質。

2.民意測驗的功能

(1)對政府監督的功能：經由民意測驗，可瞭解民眾對政府首長、民意代表及司法機關的評價。一方面對於公職人員具有監督、督促的效果，另一方面提供了公職人員作自我修正的機會。

(2)對公共政策的功能：政府所推行的公共政策，如具有高度爭議性，應進行民意測驗，瞭解民眾的好惡及其強度。如反對者比率甚高或者有少數人強烈反對，則政府應加強溝通。

(3)在選舉活動中的功能：對於政黨與候選人而言，民意測驗有其重要性。民意測驗可作為政黨決定提名時的重要參考，而某些重要政治人物在決定參選與否前，也都會先作民意測驗；到了競選期間，政黨或候選人更可經由民意測驗來瞭解選情，預測選舉結果。

3.民意測驗的疑義

民意調查日益受到重視，但仍有一些引起爭議的問題，說明如下：

(1)在本質上而言：第一，民意調查只能詢問調查設計者所想要瞭解的問題，至於設計者原先沒有考慮到的問題，也無從瞭解。第二，民意調查所能問到的，僅限於能量化的簡明問題，複雜的問題往往因技術上對受訪者水準的考慮，而無法調查。

(2)在運作程序而言：第一，容易產生抽樣的問題，樣本是否具有代表性，可說是影響了民意調查的真實性。第二，在問卷設計上易犯有引導式問題的錯誤，可能因而扭曲民意的全貌。第三，因訪談者本身訓練的不足，可能產生訪問者的偏差，導致產生對方之排斥或將本身的價值成見加入其中。第四，當問卷的題目牽涉到敏感問題，受訪者在接受訪問時，可能會隱藏其真正的想法，而以其他選擇替代。

(3)在結果上而言：民意調查結果本身可能影響民意，產生所謂的「自成理論」、「自毀理論」。因民意調查需要先於事實發生而公布，然而，民意調查公布的結果，可能產生結果與發生的事實一致的，但也有可能不一致的。

二、其他

表達民意的途徑除了上述透過選舉投票、大眾傳播媒介與民意調查外，尚有其他表達民意的途徑：

1.從利益團體傳達民意。

2.經由座談會或私人溝通傳達民意（此處私人溝通包括電話、信件、拜訪政治人物等）。

3.經由民意代表傳達民意。

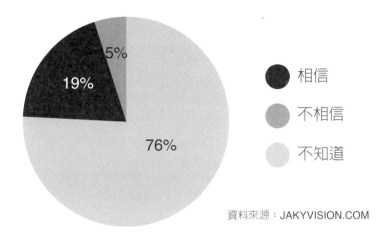

你相信民意嗎？

● 相信

　不相信

　不知道

5%

19%

76%

資料來源：JAKYVISION.COM

相信

不相信

不知道

知識補充站

民意測驗由誰主持：機構效應？

1. 當接到一分調查報告時，新聞記者不能毫無取捨地照單全收？

2. 在獲知主持人的身分及機構後，新聞記者必須釐清他們和調查主題有無利害衝突的地方。

3. 在評估調查報告的可信度時，知道主持者的機構會有很大的幫助。

4. 在報導民意調查新聞時，除非事關機密，否則新聞記者應該清楚交代新聞來源。

資料來源：鄭貞銘，2001：239-240。

Unit **1-7**
大眾傳播媒體對於民意的主要影響

大眾傳播媒體被視為在政治對話以及解決社會衝突上，舉足輕重。此乃因為大眾傳播媒體的確對政治決策具影響力，如：報導與不報導某議題、支持某議題與否，或以社論來影響一小撮人對於議題的看法。

從一個角度看，大眾傳播媒體的重要性如此顯著，是由於民眾缺乏公共政策立場的客觀指標。代表特殊利益團體的言論很多，但是關注民意的決策者，往往無從發掘「一般大眾真正的想法」。政治人物相信大眾傳播媒體可以洞察「大眾的想法」（平面媒體也自以為如此）。

一、媒體大都不具政治性

從適切的觀點而言，媒體在大部分情況下，是非政治性的，亦不具反政治性。報紙、電視、廣播電台、電影、雜誌、暢銷書，為何存在？理由很簡單，這些媒體能為老闆及製作人賺錢。然而，從消費者的角色來看，大眾傳播媒體具備三個主要功能：(1)娛樂性；(2)日常生活指南與方針；(3)有關公共議題的資訊與意見。

其中，第三項功能對於大多數媒體消費者而言是最不重要的。大部分學者對大眾傳播媒體的批評，遺漏了這一點：大部分消費者不要、也不想欣賞大眾傳播媒體上「鞭辟入裡」的政治評論。而對於政治觀察家與活躍分子而言，大眾傳播媒體只代表一部分的政治影響力。

二、有些媒體較具政治性

不論專業的新聞工作人員認為自己的角色為何，媒體經營者對於公共責任的認知大相徑庭，媒體的歷史與傳統會塑造新聞從業人員對社會功能的認知。從前報紙的政治色彩非常濃厚，但在這個世紀中已逐漸變淡。

三、觀眾不要媒體太泛政治化

觀眾同樣反對電視與廣播電台播放「公共服務節目」。從1947到1957年，每當電視廣為家庭接受時，逐漸取代廣播與電影，成為美國人主要的娛樂。

四、大眾傳播的明天──設定政治的議題

並不是世界上有政治重要性的事件，媒體就一定會報導。很明顯地，新聞工作者、發行人、製作人必須從大量的資訊中，篩選出有價值的新聞，摘要刊登或播報。這是媒體決策者成為訊息「守門人」的粗略概念，不過，媒體這種功能的名稱已經變成議題設定者（agenda setting）。總括來說，議題設定的功能如下：

1.除了在政府官員要求或姑息的狀況下，媒體可以有意保留或偽造事實，否則，即使只有少到個位數人民所關切的公共議題，也很難被媒體特意管制或漠視。

當然，媒體有時無法看出事件真正的重要性。在1972年6月水門事件一開始，全國性大報與電視台並不質疑尼克森的「闖空門」說法，甚至在民主黨候選人

喬治・麥高文已經把水門案斥之為「骯髒的政治制度」以及「掩飾」時，報紙仍刊登尼克森的說法好幾個月，但這絕對不是因為他們想保護尼克森政府，大部分是因為記者懶惰，對政治攻訐一向保有嘲諷的態度，而不是精心安排遺漏「闖空門」的重要性。以今視昔，當時的竊案極具重要性，是自尼克森1972年競選連任以來，種種不法、妨礙司法行為的重要指標，也可說是冰山一角。

2.讀者與觀眾認為議題的意義，比議題本身，更能影響他們對政治意義的聯想，以及反應。讀者及觀眾必須先察覺議題的政治意涵，對個人的影響，才能讓訊息造成影響。

新聞的流通模式圖

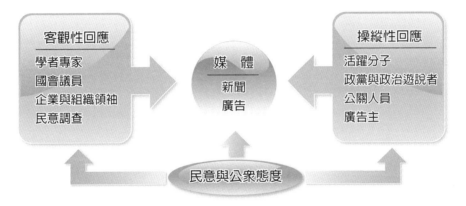

資料來源：Merriam & Makower, 1987: 37。

Knowledge 知識補充站

新聞流通模式的說明

　　Merriam 和Nakower之新聞流通模式，旨在說明媒體在新聞產製過程中所受的外在影響力，因為組織及其他次體系，或目標公眾間所產生的談判結果，將透露出彼此權力的消長，以及社會影響力的流動方式，這些都會經由大眾媒體公開化。

　　前述外界影響力則可分為：

1. 客觀性回應：包括學者專家等（假設基於學術中立，提出客觀意見）。
2. 操縱性回應：包括活躍分子等。

民意與政治

•••••••••••••••••••••• 章節體系架構 ▼

Unit 2-1
民意和民主政治

一、民意與民主的基本概念

民意與政策制定的關係，可以從兩個角度來探討：

1.多數統治論：在民主社會，儘管每個人以及團體都有表達的權利，但是一旦付諸於立法或行政程序時，多數統治論的立場還是無可挑戰的。民主政治的推行，常常需將複雜的問題簡化成「贊成」或「反對」兩種選擇，當獲得全體同意的可能性極其微小時，「多數贊成」變成在法理及道德上唯一可行的選擇。

2.代議政治論：在民治代議社會，人民選舉議士替他們制定公共政策。這種方式，使得民意與政策關係變得十分複雜。前述的「多數統治」，在代議制下由民眾手中交付給立法機構，「多數統治」變成議員的專利。這種方式最大的好處是，議員們可以有充分的機會，將複雜的公共政策作徹底的討論。缺點是最後付諸表決的方案，往往是一個妥協的產物，而且多數表決的結果，未必符合多數民眾的意願。在這種情形下，「妥協意見」將取代「公共意見」，成為立法及行政的民意基礎。

民意與政策制定的關係，在立法機構表現得比較明顯。行政部門由於必須考慮到國家的整體利益，因此，它較不受地區性或個別利益團體的遊說壓力。有時，行政當局反而扮演民意塑造的領導角色。以美國為例，1990年以來最大的兩次軍事行動──波斯灣戰爭以及巴爾幹半島的內戰，白宮當局都是在多數民意反對的情況下出兵海外。但是與此同時，總統除了上電視向全國民眾解釋政策外，也不斷的與國會溝通，尋求支持。值得注意的是，行政當局的施政，固然要順應民意，但是當面臨危機時，民眾也期待政府領導的決心與智慧。

二、民主政治弊端──民粹的操弄

在我國，學者俞可平則採用了第二種定義方式。他認為，民粹主義，從不同的視角看來，既是一種政治思潮，又是一種社會運動，還是一種政治策略。作為一種社會思潮，民粹主義的基本涵義是它的極端平民化傾向，即極端強調平民群眾的價值和理想，把平民化和大眾化作為所有政治運動和制度合法性的最終來源，以此來評判社會歷史的發展。

作為一種政治運動，民粹主義主張依靠平民大眾對社會進行激進改革，並把普通群眾當作政治改革的唯一決定性力量，而從根本上否定政治菁英在社會政治變遷中的決定性力量。作為一種政治統治的策略，它指的是動員平民大眾參與政治進程的方式，其主要特徵是透過強調諸如平民的統一、全民公決、人民的創制權等民粹主義價值，而對平民大眾從整體上實施有效的控制和操縱。這種政治動員的方式，常常變成政治領袖出於政治控制的需要，而對人民大眾進行蠱惑人心的宣傳和鼓動。

我們認為全民政府的主張，在民有、民享層面，確有其合理的理想性；可是在民治層面上，卻忽略了民主政治的基本預設：分權與制衡，而成為空想。因此，「全民政府」的理念，有對、也有不對之處。

簡言之，從民有、民享的角度，全民政府正是民主政治的理想目標所在：

但從民治的角度，「全民政府」就只是違背民主政治的空幻口號。論者若批評為「民粹政治」，正是因為主張「全民政府」者，並沒有認清或是遵照自由民主政治預設的遊戲規則，標榜一個只是虛幻的目標，藉以向民眾訴求。所以，這裡是否為民粹政治的爭論，應是著眼在不同的面向上。

民意的型態

（一）J型（J-Curve）民意結構

這種型態如圖2-1-a及圖2-1-b所示。在圖2-1-a中，對某一問題（或政策）絕大多數民眾強烈贊成，此時政府對此一項偵測應可順應民意，採納實施之。但圖2-1-b中，則恰好相反，絕大多數民眾是強烈反對，此時政府非常不宜採取此項政策，若政府硬是要推行，恐會招致民眾強烈的抗爭，亦不符合民主政策的原則。

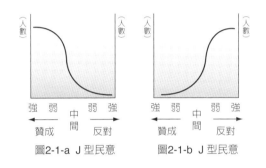

圖2-1-a　J型民意　　　　圖2-1-b　J型民意

（二）鐘型（Bell-shaped Curve）民意結構

對許多問題，民眾兩極端的意見相當稀少，大多數的意見都落在中間區域，而形成一口鐘形的民意結構（見圖2-1-c），此時政府可考慮採行此項中間政策。

（三）U型（U-Curve）民意結構

民眾對某一特殊問題的看法形成兩極化的意見，社會上分成兩個分立、互斥、衝突的兩團公眾，中間意見甚少，稱之為「U型民意結構」（見圖2-1-d）。政府碰到這種民意結構，最感棘手，常陷入兩難的困境，必須謹慎處理。萬一處理不當，可能引起社會不安，甚至動亂。

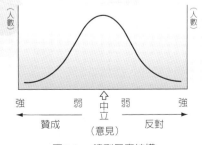

圖2-1-c　鐘型民意結構

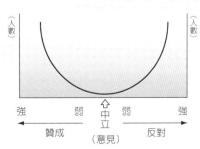

圖2-1-d　U型民意結構

Unit 2-2
政治行銷與競選

一、政治行銷

以傳播的角度而言，政治廣告當然是政治傳播的一支；但以行銷來說，政治廣告亦屬政治行銷範疇。

所謂行銷，是指生產者對消費者的傳播，在任何具有競爭狀況的市場，生產者都應將商品展示給潛在的消費者，告知商品優點以及說服他們購買，並且透過適當的管道將商品傳遞出去，這種過程就是行銷的過程。

政治行銷（political marketing）是非商業行銷（nonprofit marketing）的一種，所有以政治理念或行為作為整體訴求的行銷活動，均可視為政治行銷。因此，「愛到最高點，心中有國旗」，是以國旗（政治符號）作為訴求，即是一種政治行銷；「青年之愛」以集會方式，透過人際互動以達到用戶政治圖騰（國旗）的目的，也是政治行銷；當然，主張「民主、均富、統一」、「國會全面改選」、「新憲法、新國家」、「三民主義統一中國」、「台灣中國，一邊一國」、「立足台灣，胸懷大陸，放眼全天下」，甚至「經營大台灣，建立新中原」等政治理念的展現，都是政治行銷。

因此，政治行銷亦包含競選行銷。競選行銷是將自己包裝好，展示在選民面前，供選民抉擇。這種候選人以自己的形象或政治理念作為主題，賣力演出，以承諾或魅力換取票選，基本上也是一種彼此利益的交換行為，因此，行銷也就成為必須。

二、候選人形象

所謂「候選人評價」，意指選民對候選人本身的外在特徵，如：出生背景、政治經驗和人格特質的態度（Campbell, 1960; Storke, 1966）。因此，所謂評價，只是單純地反映選民對候選人個人特質的回應。至於「候選人形象」，指的是某一候選人在選民心目中所擁有的特質或條件，換句話說，就是此人對某一候選人所形成的認知或態度，而具有相當穩定性者（陳世敏，1992：151）。瑞恩（Rahn）等人將「候選人形象」加以概念化，認為「候選人形象」是由候選人能力、個人特質和情感等三部分所構成（Rahn, Aldrich, Borgida, & Sullivan, 1990）。張一彬也認為「候選人評價」應包括認知、評估和情感等三部分。即是選民對候選人外在特徵和能力有所認知，然後進一步加以評估，形成對候選人的整體感覺。有些學者認為的「候選人評價」則是指，選民在主觀上對候選人各方面的認知和態度，在用語上是以「候選人形象」來代表「候選人評價」的概念（陳世敏，1991；黃秀端，1996）。

三、選民區隔

選民，又稱為選舉人，是在一個選舉中有權參與投票的民眾。在普選中，選民就是當地城市的市民或本國人民。在一家上市公司，選民就是股東，包括散戶。選民權利除了投票，還有棄權和投廢票、向候選人質詢政綱等等，都是一種選民權利。

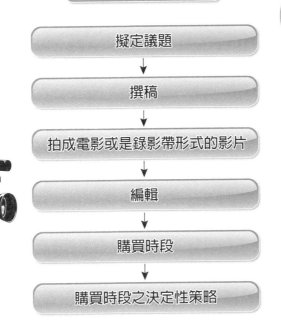

競選廣告製作流程

擬定議題
↓
撰稿
↓
拍成電影或是錄影帶形式的影片
↓
編輯
↓
購買時段
↓
購買時段之決定性策略

政治行銷與行銷理論的同質比較

項　目	行銷理論	政治行銷
市場概念	• 顧客群 • 市場占有率	• 支持選民 • 得票率
消費者行為	忠誠購買產品的消費者	忠誠支持政治人物或政黨的選民
市場目標	滿足消費者需求	實現競選政見
組織目的	打敗競爭對手	打敗其他候選人
決策者	消費者	選民
傳媒運用	廣告／促銷	造勢／拉票

資料來源：葉允斌，2004。

Unit 2-3
政治競選廣告計畫、策略與種類

圖解民意與公共關係

022

一、競選廣告的計畫與策略

政治宣傳有很多類型，包括：宣傳小冊子、新聞信、問卷調查、一般問候信、廣告看板、戶外看板、小貼紙、報紙廣告、雜誌廣告、火柴盒、徽章、筆、電腦的滑鼠墊、傳真、網頁、廣播和電視廣告。

以下幾點是在推展媒體計畫時需要注意到的地方：(1)花費在較為有利的媒體上。(2)估算競選期間的廣告成本。(3)針對目標特殊的閱聽眾給予選擇媒體的能力。(4)完成廣告明確目標之多樣性媒體能力。(5)廣告的連續發展性。(6)協調在競選活動中其餘的廣告活動。

二、策略基本模式

在購買廣播和電視時段上，競選活動的經濟狀況支配四種基本模式：

1.衝刺策略

利用這個策略的候選人，通常是在競選初期名氣比較低的，因為這個策略最主要是在競爭初期作衝刺，通常在競選最初的四至六個月，在一至兩個星期中購買大量的廣播和電視時段。

2.快速完成的策略

這個策略是一些候選人剛開始會選擇慢慢來，在快結束的時候才開始衝刺，以期望在選舉當天贏得勝利。靠著有計畫的購買廣播和電視的廣告時間表，一直到選舉最後的時間。

3.大型造勢策略

是有目的的來利用免費的新聞報導，製造一些主要的事件，有計畫性的而且週期性的從競爭開始到結束出現。

4.導航策略

這個策略特別吸引已經領先以及努力維持領先地位的候選人。這個策略需要競選活動穩定地來進行廣告活動，競選活動使媒體公司每天都必須購買一連串廣告，讓競爭活動持續幾個星期或是一個月，尤其在選舉活動前一個或兩個星期的期間更為重要。這個策略使得本來領先的候選人能夠保持長時間的出現，並且在選舉時能夠當選。

三、競選廣告的種類

1.廣告訴求

(1)感性訴求：以情感刺激，如：透過幽默手法、俏皮語氣，試圖引起選民特殊的情緒反應。

(2)理性訴求：透過說理、法令、數字等邏輯性的內容，讓選民支持該政黨或候選人在廣告中陳述的意見、攻擊對手、反駁批評或塑造形象，並試圖尋求選民的贊同或接受。

2.廣告類型

(1)正面廣告：功能包括結合候選人的領導風格與人格特質，強化和選民的同質性，發展候選人的英雄形象，並將議題與候選人連結，賦予其正面形象。

(2)負面形象：負面廣告是將焦點集中在競爭對手的缺點，進行攻擊，增加其負面性；甚至將不歡迎的議題與該敵對者連結，讓其貼上負面形象的標籤。

3.競選廣告表現

競選廣告最重要的是引人注意，設計上以符合「標題聳動、文案短、圖片大、構圖活潑」為原則。

競選活動策略基本模式

策略名稱	策略內容
衝刺策略 （The Spurt Strategy）	最主要是在競爭初期作衝刺，通常在競選最初的四到六個月之中，或在一到二個星期中購買大量的廣播和電視時段。
快速完成的策略 （The Fast Finish strategy）	剛開始會選擇慢慢來，在快結束的時候開始衝刺，以期望在選舉當天贏得勝利。
大型造勢策略 （The Really Big Show Strategy）	製造一些主要的事件，有計劃性的而且週期性的從競爭開始到結束出現。
導航策略 （The Curise Control Strategy）	讓本來領先的候選人能夠保持長時間的出現，並且在選舉時能夠當選。

知識補充站

Q：關於選舉期間候選人或政黨到處懸掛或豎立標語、看板、旗幟、布條等廣告物，應如何處理？

A：《公職人員選舉罷免法》第52條第2項至第5項：「政黨及任何人不得於道路、橋樑、公園、機關（構）、學校或其他公共設施及其用地，懸掛或豎立標語、看板、旗幟、布條等競選廣告物。但經直轄市、縣（市）政府公告供候選人或推薦候選人之政黨使用之地點，不在此限。前項直轄市、縣（市）政府公告之地點，應公平合理提供各政黨或候選人使用；其使用管理規則，由直轄市、縣（市）政府定之。

競選廣告物之懸掛或豎立，不得妨礙公共安全或交通秩序，並應於投票日後7日內自行清除；違反者，依有關法令規定處理。違反第1項或第2項規定所張貼之競選宣傳品或懸掛、豎立之競選廣告物，並通知直轄市、縣（市）政府相關主管機關（單位）依規定處理。」

資料來源：中央選舉委員會。

http://web.cec.gov.tw/files/15-1000-12408,c2242-1.php

Unit 2-4
競選廣告製作與媒體廣告的有效性分析

圖解民意與公共關係

一、競選廣告製作流程

1.擬定議題

一般而言，媒體顧問間與競爭民調若能合作無間，競選文宣議題的操作便能發揮到極致。

2.撰稿

撰稿是整個競選文宣廣告製作過程的第一步，最終結果是完成電視或是廣播廣告帶。在競選初期，撰寫重點必須為介紹候選人及競選議題，以便能為競選文宣的闡述奠定基礎。

3.拍成電影或是錄影帶形式的影片

文宣初稿完成後，先行送交候選人以及主要競選顧問作確認。經過多方篩選，確認後之定稿便會進入下一階段。

4.編輯

編輯又稱為後製作，是文宣廣告實際製作的地方。第一步是從毛片中挑出適當者，然後各個場景便能盡量根據之前的草稿加以剪輯組合。

5.購買時段

在文宣廣告製作的同時，媒體顧問也在忙著向電視台、有線電視業者購買廣告播出的時段。此時，根據民調資料所作的分析，將有效接收廣告訊息的特定區域或是市場整理出來。

6.購買時段之決定性策略

選戰的花費龐大，媒體顧問不能毫無篩選的運用預算。整體而言，購買時需要特定衡量標準。有兩種較常用的標準是單點成本法，以及路障策略。

二、媒體的選擇

1.媒體的選擇步驟

(1)媒體型態：指不同型態的媒體，包括：電視、雜誌、報紙、廣播、車廂廣告及戶外看板等。

(2)媒體選擇：媒體型態中可利用的不同工具，如：報紙媒體則有《中國時報》、《聯合報》、《自由時報》等。

(3)媒體單位：指的是媒體工具刊登的時候，其版面等單位。

(4)出現時段：指刊播的時間或位置。

2.候選人可依各媒體特性來選擇適合的

(1)報紙廣告。

(2)戶外廣告。

(3)著書。

三、媒體顧問

因為大量複雜的支出和科技專業知識的需要，今天大部分競選活動會運用專精於這些工作的政治顧問的意見，來製作與安排電視廣告。有些顧問也會運用當地的廣告商來作媒體的購買，因為他們比較熟悉當地媒體。

四、媒體廣告有效性之分析

1.效果有限論

支持此說者，認定黨派意識主導選民投票取向，競選廣告無法達成太多的改變，只有約3%的選舉人會受到競爭廣告的影響。

2.效果無限論

較為樂觀的人則認為，廣告確實會

影響觀看者的政治態度。但持此說法的人也認為，廣告與其說是真正改變人們的態度，不如說是降低人們對於某一政見之排斥與阻礙。

3.尋求資訊論

此派認為，選民會在競選廣告上尋求所需的資訊。而電視對於政治議題的傳播或是候選人的形象塑造，都有莫大的助益。

《台北市競選廣告物管理自治條例》對於競選廣告物的有關規定

第五條　競選廣告物之設置應符合下列各款之規定

一、構造不得使用竹鷹架。但設置並附著於競選活動期間登記有案之競選辦事處建築物外牆，且地面支撐構架，並無礙公共設施及公眾通行者，不在此限。

二、不得封閉或堵塞依建築技術規則所設置之緊急進口或妨害法定避難器具之使用。

三、不得設置於道路、橋樑、公園、機關（構）、學校或其他公共設施及其用地。

四、空地樹立廣告高度不得超過六公尺，且其最大水平投影面積不得超過三平方公尺。

五、屋頂樹立廣告高度不得超過六公尺。

六、汽球廣告高度不得超過一百公尺。

七、正面式招牌廣告之下緣不得低於建築物二樓樑底下方，縱長不得超過三公尺，寬度不得超過五公尺。但附著於競選辦事處建築物外牆者，縱長得放寬至六公尺。

八、側懸式招牌廣告之下緣應距地面四公尺以上。縱長不得超過六公尺，厚度不得超過三十公分，且突出建築物外牆並含支撐構架之尺寸不得超過一點五公尺及臨接道路寬度之十分之一。

第八條　車輛設置競選廣告應符合下列各款規定

一、不得影響行車安全、行車視線或妨礙車門之開啟。

二、除公車及計程車外，張貼、漆繪設置於車身者，得免申請許可。

三、設置於公車車廂外者，應依本市公共汽車設置車廂外廣告物相關規定申請設置核准，並以張貼、漆繪為限，不得加掛任何物品、變更車身原有結構或妨礙安全門之開啟。

四、計程車得設置車頂競選廣告看板，其車體兩側車門不含車窗範圍，得以平面漆繪或穩固黏貼方式張貼廣告。

Unit 2-5
競選廣告的活動

一、展示性的廣告圖像

包含有廣告看板、明信片、布條、小貼紙、徽章，這些是在早期的美國選舉中最常使用的。展示性的廣告在兩方面有助益，第一是建立並加強對候選人名字的認知，第二是很容易對候選人產生印象。

二、宣傳單

在政治宣傳中，DM可以針對目標閱聽眾來做宣傳，廣播和電視雖也有類似的效果，但比起DM還是有差別。唯一可以跟DM相比的傳播媒介就是電話。

三、電話拜訪服務

使用電話拜訪服務最主要的目的就是傳達訊息、募款、在選舉當天催票、說服特定的對象。

四、印刷廣告

報紙或雜誌廣告具有政治選舉的幾個優點：第一，印刷廣告可以及時提供訊息；第二，報紙和廣播的廣告比起其他廣告方式而言，更容易表達自己的理念。

五、廣播

廣播在政治廣告上來說，很難去估計其效果。對目標閱聽眾而言，廣播雖然不像DM那麼精確，但是範圍較廣，屬於區域性的聽眾，可以提供候選人去接觸到特定的少數聽眾。

六、電視

電視的優點很多，如第一，電視是唯一一個可以同時呈現視覺和聽覺的廣告媒體，能夠在短時間內同時傳達更多的訊息。以觀看者來說，可以同時獲取兩方面的訊息。第二，在所有的大眾媒體中，電視擁有最多的觀眾。第三，電視可以提供信任感，因為電視能夠提供影像。第四，電視的最後一個優點是，它有某種程度的目標閱聽眾，像運動節目會比較吸引男性觀眾。

電視的最大缺點就是，電視廣告必須花費非常龐大的金錢，而且隨著時間，所花的錢會愈來愈多。第二個缺點是，電視是不分地域性的，會做全國播放，要掌握目標閱聽眾，對電視而言有其困難。第三個缺點是有很多候選人無法在電視上表現得很好，但是不能因為這樣而完全排除電視。

七、VCD和有線電視

對美國人而言，錄影機（DVD）愈來愈普遍，90%以上的家庭都有一台錄影機。證據顯示，訂做的VCR特別有效，因為依統計而言，40%的人收到這樣的錄影帶都會去觀賞。

有線電視愈來愈發達，所以，有線電視也很積極地尋求政治方面的生意。以美國而言，數位電視可以連結有線的系統，成為一個區域性的網路，有助於地域性的目標。

運用有線電視的政治廣告，對於目標閱聽眾上有兩方面幫助：第一是有助於更為精確地找到因地域而有所不同的目標閱聽眾；第二，有限電視可以區隔不同興趣和背景的閱聽眾。

八、網路

網路已經愈來愈普遍。政治網站可以提供以下十項功能：1.提供候選人的資訊給選民。2.提供候選人對政治議題的觀點。3.提供有關政治的資訊和新聞。4.與支持者和贊同者溝通的管道。5.提供選舉的資訊，進行選民的調查、登記等等。6.吸引對政治有興趣的志願者。7.提供社群中的資訊和新聞。8.尋找選民在議題上的態度。9.募集資金。10.攻擊反對者。

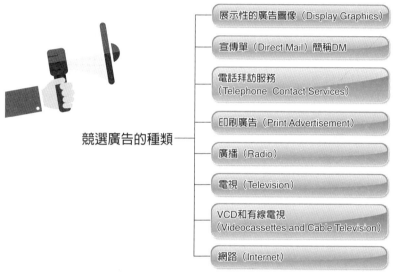

競選廣告的種類
- 展示性的廣告圖像（Display Graphics）
- 宣傳單（Direct Mail）簡稱DM
- 電話拜訪服務（Telephone Contact Services）
- 印刷廣告（Print Advertisement）
- 廣播（Radio）
- 電視（Television）
- VCD和有線電視（Videocassettes and Cable Television）
- 網路（Internet）

台灣競選廣告的類型

類　型	目　的	實　例　說　明
政令宣傳	不只是單純的政令或公益訊息傳播，而是在訊息中暗藏了意識型態的宣傳，甚或是還有其他特定的目的。	如1994年省市長選舉期間在電視播出的「阿匹婆拜神廣告」，表面上是經由阿匹婆所拜的媽祖、關公、保生大帝都是來自大陸，來強調族群融合，是屬於政令宣傳廣告，但事實上此廣告尚有其他目的，即經由神祇來自大陸，來暗示台灣人應可支持外省籍的省長候選人宋楚瑜，以為宋楚瑜的省級問題「消毒」。
意識型態宣揚	與上述的政令宣傳導相比，這類意識型態的宣揚更顯得赤裸裸。	如早年的「反共必勝、建國必成」，「反攻大陸、解救同胞」。近年來政府對意識型態的宣揚則多了商業包裝，如「愛到最高點，心中有國旗」（1989）的宣傳愛國愛旗的廣告，就拍得如同商業廣告片。
形象廣告	這類廣告以塑造民眾對廣告主良好形象為目的，帶著濃厚的「公關」性質。	在1994年1月各大報刊登「哪一位省主席肯為農民放下身段，賣力促銷省產蔬果？」的廣告，也可歸為形象廣告。這則廣告的目的一是廣告主宋楚瑜作「公關」，另方面則是「包裝」宋楚瑜，以進行省長選舉的前哨戰，但因為距離選舉還有將近一年的時間，所以不視為選舉廣告，而把它視為是宋楚瑜的形象廣告。

Unit **2-6**
民意測驗

一、民意測驗的定義

　　民意調查，事實上就是統計學門中的抽樣調查，運用於探討輿論的調查。抽樣調查理論，就是在探討如何從數量龐大的研究對象中，透過設計適當的抽樣方法，抽出一小部分的研究對象，並以抽出的這一小部分研究對象的資料，以適當的統計方法，推估原數量龐大的研究對象的特徵。這個數量龐大的研究對象之全體，在統計學的專有名詞中，稱為「母體」；而抽出的一小部分研究對象，稱為「樣本」；這一小部分研究對象的個數，稱為「樣本數」。

二、源起與發展

　　最早有案可查的民意測驗是於1824年，由哈里斯堡的《賓夕法尼亞報》（Pennsylvanian）舉行的總統選舉前的民意測驗調查活動。

　　從1940年起，每屆美國總統選舉之前，都要舉行規模不等的民意測驗調查。科學的抽樣方法，終於在1930年代興起。1932年，米勒夫人（Alex Miller）決定出馬競選愛德華州的州務卿，她的女婿蓋洛普（George H. Gallup）便利用這次的選舉，來驗證他的博士論文中所發展出的一種科學抽樣方法。蓋洛普用這種科學方法進行了一項民意調查，結果正確地預測出選舉的結果。

　　真正使科學的抽樣方法受到社會各界重視的，是1936年的總統選舉中，蓋洛普所從事的民意調查。所以，有人稱此為民意調查現代世紀的開始。

三、民意測驗的類型

1.如何進行民調

　　(1)以訪問方式來分：有面對訪問、郵寄（自行填寫）、問卷及電話調查等。最近幾年因網路興起，也有透過網路進行者。

　　(2)以實踐設計來分：有橫貫性與長期性調查之分。前者以一個樣本（數百、上千人不等）進行一次調查，這種方式多在瞭解調查舉行當時的狀況，不能測量改變；後者則針對同一群對象，在不同的幾個經過安排設計的時間，進行多次的訪問，蒐集長期的資料以瞭解變遷的情形。

2.其他方法：焦點團體（Focus Group）

　　通常有12至15人齊聚一堂，針對某個話題進行接受指導的討論。假設討論的話題為政治議題，在討論開始前和討論後進行意見測量，就可以看出密集的政治教育經驗和如何影響選民的觀點。

四、民意測驗的步驟

　　民調的首先步驟是設計問卷。調查者必須與候選人或是媒體顧問進行討論後，才能進行問卷的規劃及設計，包括問卷的主體、整個大環境目前的情形（如：政治氣候等）。

1.問題設計的指標

　　(1)問題的用字遣詞，應避免含糊不清、模稜兩可的問題。

(2)避開有偏誤的選項或用詞。

2.問卷表現的形式

如果一份問卷的編排不適當，可能會使受訪者漏答問題，也會使他們弄不清楚資料的性質。

3.問卷的編排順序

一個問題的陳述，可能會影響後續問題所得到的答案。

4.問卷問題的前後文及文句陳述

「問卷」這個名詞，係指一系列的問題。不過檢驗一份典型的問卷，則通常會發現陳述和問題一樣多，而這是有原因的。通常，研究者有興趣的是，查明答題者持某一特定的看法或態度到什麼樣的程度。

五、民意測驗的效益與流弊

1.民意測驗的效益

(1)維護政治安定。

(2)提升民主程度。

(3)改善決策品質。

(4)協助政治溝通。

2.民意測驗的流弊

(1)可能影響有獨立性、開創性的領袖之創造力。

(2)可能貶低議會機構的民意代表性。

(3)反觀我國，近年來由於媒體彼此競爭，本身甚有自己的政治立場，當媒體自行辦理民意測驗時，往往因方法不夠嚴謹、取樣沒有代表性，故在發表時，常因彼此數字不同，產生所謂「機構效應」，以致有損其公正性。

民意調查的主要類型

類　型	內　容
面對面訪問（face-to-face interview）	訪員將事先設計好的問卷及相關資料，以口述檔內容的方式當面對受訪者進行訪問，進行訪問的地點通常是在受訪者的居住處所或是對受訪者較為方便的場所，有時又稱為家戶訪問（household interview）。
電話訪問（telephone interview）	電話範圍的執行方式為調查過程是藉助電話通訊設備來進行，因此，研究者必須事先掌握受訪者的電話號碼，並且經由電話溝通的方式來進行訪問。
郵寄問卷訪問（mail survey）	透過郵件寄送的方式，將調查問卷及相關物品，寄送給受訪者，受訪者接到問卷並自行填完成後，再以郵寄方式寄回給研究者。
網路調查訪問（internet survey）	透過網際網路的傳送，將研究者的調查主題送到受訪者的手上，受訪者在完成問卷訪問之後，再透過網路將結果傳回給研究者。
焦點團體（focus group）	藉由針對少數個人的訪談，對特定的問題進行深入瞭解，同時，借由團體討論的互動情境，鼓勵參加焦點訪談的成員，盡情發言。藉由這樣的討論過程當中，可以瞭解參與者對討論問題的各個不同面向的認知，以及當參與者聽到不同參與者的意見時的對應方式。

Unit 2-7
九合一選舉──民調失準了嗎？

一、民調仍是選舉不可或缺的工具

《聯合報》2014年12月17日A7版的報導，九合一選舉，民調聲勢極高的新北市長朱立倫僅小贏對手兩萬多票，而同被看好的現任桃園縣長吳志揚竟翻盤輸了兩萬多票。柯文哲競選總部總幹事姚立明，選前公開預測柯會得八十萬票，事後證明頗符合投票結果，使得民調準不準的問題，選後繼續受到討論。

姚立明表示，八十萬並不是心戰講話，他們當時綜合了各家民調，以投票率七成推估，再依各項指標數據分析出的「科學統計」。結果柯拿下八十五萬票，連拿六十萬票，與姚的預測接近。選前四個月，柯陣營每週至少做一次民調，涵蓋各項議題；甚至姚立明出任總幹事時，柯營都做過民調，可見民調在選舉時還是不可或缺的工具。

二、柯陣營藉民調評估廣告效果

連勝文曾經推出一檔「一直玩一直玩」的競選廣告，引發網路鄉民競相KUSO，柯陣營也藉民調來評估了廣告效果。柯陣營發現，連推出這檔廣告後，連柯兩人的民調就拉開了，但連後來仍繼續推出類似廣告。姚立明表示，「連陣營顯然沒認真把民調當作一回事。」

依柯文哲陣營的經驗，民調應該相當值得信賴，但新北市與桃園市的結果，又要如何解釋？是因為測不到拿手機的首投族嗎？聯合行銷公司副總簡文吟表示，如果習慣使用手機的年輕人，在抽樣上不容易觸及，應該所有地域的調查都不準，但台北市與台中市的民調結果並沒有太大差距。簡文吟認為，選舉結果與大家預期有差距，最關鍵原因是投票率。新北市長與桃園市長的投票率都只有61%及62%，在六都中最低，因為有太多人沒有出來投票。

三、投票率影響民調結果

未來事件交易所執行長洪耀南也認為，新北市、桃園市選舉結果與民調大不同，正是投票率的影響。因國民黨對這兩個直轄市「信心滿滿」，加上台北市長「苦戰」氣氛溢散全國，朱立倫、吳志揚明顯想冷處理，沒料到藍冷、綠熱影響了投票率，票催不出來。

洪耀南與簡文吟都表示，民調是針對當下問題做分析，候選人可藉此掌握趨勢與輿情，但無法推估選舉結果；即便民調可配合基本盤做預測，但仍無法預先估算投票率等變因。天要下雨、選民要不要出遊，都會影響選舉結果。民調要準確，關鍵之一是樣本數多寡。選舉初期，柯營民調樣本數為一千人，後期增為三千人。姚立明表示，若樣本數達到三千人，「一定精準」。另外，民調長期性的變化也是指標，三個月就可看出趨勢。

既然民調仍存在許多問題，一年多之後的總統大選還可不可以相信民調？洪耀南表示，此次民調無法掌握的是年輕人投票意向及投票率，但民調結果還是符合大致趨勢及社會氛圍，繼續沿用不是問題。

　　洪耀南表示，總統選舉不像縣市長選舉有特定區域考量，屆時可隨機撥打電話，抽測「手機族」投票意向，技術上是可行的。簡文吟則認為，手機民調當然可以做，但成本是家用電話的六倍，會是手機民調最大的顧慮。

Knowledge 知識補充站

Q：政黨及任何人可否發布民意調查資料？

A：《總統副總統選舉罷免法》第52條第1項規定：「政黨及任何人自選舉公告發布之日起至投票日10日前所為有關候選人或選舉民意調查資料之發布，應載明負責調查單位或主持人、抽樣方式、母體及樣本數、經費來源及誤差值。」

同條第2項規定：「政黨及任何人於投票日前10日起至投票時間截止前，不得以任何方式，發布有關候選人或選舉之民意調查資料，亦不得加以報導、散布、評論或引述。」所謂之民意調查資料，係指將民眾有關候選人或選舉所為之意見表達，予以彙計公開之行為而言，至於其彙計之方法與公開之形式，則非所問。

《公職人員選舉罷免法》第53條第1項有關發布民意調查資料規定除應加載明「辦理時間」規定外，其餘規定與《總統副總統選舉罷免法》相同。

資料來源：中央選舉委員會。

http://web.cec.gov.tw/files/15-1000-12407,c2242-1.php

中選會表示101年1月4日起禁止發布民調

中央選舉委員會新聞稿　　　　　　　中華民國101年1月1日（星期日）

　　中央選舉委員會1日表示，依《總統副總統選舉罷免法》及《公職人員選舉罷免法》規定，自101年1月4日起，不得以任何方式，發布有關候選人或選舉之民意調查資料，亦不得加以報導、散布、評論或引述，違反規定者，依法可處新台幣50萬以上500萬元以下罰鍰。

　　中選會特別呼籲政黨、候選人、民調機構及所有媒體，應該遵守選罷法之規定。

　　中選會指出，《總統副總統選舉罷免法》第52條第2項及《公職人員選舉罷免法》第53條第2項均規定，政黨及任何人於投票日前十日起至投票時間截止前（1月4日至1月14日下午4時止），不得以任何方式，發布有關候選人或選舉之民意調查資料，亦不得加以報導、散布、評論或引述。違反規定者，處新台幣50萬以上500萬元以下罰鍰。

資料來源：中央選舉委員會。

http://web.cec.gov.tw/files/15-1000-17450,c4133-1.php

第 **3** 章

公共關係基本概念：定義與本質

Unit **3-1**

何謂公共關係？

若從「公共關係」的英文Public Relations來探討其定義，「Public」一字可作兩種解釋，第一種意思是，各種公共關係的運作，皆在「公開的」情境下為之，而不是以私下磋商或是祕密會晤的方式解決問題。公共關係強調「公開」特性，所以，如何有效運用各種公開的傳播管道，如：大眾媒體，遂成一大挑戰。

在公共關係的定義中，「Public」還包括「公眾」的意思。必須特別說明的是，「公眾」絕對不是單一的觀念，「公眾」可能包含任何公關工作所設定的目標對象，而且角色之間會互相重疊，例如：員工、媒體記者、一般消費者、會員、投資人、社區民眾、政府機關等。換言之，公共關係人員所扮演的角色如同一座橋梁，搭在企業組織與公眾之間，協助公司主管與溝通對象建立良好關係。

而Public Relations其後的「Relations」（關係）一詞是複數，也有其特別的涵義。由於一個組織通常要面對各種不同的公眾，並和個別目標公眾建立不同的關係，因此，具體而言，「公共關係」一詞其實就是組織和各種目標公眾之間的「公眾關係」。綜合以上說明，公共關係可被定義為：「協助個人或組織（營利或是非營利），透過多樣且公開的溝通管道與溝通策略，與不同的公眾建立良好關係，以爭取其瞭解與支持。」這個定義說明了公共關係屬於經營管理功能的本質，透過

「經常性」和「計畫性」的公眾關係管理，達到維持組織與公眾雙方面共同利益的目標。

除了從字面上詮釋公共關係的定義，從內涵來看，一般學者大都同意在討論公共關係時，至少有以下三個不同的方向可供參考：(1)公共關係是一種說服性的行銷；(2)公共關係是一種溝通；(3)公共關係具有管理的功能。換言之，公共關係至少包含了管理、傳播及行銷等三種意涵。

早在1976年，美國學者Harlow一共整理出了472種公共關係的定義，足見公共關係定義之分歧（Harlow, 1976: 36，轉引自林靜伶、吳宜蓁、黃懿慧，1996）。近年來，一些學者歸納出幾種不同的主要典範，例如：Toth將公共關係學分為語藝、批判與系統論三大學派（Toth & Heath, 1992）。孫秀蕙表示，公共關係可被定義為：「協助個人或溝通策略，與不同的公眾建立良好的關係。」黃懿慧綜合了1990年代Toth & Heath的論著，以及有關公關教育的辯論，進一步將其劃分為管理學派、語藝／批判學派，以及整合行銷傳播學派三類（黃懿慧，1999：7）。不同學派的論述同時也呈現了公共關係學的不同面貌，例如：相對於管理學派Grunig的一貫主張，認為「公共關係乃組織之有效溝通管理行為」（Grunig, 1992），語藝學派則強調組織的「修辭」，對形象與聲譽管理的重要，也更重視大眾傳播的說服效果。至於整合行銷傳播學派則認為，公共

關係應發揮行銷推廣的實用功能，重視訊息傳遞的一致性與行銷組合的效益。

學者臧國仁則認為公共關係不必侷限於「組織」與「效果」，可以更廣泛地定義為「具有自發性質的社會溝通行為」，亦可稱為「社會儀式的共同建構行為」（臧國仁，2001：4）。這個觀點與Carey從「文化儀式角度」（Carey, 1989: 18）討論傳播行為類似，著重於公共關係如何透過溝通、維繫，重新定位與社會中其他成員之間的關係，並且再現共有的信仰。

學者賴祥蔚認為當前的公共關係學，主要利基於個人主義的資本主義，公共關係明顯偏向市場行銷，成為一門服務資本主義的應用傳播學，而非立基於以人為本的社群主義（賴祥蔚，2003）。他認為應對公共關係加以重新定義，公共關係不只是當前盛行的宣傳、說服與操作，還應該有助於創造社群感的互動、合作與傳播。

公共關係與廣告概念的差異表

區別性概念	公共關係	廣 告
媒體	新聞媒體（不可控制媒體）	廣告（付費）媒體（可控制媒體）
對於資訊之主控權	無	有
目標	增進瞭解、建立良好關係	以販賣商品為主
目標對象	多元化	以消費者為主

公共關係與類似用語的差異表

用 語	費 用	與受眾接觸的方式	目 的	傳遞的主體
公共關係	付費／免費	媒體／人的活動	改善與公眾的關係	明確
廣告	付費／免費	媒體	促進交易	明確
宣傳	免費	媒體	形成友好態度	不明確
人員推銷	付費	與顧客直接接觸	促進交易	明確

資料來源：秦勇等，2014：19。

說明：與公共關係類似的用語頗多，吾人在日常生活當中，經常有意無意地把公共關係視同廣告、宣傳等詞語，混合起來使用。事實上，公共關係與上述詞語雖有一定的關聯，卻又有很大的區別。

Unit 3-2
公共關係各種定義

圖解民意與公共關係

036

一、歷史上各種公共關係的定義

首先，我們先對歷史上各種公共關係定義作一個綜合考察。歷史上關於公共關係涵義的表述非常多，在某種意義上可以說，有多少公共關係學家便可以產生多少種公共關係的定義。在眾多的公共關係涵義表述中，有一些表述是很有代表性的。

現在，我們把歷史上各種公共關係定義分為如下五種類型：

1.管理職能論：持這類觀點的研究者認為，公共關係是一種管理職能。

2.傳播溝通論：研究者更多地是以公共關係的運作特點上來考慮，認為公共關係是社會組織與公眾的一種傳播溝通方式。

3.社會關係論：這類觀點研究者避免了管理職能傾向於公共關係的目標、傳播溝通理論，但偏重於公共關係之手段的爭論，認為公共關係是社會關係的一種，必須從此著手，來把握公共關係的實質。

4.現象描述論：研究者往往傾向於公共關係實務。與社會關係論偏重學理、抽象正好相反，現象描述論傾向於直觀形象和淺顯明瞭。通常抓住公共關係的某一種功能或某種現象進行描述，非常具體實在。

5.表徵綜合論：採用將公共關係的各種表徵綜合起來的辦法來解釋問題。

諸多公共關係涵義的表述，我們認為可以做出三點：第一，公共關係定義的多樣性源於公共關係涵義的多樣性，我們不必立即強求有一個統一的定義。

公共關係學的研究對象，相對來說是比較確定的，只要我們從整體上把握住公共關係的實質，形成共識，就能對學科理論做深入研究。

其二，歷史上形成的各種定義各具特色，各有優缺點。不少有代表性的定義，對推動公共關係的理論研究和實務活動產生了積極影響。也有一些定義具有相當大的片面性，導致了觀念的偏差和行動的失誤，有待釐清。

最後，公共關係的定義上需進一步完善。隨著公共關係實踐和理論的發展，有必要進一步對公共關係做出更為科學的定義。為此，我們可以從核心概念入手，作為思考的起點和共識的基礎。

二、作者觀點的公共關係定義

綜上所述，基於作者個人對公共關係的瞭解，認為公共關係的定義，第一，「公共關係是一種特殊的管理功能。也就是評估群眾的態度，使個人或機構的政策及辦法合乎群眾利益，並規劃及執行活動計畫，以爭取群眾的瞭解和接納。」其次，「公共關係是一種特殊的管理功能，從事協助建立並維持機構與群眾間的雙向溝通、瞭解、接納及合作，並參與解決公共問題，協助管理階層促進群眾瞭解事實真相。對民意有所反應，為管理階層說明應強調本機構對群眾利益所負的責任。協助管理階層隨時因應外界變化，並加以利用，視這種做法為一種早期預警系統，以預測將來發展趨勢，以及利用研究和健康的傳播，作為主要工具。」

公共關係各種定義圖

資料來源：The McOne Agency.

公關功能與類型表

功　能	管理功能	形象功能	行銷功能	危機控管功能
類型	管理公關	形象公關	行銷公關	危機公關
意義	內部溝通	形象組織正向態度、修正形象	議題管理、風險管理、促進銷售	危機溝通
活動舉例	發布新聞稿、記者會、內部刊物、媒體參訪、推動CIS	廣告、舉辦慈善或藝文體育活動、贊助公益活動、出版企業或CEO專書	廣告、遊行、國會遊說、展覽、企業博物館、消費者服務專線	危機控管作為

資料來源：鄭自隆，2013：19。

Unit 3-3
公共關係構成要素及其基本概念

一、公共關係三大構成要素

1.社會組織及其主導性

社會組織是構成宏觀社會的個人之特定集合。這種集合的特定性包括其有計畫、有領導，成員間有明確的分工和職責範圍，有一套運行制度等。

社會組織作為公共關係的主體，決定了公共關係狀態和主宰著公共關係活動，這些都會透過傳播來影響公眾。在當今資訊社會中，組織的任何運作，很快就會引起公眾的反應及迴響。

2.傳播及其效能性

人與人、人與人群透過傳播形成關係。公共關係作為關係的一種，自然也是透過傳播來傳遞資訊、協調公眾行為、塑造良好的組織形象。

公共關係之所以能產生作用，得益於傳播溝通手段。因此，社會組織的各種良好的行為，要轉化為實際公共關係中的知名度、形象、品牌與溝通。在現代社會，「做了還要說」，「做得好，加上說得好」，是非常重要的。

3.公眾及其權威性

任何關係都由主客觀雙方構成。公共關係活動的客體是公眾，不同的社會組織有不同的公眾。隨著社會的發展，公眾對社會組織的影響和制約也愈來愈大。

公眾在公共關係活動中處於被影響、被作用的地位，但是公眾絕不是消極地被愚弄的對象。「凡宣傳皆好事」的觀點，在公共關係歷史上早已臭不可聞。社會組織愈來愈認識到自身的每一步發展、每一項成就，全都離不開公眾。公眾的支持是無形的財富和成功的決定性因素。因此，現代公共關係的三大要素中，公眾的權威性已日益被公認了。

何以主體、傳播、客觀的統一協調非常重要？原因是公共關係的三大要素，存在著多種多樣的組合。公共關係活動所追求的都是這三大要素的最優狀態和優化組合。公共關係從業人員的職責是使之儘量趨向協調。因此，要取得三者的協調，必須充分重視三大要素的各方面，切不可偏重一方而忽視其他。

二、公共關係的基本概念

1.溝通：一名公關人員的基本條件是善用溝通管道與資源，並具備良好的溝通能力。在公共關係行業，任何形式的溝通，從與客戶的溝通、媒體的溝通、目標對象的溝通、員工的溝通，形式或有不同，但是基本的溝通能力絕不能少。

2.管理：公共關係也是組織管理中的一環。然而，與一般管理部門不同的是，它所負責管理的是一個組織對內與對外的溝通工作。一名專業的公關人員必須具備敏銳的分析能力、衡量目前組織現況的優缺點，再與管理階層決定採行哪一種公關策略。

3.社會責任：公共關係業的發達，企業應當與時俱進，拓展視野，負擔更多的社會責任，主動走入群眾當中，關懷社會。

4.善意的關係：公共關係工作的最終目標，就是要和不同的公眾建立善意的關係。

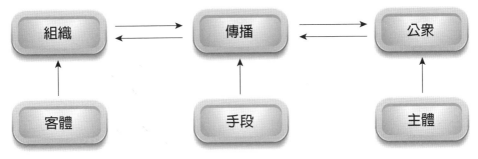

公共關係構成要素

組織　←→　傳播　←→　公眾

客體　　　　手段　　　　主體

資料來源：杜琳等，2013。

說明：構成公共關係的基本要素——組織、傳播和公眾之間的聯繫就是組織與
　　　公眾之間透過傳播溝通活動所形成的資訊的雙向交流，如上圖所示。

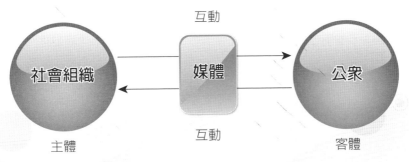

公共關係構造要素圖

塑造形象、關係協調、傳播管理

互動

社會組織　←→　媒體　←→　公眾

互動

主體　　　　　　　　　　　　客體

認知、讚譽、合作

資料來源：李道平等，2014：12。

說明：上圖表示，社會組織透過媒體與各類相關公眾互動，作用方式主要有塑
　　　造形象、協調關係、傳播管理等；各類相關公眾對社會組織產生認知、
　　　表示讚譽，與社會組織進行合作，形成互助互利的關係。

Unit 3-4
公共關係不是「拉關係、走後門」

一、何謂「拉關係、走後門」

由於關係分析是公共關係理論研究的起點，因此，我們應該對關係有一個準確的評價。

首先，對關係的確認應當承認關係的三個特性：

1.關係的客觀性

關係的客觀屬性表現為這樣的雙重性：一方面，它以人的存在為先決條件，有了人、有了社會，才會產生關係；另一方面，關係一旦因人的存在而存在，便又超越了人的意志，成為人的外在對象物，影響和制約著人的行為，要想擺脫它是不可能的。總之，瞭解關係的客觀屬性，是為了充分發揮人的主觀能動性和創造性，正視關係，正確地運用關係，更自覺地改善關係。

2.關係的效能性

任何關係都會有其效能。不承認這一點，是難以闡述關係存在價值的。

3.關係的時代性

關係的時代性指不同的時代，有不同的關係特徵和形式。

其次，判斷關係正當與否的標準為何？以下是三個其共同標準：

1.法律標準

法律是每個公民都應當遵循的最基本的行為規範，具有絕對的強制性和權威性。

2.紀律標準

其制約強度雖不如法律，但也對人形成約束力。

3.倫理標準

是人們所應遵循的共同道德準則和道德規範。

二、公共關係的「公利」意義

公共關係功能的演變，是一段超脫拔昇的過程。私利的階段最長，因為人一直有一個野心，想要控制別人，影響別人，往往為了目的而不擇手段。報導難免有虛假不實的情事，一次及二次大戰期間，德國將「宣傳」（propaganda）一字徹底汙染，如今這個字已變成髒字。事實上，在私利階段，除了希特勒、戈塔爾等十惡不赦的人之外，一般人從事宣傳也難免虛而不實。但是公共關係卻走過這一段路程，化蛹為蝶，宣傳成了公共關係的前身，它能出淤泥而不染，是件極可慶幸的事情。

私利是天性，生而知之。為了維護私利而不墜，於是不得不從長期觀點來看問題，因而從後天學習中得到的教訓是必須兼顧對方的利益，這樣的私利才能大、才能久。如此，公共關係之功能由「私利」階段跨進「互利」階段。

至於「公利」階段，是公共關係理論家的體察認識。在各種公共關係活動所發生的撞擊影響之中，必然產生一種機構與群眾當事人直接利益以外的社會利益，減少社會的矛盾衝突，增進人類的和平與福祉。

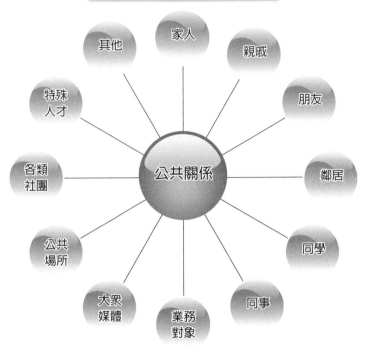

個人公共關係運作對象圖

資料來源：鄭貞銘，1999：90。

公關功能與類型表

比較項目	主要影響對象	主要任務	成本	訊息量	權威性	見效期間	對品牌有無影響
類型	消費者、經銷商、行業團體、政府、金融機構	營造良好的內外部發展環境	低	―	―	緩慢	無
新聞	消費者、經銷商、行業團體、政府、金融機構	營造良好的內外部發展環境、改變外界態度、消費習慣、促進銷售	最低	大	高	緩慢	無
廣告	消費者、經銷商	促進銷售、改變消費習慣	最高	小	相對較低	快	無
促銷	消費者、經銷商	促進消費	高	小	低	最快	有

資料來源：整作者理自高萍等，2007：10。

Unit **3-5**
公共關係與媒體報導、新聞代理業及廣告的區別

一、媒體報導與公共關係和媒體報導的區別

1.何謂「媒體報導」（Publicity）？

新聞媒體的訊息主要來自消息來源所提供，而這些消息來源多半源自企業組織、政府部門或其他相關團體的公共關係人員。為了爭取媒體的報導機會，公關必須熟悉何種訊息具有新聞價值，藉由創造具有新聞價值的事件或訊息，例如：提供新聞資料袋、照片、電子新聞稿，舉辦記者會、聽證會，或以抗議活動等形式，藉以吸引媒體的注意與報導，進而得到媒體曝光的機會。

2.公共關係與媒體報導有何不同？

由於公關人員並未付費刊登訊息，因此對於訊息如何被報導或何時被報導，沒有任何的掌控權。另一方面，媒體從業人員若決定對此訊息加以報導，主要是基於訊息具有新聞價值，同時該訊息能使觀眾產生興趣。這些訊息透過新聞媒體的過濾與處理，成為新聞記者筆下的一條新聞報導，對觀眾或讀者而言，訊息的消息來源即是新聞媒體，而非背後提供原始訊息的組織公關人員。

二、公共關係與新聞代理業的關聯性

新聞代理業（Press Agency）的目的是替客戶創造具有新聞價值的故事或事件，以便吸引媒體的注意，並獲得媒體報導的機會。

這類新聞代理工作，通常是以發新聞稿給媒體的方式，替特定的組織或個人宣傳。早期的新聞代理業經常運用誇大、聳動的語言或數字，利用公眾的好奇心與打探別人隱私的慾望，發布相關訊息，借此促銷某位人物或產品。換句話說，新聞代理業的工作重點在吸引公眾注意，更甚於協助公眾理解資訊。影劇娛樂產品的促銷新聞最常利用此種方式，攻占媒體的影劇娛樂版面，藉由炒作明星八卦或緋聞等方式，達到媒體曝光的目的。

三、公共關係與廣告的區別

1.何謂「廣告」（Advertising）？

美國行銷協會對廣告作了如下的界定：「所謂廣告，是由一位特定的廣告主在付費的原則下，藉由非人際傳播的方式，銷售一種觀念、商品或服務的活動。」從以上這段敘述可知，廣告必須明確告知廣告主（意即廣告訊息的來源），同時廣告是一種透過媒體傳遞訊息的付費傳播行為。

2.基本上，廣告是由企業主花錢買下版面或時段，刊播廣告訊息，企業可以控制版面的內容或訊息；而公共關係則是引起記者與編輯的興趣，以報導企業想要傳達的訊息，但企業對於最後的訊息報導結果較難掌握。然而，其兩者最大的不同之處是，其工作範圍內所處理的媒體性質不同。「公共關係」主要工作範圍之一為宣傳活動，而「公關宣傳」主要是透過新聞媒體來傳達個人或組織的相關資訊，或是對某一議題的看法。廣告主要的目標在販賣商品，而公共關係主要的目標在增進組織與公眾之間的瞭解，並建立雙方互惠（mutually beneficial）的友好關係。

公共關係傳播過程示意圖

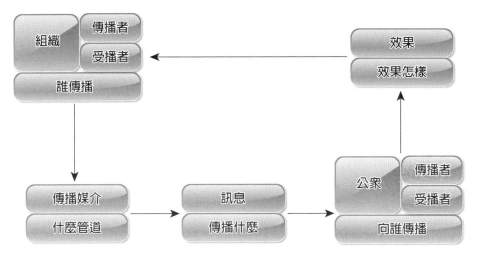

資料來源：藺洪傑：2009。

043

工作名稱	工作內容
文字撰寫	新聞稿件、廣告文稿、宣傳手冊、雜誌文章、計畫書與報告書、影視腳本、簡報與通告、各種公共關係函件、商業文件等。
編輯	報刊、雜誌、書籍、文集、宣傳手冊、宣傳欄的編輯工作。
設計與創作傳播資料	小型宣傳品、海報、廣告、攝影和視聽製品、企業標識等。
調查研究	抽樣設計、製作問卷、實施調查、統計分析等。
諮詢與規劃	為具體項目和任務做計畫，進行人、財、物方面的預算與規劃。
策劃與組織活動	會議、專題活動、應急事件、展覽活動等。
演講與主持	新聞發布會、慶典儀式、大型活動的禮儀安排、演講與主持。
遊說	勸服相關物件、協調不同的客戶關係。
新聞界聯繫	保持與各類新聞媒介的日常接觸與溝通，爭取新聞宣傳機會。
公眾聯絡與交往	聯繫社會名流、溝通社區關係的訪問、接待等工作。
管理和訓練	監督、管理公共關係實施過程，訓練有關人員的公共關係能力。

Unit 3-6
公共關係與「公共事務」、「行銷」及「行銷傳播」之區別

一、公共關係與公共事務的區別

1.何謂「公共事務」？

公共事務（Public Affairs）實際上是高度涉及政府關係和社區關係的公共關係。「公共事務」一詞，常被視為是「公共關係」、「政府關係」或是「社區關係」的同義詞。美國公共事務基金會在1992年的研究中發現，企業公共事務的主要功能，集中在政治、政府關係和公共政策領域，與一般對公共關係較趨向於傳播事務的印象是有區別的。Hoewing即認為，企業組織處理其外部一切非商業性活動，均可稱為公共事務。

2.公共關係與公共事務有何不同？

公共事務的策略規劃必須以「公共利益」之倡導，作為政策制定的第一考量，協助組織瞭解公共政策，達成與主要利益關係人對其善盡社會責任的要求；同時運用雙向溝通的技巧來化解衝突，為企業組織營造一個有利與善意的營運環境。

二、公共關係與行銷的區別

1.何謂「行銷」？

管理學之父Peter F. Drucker將行銷（Marketing）定義為：「就是創造顧客（create a customer），就是一個以顧客為主的企業取向。」行銷組合的4P，是行銷學的重要概念，包含了產品（product）、價格（price）、通路（place）、促銷（promotion）這四項具體化的行銷觀念。過去認為一般情況下，只要依照行銷4P，就能創造一個有效的行銷企劃案，吸

引消費者（即使用者）購買產品。但在如今這個多元的市場環境下，傳統行銷組合的4P，只能適用於同質性高、無顯著差異的消費大眾，而面對多變複雜的分眾市場，行銷大師Kotler認為必須將行銷4P擴張成為6P，也就是加入實力（power）與公關（public relations）兩個項目，才能有效說服他人接受企業所要傳遞的想法或觀念。

2. 公共關係與行銷有何不同？

行銷與公關的最大差異在於，行銷多半只重視企業利潤，忽略公眾利益，而公關則企求兩者並重。不過，隨著近年來管理理論的改變，似乎可以發現新一代的企業更為關照企業內、外部公眾，同時兼顧企業利潤與公眾利益，放棄傳統上只重視企業利潤的管理方式。

三、公共關係與行銷傳播的區別

1.何謂「行銷傳播」？

行銷傳播（Marketing Communication）或稱為行銷溝通，簡言之，就是有效地傳遞產品資訊或創意給目標閱聽眾的一種過程。在現代行銷的過程中，企業必須與顧客、潛在消費者、中間商，以及各種不同的目標公眾溝通。為了有效溝通，達成行銷目的，就必須藉由各種傳播工具的組合來傳遞訊息，包括：廣告、直銷、銷售促進、公共關係、人員推銷等五種主要傳播工具，目的在運用這些行銷工具的組合，達到最佳的溝通效果。

2.公共關係與行銷傳播有何不同？

從品牌管理的角度而言，行銷溝通代表品牌的「聲音」（吳克振，2000）。企業可利用行銷溝通工具說服與提醒消費者，其所銷售品牌的訊息，是一種與消費者建立對話及關係的方法。一般企業的行銷公關操作，是將公共關係視為支援行銷的角色，以行銷計畫為基礎，運用創意和公關活動支持產品的行銷策略，其最終目的在達成組織的經濟目標。

新聞宣傳和廣告的比較

比　較	新聞宣傳	廣　告
對訊息的主控權	無	有
交涉的部門	交涉的部門	媒體的廣告部門
付費與否	不付費	付費
媒體關係	公關人原有求於媒體	媒體有求於廣告主
傳播手法	接近新聞或讓事實說話	藝術誇張或自我宣傳

資料來源：Wilcox，2000:15。

說明：新聞宣傳只是公共關係的一部分，就公關所包含的整體面來看，我們可從上表得知其中之不同所在。

公關與行銷五大面向的的五大面向的的比較

比　較	公　關	行　銷
範圍	組織形象	產品形象
目標	多元利害關係人的關係管理	產品和服務的銷售
關注焦點	組織的良好形象	市場和服務的銷售
受眾	公眾、利害關係人（包括員工、社區、股東、政府、會員、媒體、供應商、經銷商、捐款人以及消費者等公眾）	消費者、顧客
管道	運用新聞宣傳的比例較行銷為高	運用廣告的比例較公關為高

資料來源：姚惠忠，2009：21-22。

045

Unit 3-7
公共關係與「整合行銷傳播」、「置入性行銷」、「議題管理」及「危機管理」的區別

一、公共關係與「整合行銷傳播」的區別

1.何謂「整合行銷傳播」？

整合行銷傳播（Integrated Marketing Communication）在1980年代後期興起於美國，肇因於傳統廣告媒體的成本增加，但說服效果衰退，廣告訊息對消費者的影響力正逐漸喪失。在全球競爭白熱化，加上媒體細分化與市場分眾化的趨勢下，促成了整合觀點的出現。

2.其與行銷傳播有何不同？

整合行銷傳播作為一種行銷溝通的企劃概念，與行銷傳播之差別在於：整合行銷傳播強調透過傳播工具的策略性整合，所達成的訊息傳播效果將大於個別執行廣告、公關與促銷等活動的成效。所謂策略性的整合各種傳播技術，是指有效整合廣告、公關、促銷、直效行銷等工具，來傳遞完整的形象與一致性的訊息，提高整體行銷企劃的影響力，達成建立品牌形象與累積品牌資產的目的。

3.公共關係與行銷傳播有何不同？

整合行銷傳播的核心概念是「綜效」（synergy），透過傳播工具的策略性整合，同時可避免個別規劃行銷活動時所產生的預算分配爭議，或因操作個別的傳播工具，而傳遞了相互衝突或矛盾的資訊（許安琪，2001）。此外，傳統廣告操作下的消費者概念，在傳播工具的整合過程中，由於加入公關等工具的運用，訊息傳播對象也必須從消費者的概念，進一步擴大成為利益關係人的概念。

二、公共關係與置入性行銷的區別

1.何謂「置入性行銷」？

置入性行銷（Product Placement）是以策略性的手法，將產品、品牌或服務等商品的相關資訊，置入於媒體內容中，例如：電影、音樂錄影帶、廣播節目、電視節目、新聞報導、流行歌曲、線上遊戲、手機簡訊等內容。置入性行銷通常由廠商付費（但未明示廣告主），呈現方式並不以廣告形式出現，而是以節目或新聞內容的方式呈現，目的在透過生活型態與置入情境的設計，對消費者進行說服性的溝通。

2.公共關係與置入性行銷有何不同？

置入性行銷基本上結合了公關與廣告兩種要素的共同利益，是一種付費訊息，但不需指名廣告主。它巧妙地結合了公關與廣告的優勢，因為是付費的，所以，廣告主可以控制重要的訊息內容；同時因為它不需指名廣告主，可隱藏商業的本質與目的，閱聽人不易察覺其商業意圖，也就不會以處理廣告訊息的方式看待，使得它的訊息更容易被閱聽人所相信（Balasurbramanian, 1994: 29）。

三、公共關係與議題管理的區別

1.何謂「議題管理」？

議題管理（Issues Management）是企業組織在公共政策形成過程中的一種資源管理，主要在界定足以對企業造成影響的潛在議題，透過企業資源的動員與策略的運用，排除議題可能帶來的威脅，甚至進一步影響議題的發展。議題可被視為一個有生命的個體，隨著外在

環境而消長，所以，如何辨識、分析議題，列出有效的策略選擇、行動計畫，並持續評估議題的變化，便成為議題管理工作的重心。

2.公共關係與議題管理有何不同？

議題管理不僅是媒體關係或政府關係而已，它是公共關係、政府關係、危機管理、遊說、公共事務，甚至是策略規劃的統稱。其功能在彌補一般企業經營側重策略管理，而輕忽社會責任與公共政策的缺點；同時可以讓企業的公共關係部門，藉由議題偵測與界定的過程，從以往負責媒體溝通、聯繫的技術性角色，提升到參與企業的整體策略規劃（吳宜蓁，1998）。

四、公共關係與危機管理的區別

1.何謂危機管理？

危機的英文名字crisis，其意義源自希臘的醫學術語crimein，乃指病人的病情到了關鍵的時刻，不是轉好，就是惡化，因此，在希臘文中，危機的意義即是「決定」。由上得知，危機可以說是事件轉機與惡化間的轉捩點。

國內公關學者孫秀蕙，對「危機」所下的定義是：「導致一企業或組織突然陷入爭議或險境，並危及未來獲利、成長甚至生存，需要相關人員儘速解決的事件。」

危機一般是指負面事件，但不是所有負面事件都是危機。「危機」在學理上有嚴謹的定義，通常指的是會導致組織解組或形象崩解的事件，例如：2008年毒奶事件、2009年美國牛肉事件、2014年頂新毒油事件。

當危機來臨，便必須進行危機處理。危機處理對關係人則必須使用人際溝通，對一般民眾則需透過媒體來進行，所以危機的公關處理過程，應以媒體作業為基礎，政府經由媒體來跟社會大眾聯繫，爭取民眾同情，或減低民眾反感。這個經歷過程，便與危機管理（Crisis Management）緊緊相扣。在這種情況之下，危機管理工作至少就包括了下列三個階段：（1）危機定位，（2）主動面對危機，（3）重組。所謂「危機定位」指對環境分析及形成目標，目的在瞭解問題所在。其次，「主動面對危機」是指研擬並評估所能採納的策略手段或方案，目的在發展緊急處理計畫並減低組織所面臨的風險。最後，「重組」乃指重組組織之人員及預算資源配置，執行解決方案並採取控制手段（Burnet, 1998）。

2.危機管理為何需要危機溝通？

危機管理涉及了策略的擬定、危機管理小組的建立、環境監測、特定危機事件的溝通、解決，以及組織形象的回覆。危機管理一方面強調從上層的整體策略規劃，來思考危機的管理和預防，目的在危機損害的控制；一方面則著眼於組織與公眾之間的溝通過程，目的在維護組織形象。在危機事件中，因為具備衝突性、特殊性等新聞要件，於本質上即容易吸引媒體的報導，經由傳播媒體的發布，很容易成為大眾關注的焦點。而媒體報導不僅增加危機處理的困難度，在媒體的推波助瀾下，也直接影響大眾對組織形象的認知與評價，因此，危機溝通便成為影響危機處理成敗的重要關鍵。有效的危機管理應涵蓋良好的危機溝通過程。

第 **4** 章

公共關係理論

 章節體系架構

Unit **4-1**
公共關係理論與三大學派

公共關係理論大致可分為三個主要學派：管理學派、語藝／批判學派，以及整合行銷傳播學派。管理學派將公共關係界定為組織的「溝通管理者」，目的在解決組織與其相關公眾間的溝通和衝突問題。語藝／批判學派則視公共關係為組織的「修辭者」（rhetor），該學派重視大眾傳播效果，舉凡與說服相關之符號產製、組織形象與聲譽之維護，皆為其工作重點。整合行銷傳播學派主張公關業務主要在處理「行銷推廣」的問題，訊息傳遞是公關人員的重要職責，目的在增加產品銷售並加強消費者的品牌忠誠度。

一、管理學派

管理學派援引系統論為主要基本概念。系統論是1970至1980年代中期，影響公共關係理論研究的主流典範，以James Grunig等研究者為主要代表。管理學派強調公共關係在組織中必須發揮管理的功能，以解決溝通問題，公共關係可發揮組織介面角色（boundary role），以談判、合作、協商等機制解決紛爭與衝突，維持組織與環境間的動態平衡。

二、語藝／批判學派

語藝／批判是公關研究領域另一個頗具影響力的學派。語藝學的始祖可追溯至希臘時代的亞里斯多德，他將語藝界定為說服方式的一種。延續此一理念，語藝學派主張探討企業組織的符號行為，認為公關業務內容是藉由產製與評估研究各種符號、文字與特定的意識型態，以倡導組織立場，並進而影響或說服公眾的意見、態度或行為。由此可見，說服、框架理論，以及語藝修辭、符號互動等研究，在此一學派的重要性。另外，持批判立場的學者，則從文化批判或政治經濟的角度，進行語藝研究。

三、整合行銷傳播學派

整合行銷傳播是一種行銷傳播規劃的概念，強調運用全方位的計畫，評估各種傳播專業領域（如：廣告、公關、促銷及直效行銷等）的策略性角色，並將這些專業領域組合在一起，以便提供明確、一致與最大的傳播影響力。為了因應當代傳播與行銷環境的巨大變化，整合行銷傳播學派強調為了反映現實市場的競爭型態，應整合多種行銷傳播工具，減少資源浪費，發揮高度效能，因此，公共關係應納入整合行銷傳播範疇。行銷大師Kotler即認為處在一個多元的市場環境下，必須把行銷組合的4P〔product（產品）、price（價格）、place（通路）、promotion（促銷）〕擴張到6P，加入「power」（實力）與「public relations」（公共關係），企業行銷才能產生最大效益。整合行銷傳播學派援引的理論，主要是行銷理論、消費者研究、資料庫行銷，以及品牌管理等。

管理、語藝與整合行銷傳播三學派之觀點比較

項 目	管 理	語 藝	整合行銷傳播
公共關係界定	組織與其相關公眾間溝通的管理	企業＼組織語藝、形象與聲譽之維護	與產品或服務有關的行銷推廣
公共關係角色	溝通管理者	修辭者	行銷推廣者
公共關係業務	衝突管理 雙向溝通 協商 談判	產製與評估研究各種符號、文字與特定的意識型態	訊息傳遞 關係行銷 品牌忠誠度
溝通本質	對等溝通	不對等溝通	不對等溝通
溝通對象	各類型公眾 主動形成且具有具體行動的特質	閱聽眾 消極且可被塑造	目標消費群 分眾特色 一對一行銷
理論基礎	系統理論 組織理論 情境理論 公關溝通模式	符號互動 說服理論 框架理論	行銷理論 消費者研究 資料庫行銷

資料來源：陳一香，2007，p.56（參酌黃懿慧，1999，p.11）。

知識補充站

伯奕理論應用於公共關係實務

　　Murphy（1991）認為，博奕理論在公關實務界的運用，較Grunig的雙向對等溝通模式來得常見且實際許多。Murphy指出，現實生活中，組織與公眾之間的衝突勢不可免，因此，一味地強調溝通的和諧性，不見得有利於溝通雙方。博奕理論注重溝通談判過程中的「refexivity」（循環反應），亦即談判的一方隨著對方的期望或條件，加上對於自身利益的考量計算，時時修正談判的立場，以達到雙贏的目標。

資料來源：Mruphy,1987,1989 & 1991.

Unit **4-2**
公共關係與系統理論

052

一、系統

1.定義

系統理論所指的「系統」，是指「一組相互依存的單位（units），經由彼此的合作來調適外在環境的變化。」

2.系統理論有哪些重要概念？

(1)整體論（holism）：各個不同的次系統組成一個大的系統，而後再形成更大的系統，爾後再形成更大的系統，環環相扣，形成一個整合的體系。

(2)相互依賴（interdependence）：各次系統之間相互依存，互賴共生。

(3)調適（adaptation）：次系統會隨著環境的改變進行自我修正，以適應環境變化。

(4)平衡（balance）：次系統之間會持續互動，維持整個系統的動態平衡。

(5)開放系統（open system）：系統理論強調對外開放的必要性，也就是系統的界線不應該封閉，而是可以相互滲透的，以方便資訊的輸入與輸出。

二、開放系統及其資訊輸出與輸入的過程

1.何謂「開放系統」？

開放系統具有自律和調適的能力，必須隨時與環境進行互動，針對各種變化做出調整與適應的動作，才能維持生存，並進一步發展。Cutlip和Broom等學者，以開放系統的觀點，說明組織的公關行為與環境的關係。他們認為若將組織視為一個系統，由個別的人事、財務、研發、行銷、生產等相互依賴的部門所構成，組織為了生存與發展，必須依據環境的改變做出各種因應措施；公共關係作為一個組織的次系統，就必須發揮協助組織偵測環境、適應環境、乃至改變環境的功能。例如：以公關支援行銷、進行內部員工溝通、或對外部環境進行議題管理、尋求利益關係人的支持與瞭解，乃至引進新觀念，刺激組織的學習與成長。

2.開放系統是透過可滲透的範圍界限，進行投入與產出的交換系統

在一個開放系統中，環境中的資訊輸入，經由組織系統的處理，找出解決方案，影響資訊的產出，再透過回饋機制修正處理方式，如此循環不已。它們的關係型態可以Grunig與Hunt的圖加以說明：

(1)輸入（input）：組織從環境中接收各種訊息，以掌握環境的變化。

(2)生產處理（throughput）：輸入到組織的資訊或警訊，在組織內部會經過策略性的分析，形成決策，擬定因應策略。

(3)輸出（output）：輸出代表流程處理後的結果，也就是組織對環境變化的反應方式。組織接收訊息之後會破壞原有的平衡，因此，輸出便是回復平衡狀態，而輸出也就是企業策略執行階段。

(4)回饋（feedback）：回饋是輸出效果的指標，也就是輸入資訊的一部分。組織可以根據回饋的方式，得知預定目標是否已經達成。如果輸出效果不佳，則必須持續進行輸入→處理→輸出→回饋的步驟，直到問題解決為止。

開放系統的資訊輸出入過程

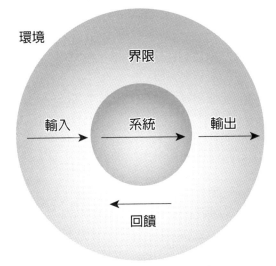

資料來源：Grunig & Hunt, 1984, p.94.

作為管理子系統的公共關係

環境

組織

公共關係子系統

管理子系統

資料來源：孔祥軍，2008。

上圖顯示，這種互動使公共關係成為每個管理者工作的一部分，公共關係成為管理層級用以應對和試圖影響組織環境的中心子系統。

Unit **4-3**
態度改變的主要研究途徑及其理論

有關態度改變的研究途徑主有共同取向研究途徑（Co-orientation Approach），至於其理論則有美國學者McGuire所提「傳播／說服矩陣」理論，分述如下：

一、公共關係與共同取向研究途徑

1.共同取向研究途徑

晚近傳播研究中另一個相當活躍的學派是麥克勞和柴非（McLeod & Chaffee），承襲了心理學家Newcomb的ABX模式，以及早期的符號互動學說，提出了「共同取向研究途徑」。這個模式是意見領袖、公眾與媒體三者之間互動關係的分析架構，它專注在人際傳播或是團體間的傳播上，注重雙向和互動性的傳播，強調在任何研究中都同時需要包括菁英分子（資訊來源）、公眾（接收者）和媒體（傳播者）三個主要成分，這個模式對於態度改變、民意、宣傳等研究有重大的影響。

在「共同取向模式」中所出現的元素，「菁英分子」（elite）代表一種單邊的政治利益；「議題」（issues）是任何為公眾所議論的事件，而關於議題會有一些資訊（在此以曲線來表示）存在；「公眾」則是一個與議題有關或受議題影響的共同生活團體；「媒體」表示與處理公共事務相關的編輯、記者、新聞從業人員，以及媒體機構本身；連結這些元素的線則代表了關係、態度與認知，以及單向與雙向的傳播通道。

共同取向模式的假設是：在一個社會情境中，如果溝通成員包括意見領袖（菁英）、媒體和公眾三者，對於某一事件或議題的態度是一致的，那麼社會情境就沒有必要調整對於此事件或議題的態度；反之，如果意見態度不一致，引發緊張衝突，就需要花費較大時間去解決。那麼就會有人開始去試圖說服有異議的社會成員，恢復原先的認知和諧狀態，儘量求取彼此間同意的取向（orientation）。

2.共同取向模式對應公共關係研究分析的重點

我們可以根據此模式，歸納出菁英分子、媒體、公眾與議題之間幾種重要的對應關係（孫秀蕙，1997：37）。

二、美國學者McGuire所提「傳播／說服矩陣」理論

公關活動讓閱聽人為此一訊息的潛在實現機會，都躍躍欲試。當閱聽人對於公關訊息表達表現出高度興趣的時候，接下來公關活動的籌備工作，就要盡可能配合目標對象的方便，例如：時間、地點等等。選舉日、特賣會、晚會、公益活動等等，都是公關企劃一種活動表現，對於參與者最大的意義是，他們可以從實質的行為參與中得到他們所想要得到的利益，例如：得到合理的折扣與廉價的產品，或滿足他們原先所追尋的利他目標，如：參與捐款、義賣等等。所以，宣傳初期可以使用大眾傳播，在實際行為改變方面則使用人際示範與溝通的方法。

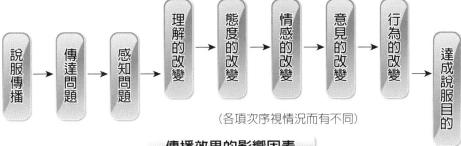

態度改變的過程

說服傳播 → 傳達問題 → 感知問題 → 理解的改變 → 態度的改變 → 情感的改變 → 意見的改變 → 行為的改變 → 達成說服目的

（各項次序視情況而有不同）

傳播效果的影響因素

Who（誰）

Says what（說什麼）

In which channel（用什麼途徑通道）

To whom（對誰說）

With what effect（有什麼效果）

共同取向模式與公關研究分析重點

關係類型	公關研究分析重點
菁英分子V.S.媒體	進用媒體的策略 與媒體的權力互動關係 媒體如何影響重要策略形成
菁英分子V.S.公眾	影響公眾輿論的策略 公關活動的動員 人際傳播
菁英分子V.S.議題	議題管理
公眾V.S.媒體	宣傳效果評估 說服與態度的改變
公眾V.S.議題	民意研究
媒體V.S.議題	議題設定與議題建構

資料來源：孫秀蕙，1997，p.37。

Unit 4-4
說服的定義、內涵及民意如何說服

一、「說服」的定義與內涵

1.說服的定義

許多學者對說服有不同的定義，Andersen 定義說服為「在一個溝通過程中，溝通者試圖從他的對象抽離出渴望的回應。」Bettinghaus與Cody則定義說服為「一個獨立個體的意識，透過一些訊息的傳遞，去改變另一個獨立個體或是團體的態度、信念和行為。」

2.說服的內涵

(1)說服是一個符號過程：說服必須花時間讓接受者認知與理解訊息。說服不像拳擊比賽，試圖擊倒消費者的觀念，而是要像老師一樣，一步步地教導消費者去解決問題。說服經常同時使用語言性的訊息與非語言性的符號，如：旗幟、標語等。

(2)說服是企圖去影響他人的：說服必須意圖去改變一個人的態度與行為，且完成這個目標。不過像是寶寶哭泣著要喝牛奶或是吵鬧著要買玩具的小孩，都只是一種強迫性的社會影響，而非說服。說服必須知道他人的慾望和信念，並且瞭解到被說服者的心智狀態，同時知道自己是要試圖去說服他人的。

(3)說服是自由意志的表現：說服是人們自願的選擇，而非被脅迫的。人有自由與能力，可以去修改他們的態度或行為。自我說服是成功影響的關鍵，因此，說服要扮演的是治療的角色，提供消費者需要的建議，以及適當的環境。

(4)說服是訊息的傳送：說服的訊息可以是語言或非語言的訊息，都屬於一種溝通的行為。說服是嘗試讓他人信服且改變態度與行為的過程。

二、民意如何說服？

1.滿足人性需求：研究人類行為動機的學者馬斯洛（Abraham Maslow）認為，影響人類行為動機的個人需求分為五個層次。包括：(1)生理需求，(2)安全需求，(3)愛的需求，(4)尊重，(5)自我尊嚴。

2.符合對方期待：說服者必須提出與被說服者的信念、情緒、期待相符的說法，被說服者會針對狀況利害相權，他認為得到最低標準以上的結果才會接受。

3.契合當前潮流：時代在變，潮流也在變，觀念必須與時俱進，才能獲得認同與支持。

4.群眾區隔：隨著時代進步，針對目標的群眾進行行銷已經行之有年，即所謂的市場區隔理論。

5.道德訴求限度：道德訴求只能作為口號式輔助言語，不應過度依賴，以道德訴求爭取支持，效果並不佳。

6.因勢利導：社會環境是變動的，民意也隨之變動。公關人員不能墨守成規，一套說詞，不變應萬變。

7.民心所向：民之所欲就是民意，民之所怨也是民意，而且是最強烈的民意。民心所向莫之能禦，政治人物必須以民意為依歸。

8.有意義的訊息：在影像時代，政治人物不應該只是瘋狂地暴露在媒體鏡頭前，而是要選擇值得暴露的訊息。

9.事件行銷：利用事件行銷，配合媒體傳播效果好。事件行銷有兩種方式：「借勢」和「造勢」兩種。借勢，

就是參與大眾關注焦點話題，將自己帶入話題的中心，由此引起媒體和大眾的關注；而造勢，就是企業透過自身策劃富有創意的活動，引起媒體或者大眾關注。兩者殊途同歸，都是為了提高企業形象或者銷售產品。如此看來，事件行銷的參與者主要包括企業或公關公司、媒體和大眾。

10.利用突發事件：日本要說服民眾支持美軍基地留駐琉球，天安艦事件成為最好的理由。

11.創造事件：創造事件最好能配合特定的節日或慶典，做好正面的有良性、長時間性的行銷。像1996年奧運百年，美國亞特蘭大主辦奧運，由總部設在亞特蘭大的可口可樂和德國寶馬汽車贊助聖火傳遞活動，長達五個月，獲得巨大宣傳效果。

12.政績是最好的宣傳：政績好壞，優劣立判，無法隱瞞，亦無法自圓其說。

13.事實根據：事實是最好的說明，民意說服重視正確的研究結論，像十大民怨、十大死因調查，平實的數據就可以發生警惕作用。

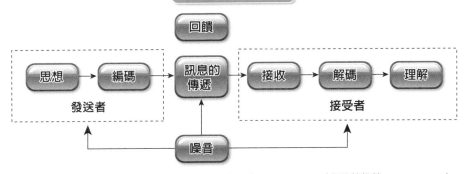

溝通過程模型

資料來源：陳一香，2007，p.56（參酌黃懿慧，1999，p.11）。

Knowledge 知識補充站

公共關係的溝通過程

溝通是一個過程，可以劃分為發送者、接受者和訊息的傳遞三個部分。

訊息溝通始於訊息的發送者，發送者有訊息需要發送並具備發送的慾望，為了使接受者能夠準確地理解和領會其意圖，發送者必須進行有效的編碼，將其想要發送的訊息準確地表達出來。

編碼可以透過文字、語言、密碼等來表達。發送者進行編碼後，要透過一定的管道發送給接受者，如信件、電信系統、組織的溝通系統等管道。至此，發送者的發送訊息工作已經完成，訊息經過一定的管道使接受者能夠準確無誤地接收到發送者的編碼並力圖理解其涵義，也就是解碼。之後，接受者對解碼結果進行理解，也就完成了訊息從發送者到接受者的過程。

Unit **4-5**
重要說服理論及其主張

一、兩級傳播與親身影響

著名的「笛卡圖研究」是說服理論發展重要的里程碑，這項研究由社會學家Elihu Katz與Paul Lazarsfeld共同主持，針對時尚、市場消費、公共事務、娛樂偏好等領域，瞭解個人在做各種消費選擇時，究竟是受了哪些因素的影響，並將結果整理，而於1955年著成《親身影響》（Personal Influence）一書。基本上，Katz與Lazarsfeld以實證觀點研究人際之間的傳播經驗與溝通效果，發現人際溝通在資訊傳遞過程中扮演重要角色，而媒體只是加強了人際之間的傳播效果，它可以幫助改變，但本身卻無法主導改變。公關人員在設定公關目標的溝通對象時，必須體認到人際傳播的效果，因此，如何「找出」意見領袖便格外的重要。我們可以經由他人引薦，做主觀的認定，找出最受歡迎、最有影響力的人，或是經由對方的社經地位來設定意見領袖的標準。通常社區中的意見領袖，往往是許多社會公益團體的代表人，或是具有政策決定權的政治民意代表。

二、創新傳布理論

創新傳布理論始於鄉村社會學研究，其研究目標在於瞭解新品種農作物在農村的推廣速度與成效，其後經過Everett Rogers（本身也是鄉村社會學家）加以整合，成為說服理論領域中具有影響力的研究。創新傳布理論曾在新事物推廣過程中被廣泛的運用，是公共

資訊運動（public information campaigns）重要的理論依據。創新傳布理論對於公關人員的意義在於，公關案所企劃的活動，必須在特定的時間點內，成功銷售某項產品或觀念，而公關人員面臨的最大挑戰是：社會大眾因其特質不同，接受新產品的速度也有快慢之分，公關人員需針對公眾的特質與需要做區隔，以便成功地達成目標。

三、態度改變理論

由耶魯大學Carl Hovland教授等人所主持的「態度變遷」研究計畫，是一項規模龐大、前後歷時十餘載的基礎研究，並於1953、1957及1959年出版了三本重要的說服研究著作，分別為《傳播與勸服》（Communication and Persuasion, Hovland, Janis, & Kelley, 1953）、《說服過程中如何表現訴求之順序》（The Order of Presentation in Persuasion），以及《人格與說服度》（Personality and Persuasibility）。由Hovland主導的「態度變遷」研究，與先前類似主題之研究最大的不同點是，Hovland更為有心地從事有系統的理論建構，以基礎研究分析的觀點出發，不再零散地分析各種傳播現象。

四、Petty 與Cacioppo的ELM理論模式

晚近承續Hovland「態度變遷」研究者，可以Petty與Cacioppo所提出的推敲可能性模型「Elaboration Likelihood

Model」（簡稱ELM）為代表。ELM主張，研究傳播者與閱聽人態度改變之間的複雜因素，包括：閱聽人對於訊息的認知、處理與反應，決定了態度改變與否，對於態度改變有決定性的影響。將ELM運用到公關活動的企劃，我們可以發現，大部分的公眾，對於許多企業舉辦或贊助的公關活動，可能是以「邊際路徑」來處理公關訊息。這是因為在一個資訊爆炸的環境中，公關訊息往往要與其他訊息做競爭，所以，低涉入的公眾比例非常高。這個時候，公關人員就必須從訊息的包裝、活動是否夠吸引人、參加活動的誘因等方向做調整。

擴散S曲線理念

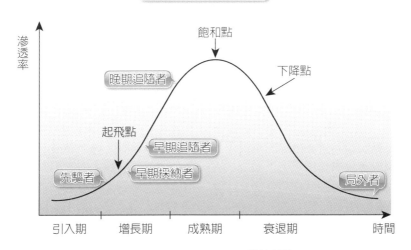

資料來源：Rogers & Shoemaker, 1973.

 知識補充站

新事物擴散率

　　按照傳播學界的共識，當一種媒介的使用人數超過整體的20％，亦即五分之一以上，它就跨越了「普及」的門檻。以美國為例，為達到這一標準，廣播用了38年，電視用了13年，而網路只用了5年。根據創新擴散理論的「擴散S曲線理論」，當一種新產品或服務在其潛在市場中占據10％-25％份額之際，擴散率就將急遽上升。

Unit 4-6
宣傳的定義、種類與主要技術

一、宣傳的定義

1.宣傳的定義

「宣傳」是一種刻意而有系統的傳播方式，它以改變閱聽人意見並操縱其認知為目標。

2.宣傳的種類

一般而言，我們可依消息來源（宣傳者）與訊息內容正確與否，將宣傳分為三種：

(1)白色宣傳（white propaganda）：白色宣傳指的是在宣傳的過程中，消息來源可被清楚的辨識，而所傳播的訊息也是正確無誤，但是宣傳的結果卻獨厚於某一方。在美俄冷戰時期，不論是俄國的莫斯科電台（Radio Moscow）或是隸屬於美國的美國之音（Voice of America），都有利用「白色宣傳」以達成政治性勸服的例子。

(2)灰色宣傳（gray propaganda）：灰色宣傳並無清楚地指明消息來源，而訊息內容的正確性也未經證實，但是其目標卻是要改變閱聽人對於某項事物或議題的認知。灰色宣傳常常用來打擊對手，或是使競爭者因為引述的訊息對其不利而困窘。

(3)黑色宣傳（black propaganda）：黑色宣傳的消息來源是偽造的，訊息則是刻意造假且充滿欺瞞的。黑色宣傳可說是以一種誇大不實的方式抹黑對手。在政治選舉中，類似黑色宣傳的政治競選廣告，以造假、謠傳、負面手法攻訐競選對手來達成勝選目標，在台灣歷次選舉中十分常見。

二、重要的宣傳技術

由美國知名的社會心理學家與宣傳研究者Hadley Cantril與Edward A. Filene聯合創立的「宣傳分析機構」（The Institute for Propaganda Analysis），於1939年出版的《宣傳的藝術》（The Fine Art of Propaganda）一書中，陳述了七種重要的宣傳技術：

1.咒罵（name calling）：用貼標籤的方式將對手歸類為負面角色，並加以嚴厲譴責。通常這種咒罵的手法並不舉證支持其論點。一般而言，為避免引起反效果以及無謂的紛爭（例如：法律問題），公關人員並不常使用這種宣傳技倆。

2.粉飾太平（glittering generality）：粉飾太平與咒罵的方式相當類似，不過其宣傳意圖卻大相逕庭。宣傳者歌功頌德某個人或事物，卻不提供確切的事實或證據，也不先尋求閱聽人對於頌揚主題的意見與看法。

3.轉移（transfer）：將某個受尊重或是具有權威的對象，轉移到所意欲宣傳的事物，鼓勵閱聽人以聯想的方式，對其宣傳事物也產生尊重與認同。同樣的道理，宣傳者也可以將某個受到憎惡的對象轉移到對手身上，鼓勵閱聽人對競爭者產生嫌惡之感。

4.見證（testimonial）：由一名受大眾尊重、可信度高的人，出面說明某一事物或是產品的好壞，並給予背書，藉著這位人士良好的社會形象達成宣傳效果。

5.平民（plain folks）：在宣傳活動中，以平民百姓作為發言人所造成的效果，有時並不比名人背書的效果差。以

平民作為訴求，最大的好處是，閱聽人極為容易對發言人的平民身分產生認同而接受「平民的意見」。

6.堆牌（card-stacking）：「堆牌」指的是透過一連串事實（或是有誤導之嫌的資訊）的呈現，不論是否有舉證說明，也不論其列舉項目是否合乎邏輯，最後的目標是讓其宣傳的對象或產品處於一個極好或是極壞的狀態中。

7.花車（band wagon）：透過各種傳播管道操縱大眾的認知，製造一種主流的意見氛圍，或是主動創造流行，讓閱聽人自認若是不跟隨流行便有落伍之虞。常見於政治選舉與產品廣告上。

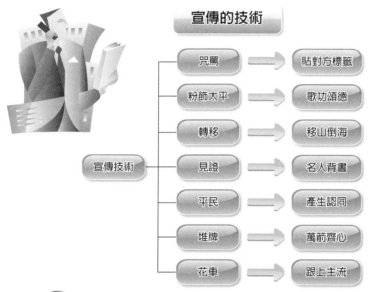

宣傳的技術

宣傳技術

咒罵	➡	貼對方標籤
粉飾太平	➡	歌功頌德
轉移	➡	移山倒海
見證	➡	名人背書
平民	➡	產生認同
堆牌	➡	萬箭齊心
花車	➡	跟上主流

061

Knowledge 知識補充站

政策宣傳的目的

政策宣傳的目的是傳播民眾想要知道、記憶民眾應該知道的資訊，所以政府必須瞭解民眾的真正需求，並預測民眾對某些事務的想法，才能達到「以民為本、視民如親」之施政理念。與民意脫節，或未能掌握民之所好、所需，不僅將使政府無法貫徹，或讓政府及首長之形象受挫，也可能使執政黨在政治權利的運作過程中付出嚴重代價。為貼近民意並掌握民意動向，政府可以透過民意調查、學術研究、媒體與情報蒐集、走訪地方基層、民意代表反映，及民眾投書等種種方式，彙整民意。政府唯有對自我負責，同時能夠回應人民的需求並承擔社會大眾所託付的責任，提供民眾優質的施政品質及行政服務，才能建立政府在人民心中的好印象。

資料來源：卜正珉，2003。

Unit 4-7
有效宣傳的基本原則及其與說服的主要區別

一、有效宣傳的基本原則

Jowett與O' Donnell認為，雖然宣傳技術有許多種，但是有效宣傳的基本原則，則與說服理論類似，可由傳播者、傳播方式、閱聽人的心理反應、傳播技巧等方面加以探討。

1.傳播者

傳播者進行宣傳工作時，所宣揚之訊息最好能與大部分閱聽人的既存立場（predisposition）相符合。除此之外，傳播者最好能引用可信度高者的意見，建立訊息的權威性，因為專家的意見常與資訊的控制權相關，閱聽人傾向於聆聽專家的意見，為其態度或行為的改變提供合法性（legitimacy）的基礎。此外，傳播者也不應忽視意見領袖影響輿論的重要性。

2.傳播方式

一般認為，以面對面接觸的方式宣傳，其效果遠比使用大眾傳播來得好。不過，在一個大眾傳播發達的社會，大眾媒體常被宣傳人員視為最符合成本效益的傳播工具，其最重要的功能在於吸引閱聽大眾的注意力。而面對面接觸最大的功效，在於加強閱聽人的認知並改變其行為。

3.閱聽人的心理反應

關於閱聽人的心理反映因素對傳播效果的影響，其研究文獻累積非常可觀。一般而言，閱聽人的心理反映因素可包括團體壓力、獎賞與懲罰、尋求改變的動機強弱等。

4.傳播技巧

在宣傳的過程中，以具體可見的圖像或比喻彰顯宣傳對象的權力，或是以巧妙的語言吸引閱聽人的注意力，構成傳播技巧研究的重點。不論是文字或圖像，宣傳的效用並不在於引導理性的思考，而在於激發情緒式的反應，因此，如何以鮮明、震懾人心的符號吸引閱聽人，激發他們的情感，是宣傳者所需注重的。

宣傳可說是一種心理戰，這也足以說明為何許多宣傳研究與兩次大戰，或是美俄冷戰時期息息相關。不論是真槍實彈的戰爭，抑或激勵／打擊民心士氣的心理戰，均以戰勝為最終目標。艾維‧李等人所提出的宣傳技術固然實用，但是卻忽略當今企業體必須遵循一定的社會規範與專業倫理的協定。以目前公關業發展的情形來看，大部分的宣傳技術就違反了「公關資訊不得誤導大眾」的專業協定。

二、宣傳與說服的主要差異

Jowett與O' Donnell指出，宣傳與說服最大的不同在於，宣傳注重的是溝通的社會性過程（societal process），它注重群體的改變，以及群體因為宣傳的緣故所激發出來的集體式情緒反應。說服則是「資訊性的傳播」（informative communication），它強調在傳播過程中，傳播者可以與閱聽人分享資訊，同時也可以透過解釋和教育的方式，讓閱聽人在知識上有所成長。以傳播功能而言，說服的動機是善意的，它可以增進閱聽人的知識，並藉著這種知識的傳輸，達到一種正面的態度或行為改變效

果。如果我們想辦別企業組織推出的形象包裝或是各式公關活動，究竟是一種善意的說服或是操縱式的宣傳行為，可以根據它的溝通目標與活動最後的成果究竟有利於誰來判定。當企業組織發動或贊助許多公益慈善活動時，我們可以觀察，企業在舉辦這些活動時，是否有太多商業化行為？企業產品與公關活動之間的連結是否過於明顯？而企業是否將公關視為一種營利性質的活動？

在宣傳過程中，宣傳者常為了達成目標而不擇手段，以誤導或操縱式的方法影響閱聽大眾，所以，我們也可以觀察該企業的公關工作是否有類似情形產生。此外，說服注重閱聽人自發性的改變（voluntary change），我們所觀察的企業公關運作，是否有脅迫式改變的情形發生。

宣傳與說服的區別

區　　別	宣　　傳	說　　服
使用管道	大眾傳播	人際傳播
傳送訊息	全面操控	自由流通
產生力量	負面	正面
溝通過程	集體情緒反應	與閱聽人分享資訊
傳播功能	操縱的	善意的

知識補充站

063

廣告宣傳

　　在現代社會中，企業面臨著市場空間廣闊但競爭者眾多的外部經濟環境。在這種環境下，企業創名牌僅靠其他推廣手段如人員推銷、營業推廣、公共關係，都很難將一個品牌變為名牌。而廣告宣傳具有資訊傳遞快、覆蓋範圍廣、能夠反覆宣傳等特點，能夠迅速有效地提高品牌的知名度。廣告宣傳還具有很強的表達和表現能力，借助這種能力，企業不但能夠把卓越的產品品質、精美的產品設計、完善的服務等資訊傳達給眾多的消費者，而且能夠塑造獨特的品牌形象，提升品牌的美譽度，進而極大地促進產品銷售，提高占有率。廣告宣傳在創建名牌中的作用是巨大的，但要真正發揮作用，必須對廣告宣傳進行精心的規劃設計，做到創意新穎獨特且富有吸引力，此外，選擇恰當合理的廣告媒體和傳播空間和時間，也是至關重要的。

資料來源：王忠偉，2011。

Unit **4-8**
說服的要素與目標

一、說服的要素

基本上，「說服」由幾個元素所構成：

1.以「成功」為依據

基本上，失敗的溝通無法構成「說服」的要件。因此，當「溝通」的任務圓滿達成時，我們就說，溝通對象被「說服」。

2.相關意圖

公關人員在從事溝通工作時，是具有意圖而非隨意性的，因此，公關人員在正式展開溝通活動時，必須縝密且有系統地籌劃公關工作，以確保溝通任務的成功。

3.特定目標與標準

一名說服者必須具有說服的意圖，也表現出說服的行為，加上可衡量的說服目標，我們才能判準說服是否成功。這牽涉到「意圖」、「行為」與「目標」的一致性。假設一名公關人員籌劃一個青少年反菸活動，請知名的社會人士作為該活動的代言人，拍攝公益廣告，並舉辦了一個大規模的晚會，但是卻因公關活動目標不明確，且缺乏有系統的說服效果測量標準，很可能導致說服行為功虧一簣。因此，當公關宣傳人員在進行說服工作時，明確的說服目標是很重要的。

4.自由意志

說服的成果來自資訊傳遞者與資訊接收者之間的溝通，而非一方暗示、脅迫或是命令另外一方的結果。這意味著溝通對象態度與行為的改變是自願性的。同樣的，當公關人員在執行活動時，以各種訴求吸引活動人潮，而這些活動的參與者是被活動訴求所吸引，其行為建立在「自由意志」的基礎上，而非被迫參加。

5.心理狀態的「改變」

說服的目標意味著溝通對象某種心理狀態的改變，通常我們將這種心理狀態——對於某一議題或事物的心理認知與反應——稱之為「態度」。而說服的目標就是要加強、改變或是弱化「態度」。

根據以上說明，我們將說服界定為「藉著有意圖性的溝通行為，成功地影響他人的態度，且被說服者的態度改變是在自由意志之下進行。」

二、說服的目標

Miller（1980）提議溝通應該建立三種不同的說服目標：

1.形塑（shaping）

說服可視為使目標對象學習新知的過程。對公關人員來說，要改變溝通對象根深柢固的觀念或行為不太容易，但是對某些沒有預設立場的閱聽人來說，塑造新態度並非難事。特別是當公關人員在導入新觀念時，只要是符合興趣並提供適當的誘因，這一類型的說服目標並不難達成。很多人都知道Nike的標誌，或是菸草公司塑造的時尚女性形象，都是一種取信大眾的手法。

2.加強（reinforcing）

有時，說服的目標不在於形塑或是扭轉任何態度，而在於增強對於既定事物的態度。像是政治活動、健康傳播，都會利用聳動的標語或是圖像，來讓大

眾有強烈的態度反應，加強大眾對於活動傳達目標的力量。有時候，即使這些訊息邏輯產生錯誤，或是論述的證據不足，只要是符合黨派支持者的立場，仍然可以發揮溝通效果。

3.改變（changing）

態度改變一向都是最高難度的說服目標，這是說服中最重要的影響，也是我們最常對說服產生的印象。溝通是可以改變態度的，不過要改變既定的刻板印象或偏見並不容易。像是種族議題中對於黑人歧視的改變。一般認為，當被說服者有意想改變既存狀態時，這一類型的說服目標才有可能達成。

說服傳播分析框架

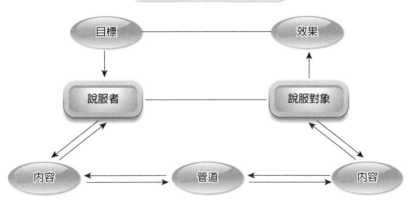

資料來源：陳先宏等，2009。

Knowledge　知識補充站

事件行銷之說服理論建構研究

　　關於「說服理論」，從消費者研究到傳播研究，選舉民意調查或市場占有率調查，共同研究的是，如何打開那一道消費者心中的黑箱子，因為誰能說服別人，誰就能夠賺入花花的鈔票，雖然如此，所有的說服理論都沒有研究到一些弔詭，例如保險公司請一名形象正面且知名的偶像明星代言商品，然後根據民意調查得知消費者對該代言人的代言感覺十分正面，有99％的潛在消費者覺知該企業良好形象，但是該公司並沒有做到那些人的生意；或是可能花了千百萬元，製作了上帝與撒旦對奕的廣告，得到99％的公眾注意到保險的重要，但因此而成交的比率可能只增加5％，在以往的研究中，都是假定態度會影響行為，但是態度與行動當中的差距，其差距是哪些原因來構成？人為什麼不會去做自己認同的事？為什麼談到保險？多數的消費者都會「斬釘截鐵」的說保險很重要，但是在購買保險時卻會採取「迴避」的行動？

資料來源：徐為公，2003。

Unit 4-9
創新傳布理論與實務

一、創新傳布最主要的特徵

創新傳布最重要的特徵在於，傳播媒體與資訊來源的重視、新知識新發明的正面功能、人際傳播的重要地位，以及資訊接收者不同的特質會影響他們對於知識吸收的速度。傳播對象可以根據接受創新事物的時間，分成五種不同類型：創新者、早期採用者、早期大眾、晚期大眾和延遲者。創新傳布方面的實證研究相當多，這裡所要提出的模式雖然僅限於特定情況，卻是已經過多項檢證的模式。

二、創新傳布過程包含的步驟

在創新傳布過程中，至少要包含以下四個步驟：

1.知識

個人得知有某些創新存在，並瞭解它的功能。欲推廣新事物，就必須先讓閱聽人暴露於媒體資訊下，使其對資訊有所瞭解。而閱聽人的社經地位、人格特質、媒體使用行為和習慣等等，都會影響閱聽人對事物的知曉程度。

2.說服

個人對創新產生一種贊成或是不贊成的態度。有以下幾種評估標準：

(1)相對利益：消費者會從消費利益、產品使用便利性等來判斷該項產品的利益，如果答案是正面的，消費者就愈有可能採用。

(2)相容性：消費者會根據過去的使用經驗、實際需求來衡量採行新事物，是否與原有價值體系格格不入。如果新事物與原有信念相差甚大，則消費者可能會選擇放棄。

(3)複雜性：對消費者而言，該項產品是否需要花更多時間去瞭解它的使用方法？關於產品資訊是否太過難懂？不易普及？

(4)可試驗性：該產品是否可以先行試用？是否有免費的樣品可以提供消費者使用？

(5)可觀察性：適用該項產品的成效是否明顯易見？消費者採行該項產品時，是否可以自身觀察感受到新產品的優點？

3.決定

個人選擇去擁有或是拒絕某項創新。

4.確認

個人尋求支持以增強他已經做的創新決定，但如果遭遇衝突的訊息，他可能會改變先前的決定。

三、創新傳布最大的貢獻

這個模式曾經是傳播與發展研究的一個「優勢典範」，此模式最大的貢獻在於提供一個科際整合的理論典範，而又能兼顧實際需求，將基礎研究加以推廣應用，在人口學的家庭計畫推廣、文化人類學研究、公關與廣告等方面都有卓越貢獻。

四、創新傳布理論對公關人員的意義

創新傳布理論對公關人員的意義在

於，公關所企劃的活動，必須在特定的時間內成功銷售某項產品或觀念。而公關人員面臨最大的挑戰在於，如何適當區隔不同取向的社會大眾，瞭解傳布過程中的阻力與助力，以及如何運用大眾傳播與親身傳播的影響力，達成成功採納的目標。

創新傳布模式

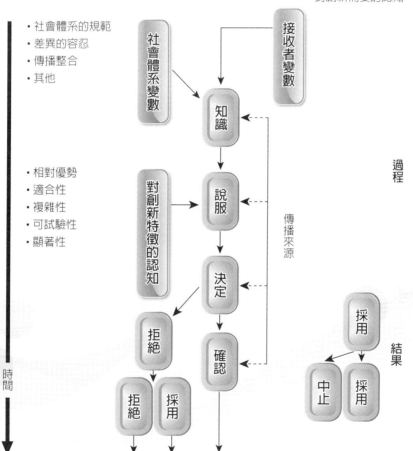

前提
- 人格特徵
- 社會特徵
- 對創新需要的認知

接收者變數

社會體系變數

- 社會體系的規範
- 差異的容忍
- 傳播整合
- 其他

知識

說服

對創新特徵的認知

- 相對優勢
- 適合性
- 複雜性
- 可試驗性
- 顯著性

決定

確認

拒絕

拒絕　採用

採用

中止　採用

過程

傳播來源

結果

時間

資料來源：Rogers & Shoemaker, 1973.

Unit 4-10
「框架理論」的公關策略

組織的公關人員為了掌握組織本身與公眾間的關係，影響對方，通常都扮演「框架策略者」（frame strategist）的角色與功能，以期達到工作使命。譬如：一方面針對社會議題發展特定的主題，以引起公眾的討論或注意；另一方面則要採取框架手法，塑造組織的形象，強化民眾對某些議題的觀點。

因此，在建構社會框架的策略運用方面，公關人員通常採取下列七種框架化模式，分別是：

一、情境框架（framing of situation）

指公關人員為推動組織與公眾間之溝通，建構雙方可以接受或符合參與者期待之相對條件（encounters），使雙方便於對話及討論。例如：政府透過頒獎典禮之儀式，表彰某些團體或個人以建立互動關係，或突顯某些社會意涵，使社會議題被框架化為特定的型態或趨勢。

二、歸因框架（framing of attributes）

指公關人員可以透過強調重要人物、組織、產品、服務之特殊性，使該特殊性與期望之目標結合，以影響人們腦海中的信念及價值觀，例如：當今許多企業積極從事各類贊助活動等。

三、選項框架（framing of choices）

「選項框架」策略乃是運用人類在決策時趨吉避凶的心理，設定可選擇的範圍或選項。

四、行動框架（framing of actions）

當公眾克服得失之心理因素，也有意採取行動時，公關人員此時可透過設定之正面行動與負面（不採取）行動的框架，讓公眾自行評估兩者之益處與可能承擔之風險，例如：核能發電廠的建構與使用。

五、議題框架（framing of issues）

當組織面臨某一社會議題時，公關人員的職責是掌握並控制議題的發展，並採取因應之道。例如：在討論金援邦交國的妥適性議題上，淡化處理可能不是正確方向，教育國人以健康、善盡世界公民的態度來面對，或許才是長遠之計。

六、責任框架（framing of responsibility）

當組織面臨危機事件時，責任框架策略尤其常被使用。例如：面對不景氣、失業率逐漸攀升的情勢，執政黨如何說明？如何才能較為全民所接受？

七、新聞框架（framing of news）

公關人員為促進媒體記者或主編採用新聞來源提供的稿件或資料，通常採取兩種手段：一是在新聞中加入趣味性，讓

事件看起來有「新聞性」；二是將資訊框架化成符合新聞來源偏好的框架。

　　總之，上述這七種模式的中心概念為「關係結構化」，亦即框架化把資訊轉化為「關係結構」，然後建立「參考框架」，以利人們評估資訊、瞭解意義及採取行動。換句話說，框架可以提供認知以及行動的線索（clue）。

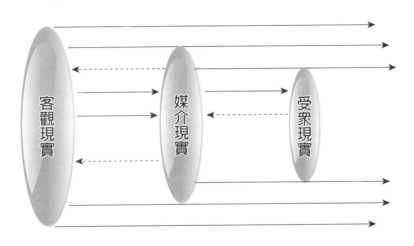

客觀現實、媒介現實與受眾現實之間的互動關係

客觀現實　　媒介現實　　受眾現實

資料來源：陳先宏等，2009。

Knowledge　知識補充站

從客觀現實到媒介現實：框架理論的運用

　　在大眾傳播中，客觀現實（Fact）一經媒體報導，就不再是生活原型的事實，而是經過了意識加工的「媒介現實」。如何讓受眾理解客觀現實呢？高夫曼打了比方，認為這取決於「照相機」，而並不是「被相機拍攝的物體」，不同的拍攝角度和取景方式決定了對事實不同的解釋。同時，新聞媒體透過對事實的挑選和剔除、運用不同加工手法進而為受眾架構（Frame）出一種現實——這一架構則是「具備某種意識型態的」。高夫曼在其《架構分析》（Frame Analysis）一書提出「框架分析」理論，將「框架」認定為人們解釋外在真實世界的心理模式，用來作為瞭解、指認以及界定行為經驗的基礎。

第 **5** 章

公共關係組織：機構公關部門與公關顧問公司

Unit **5-1**
一般企業公共關係部門與公共關係公司的共同工作項目

一、一般企業公共關係部門或公共關係公司的共同工作項目

1.建立企業形象

建立企業形象最重要的目標，是讓一般公眾對該企業產生正面形象，相信企業在生產過程與產品、服務品質等方面有卓越表現。為了要達成「正面形象」的目標，近年來企業公關採取了多元化的策略：(1)建立企業識別系統；(2)主動關懷公共議題，並採取明確立場；(3)建立發言人制度；(4)資訊服務，提供企業的產品與服務資訊給公眾是公關重要的工作項目之一，而提供參考新聞稿與相關資訊給媒體，則是資訊服務的重要項目。

2.行銷溝通

「行銷溝通」（marketing communication）指的是以公共關係策略支援產品的販賣與促銷。為了配合新產品上市，企業的行銷部門會整合不同的溝通策略，雙管齊下，以結合新聞媒體與廣告媒體的方式，來幫助產品打開知名度。這包括安排給媒體採訪的新產品說明會、為促銷產品而舉辦的宣傳活動等等。

3.投資人關係

為新上市的公司股票宣傳企業形象、編寫公司介紹、維持與現有投資人關係、籌辦年度的股東會議，當企業增資、與其他企業購併、或有任何轉變足以影響投資意願或是股市價格時，企業公關人員適時對外發言，傳達正確的資訊等等。以上敘述均屬於投資人關係工作項目。

4.社區關係

企業也是社區的一名成員，它與社區居民的互動關係，不但影響企業形象，也牽涉到該企業的永續生存。

5.員工關係

此一公關工作項目，經常與大企業的人事部門、員工福利部門或是人力資源訓練部門等相重疊。

6.對於贊助活動之監督與管理

有愈來愈多的企業選擇以贊助的方式協辦活動。這些活動屬性或有不同，但是都需要專業的企業公關人員評估其利益得失，因此，如何選擇適當的議題或是相關活動加以贊助，藉此提升企業形象，是此項工作的重要目標之一。

7.遊說與政治活動

許多企業會積極透過各式溝通管道遊說立法單位，影響攸關企業生存相關法令制定。

二、前述公共關係部門與公共關係公司之比較分析

公共關係部門指組織內部針對一定的目標，為開展公共關係工作而設立的專業職能機構。其在組織內充當的角色有：
1.公共關係部門是組織的資訊情報部。
2.公共關係部門是組織的決策參謀部。
3.公共關係部門是組織的宣傳、外交部。

透過組織公共關係部門，能有效地開展公共關係工作的組織保證。公共關係工作開展得好的單位，有著一個顯著的特點：公共關係機構健全且能好好地發揮作用。

公共關係公司則是隨著公共關係作為一種職能的出現，而產生和發展起來的。其特點為：(1)觀察分析問題具有客觀性。(2)提出建議和方案具有權威性。(3)資訊來源的廣泛性和管道的網絡性。(4)公共關係活動整體規劃的經濟性。以上幾點，是公共關係部門較難達到的。

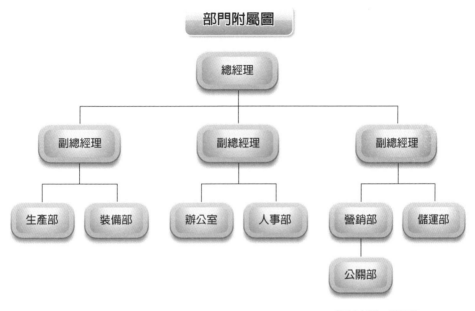

部門附屬圖

總經理

副總經理　副總經理　副總經理

生產部　裝備部　辦公室　人事部　營銷部　儲運部

公關部

資料來源：鄧月英，2009。

公共關係部門的工作範圍表

對內關係的協調	對外關係的協調	專業技術
利用各種內部媒介與員工溝通，做好內部宣傳	向媒介和其他出版機構提供訊息，並與之保持良好關係，做好與公眾的溝通	寫作並向報刊發布新聞、照片和特寫，發布前編好報刊的名單
教育引導組織的全體員工，增加公共關係意識	搞好與社區的關係	組織記者招待會，為管理部門安排接見報刊、廣播和電視記者的訪問
編輯、出版內部刊物，搭建內部交流平台	負責協調與政府各個部門之間的關係	策劃各種紀念活動
隨時蒐集企業員工的各種意見，做好資訊回饋	處理好與消費者的關係、策劃促銷活動、處理各種投訴等	組織展覽會、參觀活動

Unit 5-2
企業公共關係部門與公共關係公司工作內容

圖解民意與公共關係

一、公共關係部門工作計畫之制定

假如我是某公司的公共關係經理，將會把公共關係部門工作做內部的分工，大致上分為三部分：

1.對內關係

公共關係部門需要與人事部門、經營和財管部門合作，共同處理員工關係、股東關係、部門關係。處理這些關係主要運用編印刊物、年度報告、員工調查、雙向溝通等方法、手段，增強員工和股東的歸屬感、自豪感，調查員工的積極性，使全體員工精誠團結。

2.對外關係

公共關係部門需要設專人處理與顧客、社區、政府部門、新聞媒介等單位和部門的關係，以鞏固並改善組織與各方面的關係，廣結良緣，為組織樹立良好的社會形象。

3.專業技術製作

公共關係工作有許多專業的技術方法，比如：寫作、編輯印刷、新聞發布、廣告製作、組織專題活動等，公共關係部門內部依工作方式和技巧進行分工，有助於提高技術水準。

二、公共關係公司的工作程序

按照客戶對公共關係公司的特定要求，公共關係公司的主要工作有五項，包括：

1.確立目標，調查研究

根據客戶所要實現的公共關係目標，透過市場調查、民意測驗等方式，調查研究影響公共關係目標實現的因素，分析公共關係現狀，提出解決問題的辦法。

2.制定和實施計畫

在調查研究的基礎上，幫助客戶制定出有效的公共關係計畫，經過可行性研究後，逐漸落實實施。

3.提供諮詢服務，作為決策參考根據

針對客戶要求，有針對性地提供諮詢服務，像委託單位提出解決問題的具體方案。

4.代理公共關係業務

為客戶進行公共關係策劃，代理專門的公共關係業務，幫助客戶樹立信譽，塑造形象。

5.提供全面公共關係服務

為客戶全面規劃實施公共關係工作。

三、公關顧問公司提供的服務

是否需要僱用外界公關顧問公司為本機構公關代理，或協助本機構公關部門推行公關業務？有正反方面理由：

1.正面理由：僱用外界公關顧問公司的優點如下：

(1)機構內部公關工作人員受機構文件及傳統上觀點的限制，對於公關問題的看法往往過於主觀。僱用外界公關顧問公司則比較客觀，不會有諱疾忌醫或護短的毛病。

(2)外界公關顧問公司的經驗豐富，他們每天面對各種公關問題，例如：一個機構幾十年來才遇上一件罷工案，而公關顧問公司一年會處理幾十件，因此累積了很多經驗。

(3)外界公關顧問公司的專家很多，而且資源豐富，他們有專辦罷工、公

害、產品報導等的專家，而且有很多研究資料，與媒體也有往來。一個機構的公關部門不可能具備這些條件。

(4)公關顧問公司可能在全國或全世界有分支機構，或有連鎖公司，可以彼此支持，聲息互通。

(5)可利用公關顧問公司的名氣，以壯自己機構的聲勢。美國有些大型公關顧問公司，世人皆知，僱用這公司有「一登龍門，身價百倍」的效果。

2.負面理由：僱用外界公關顧問公司也有缺點：

(1)外界公關顧問公司對雇主的情況非一朝一夕所能完全瞭解，處理問題時往往有隔靴搔癢的情形。

(2)雇主向公關顧問公司簡報，耗費時日，往往緩不濟急，貽誤時機。

(3)雇主的公關問題往往未曾受到適當重視。公關顧問公司的客戶很多，無法以全部人力、物力集中運用在某一單獨客戶的問題上，因而使客戶覺得有照顧不周之感。

(4)雇主內部員工的敵視。雇主的員工對於聘請外界顧問公司懷有敵意，認為外界人員搶了他們的鋒頭，而且輕視外界人員不瞭解實際狀況，完全是外行。

(5)僱用外界公關顧問公司，不得不對他們公開機構的機密資料，其中存有風險。

(6)僱用外界公關顧問公司，費用可觀，是否值得，應予考慮。

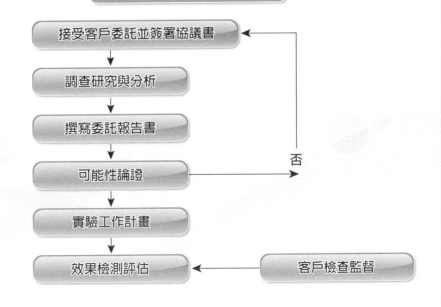

公共關係公司工作程序圖

接受客戶委託並簽署協議書

調查研究與分析

撰寫委託報告書

可能性論證 → 否

實驗工作計畫

效果檢測評估 ← 客戶檢查監督

Unit **5-3**
公共關係運作模式「利益關係人」的定義、種類及其受重視的原因

一、公共關係運作模式當中有所謂「利益關係人」定義

企業的利益關係人（stakeholders），是指足以影響企業決策、政策制定及運作的所有團體。有關利益關係人的管理，在商業與社會科學文獻中已成為流行趨勢，這是因為一般企業所要面對的不只有顧客，尚包括像是員工、公會團體、政府機構、供應商、媒體、一般社會大眾等的利益關係人。

有關利益關係人的定義，一般來說，可大略分為狹義和廣義兩種：

1.狹義定義

指的是受到組織依賴而得以繼續存活的特定團體或個人。根據這個定義，狹義的利害關係人包括：員工、顧客群、特定供應商、關鍵的政府局處單位、重大股東或金融機構，以及其他以此定義的所有利益關係人等。

2.廣義定義

指的是可以影響組織目標的達成，或是被組織目標的達成所影響的個人或群體。根據這個定義，廣義的利益關係人包括：公共利益團體、社會運動或抗議團體、政府部門、商業團體、競爭者、工會、媒體，以及員工、顧客、股東等其他以此定義的所有利益關係人。

二、利益關係人的分類

利益關係人依互動本質的不同，又可分為「初級利益關係人」與「次級利益關係人」兩種：

1.初級利益關係人

指與組織擁有正式、官方或契約關係，而且和組織有直接與必要的經濟上互動。這是企業以市場導向所產生的初級互動對象，包括：企業擁有者、股東、員工、債權人、供應商、零售商、消費者，以及競爭者等。其中較為重要的是企業擁有者，即股東與董事會的董事。

2.次級利益關係人

指在市場經營之外，足以影響企業的經營任務，或者是被企業的經營任務所影響到的團體，包括：企業所在的社區、地方或中央政府、外國政府、利益團體、大眾媒介、遊說者、民意代表、一般公眾等。次級利益關係人雖然沒有和企業組織產生直接相關的經濟活動，但受到組織的影響。同時它們對企業經營的正當性負有監督的責任，等於是享有發言、甚至參與的權利，有賴企業投注心力注意其需求。不同企業需要面對不同的利益關係人，當企業表現無法滿足利益關係人之期望，或企業經營與發展損害了利益關係人的權益時，社會議題隨之產生，也就可能引發利益關係人的反彈與抗議活動。

三、利益關係人日益受重視的原因

由於內外在環境因素的影響，組織與利益關係人的關係已日趨複雜與緊密，與利益關係人互動的必要性與重要性，愈來愈受到重視，組織與利益關係人相處的優劣，成為直接或間接影響到組織目標達成與否的重要因素。利益關係人概念亦廣泛應用在公部門事務的制定與管理上，因為任何一個公共政策的制定，必然涉及或多或少的利害關係，

有些人因政策而獲利，有些人則因此失去利益，或有些人不受該政策任何影響。因此，政府政策、計畫或方案，施行成功與否的關鍵，除繫於政策與計畫本身的周延性外，亦取決於政府與政策利益關係人之間的互動。利益關係人不但有能力影響管理者與組織決策，利益關係人之間亦可能因意見或利益紛歧，形成各種聯盟關係。

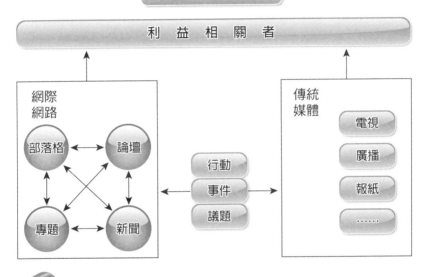

互動傳播模型圖

知識補充站

互動傳播模型圖

　　在這裡的互動傳播是指Web2.0時代，在企業與受眾透過網路媒體互動溝通之外，企業還透過網路媒體內各種傳播工具（例如部落格、論壇等）針對不同受眾實現傳播內容和傳播形式上的互動，以及利用網路媒體與傳統媒體對於同一事件、議題、行動及其展開的話題和活動的議程設置，實現互動傳播。

　　在互動傳播模型中，首先強調對利益相關者的分析。所為利益相關者是指企業內部與外部會影響組織或被組織影響的個人和團體，這些個人和團體包括員工、股東、供應商、社區等。這些個人和組織對公司作出專用性的投資，並承擔相應的投資風險。Charles J. Fombrun等人認為利益相關者不僅能夠影響公司的營利，其中有八類還能夠對公司的聲譽發揮極大的影響，這些分別是雇員、顧客、投資者、合作夥伴、媒體、行動主義者、社區和政府當局。針對不同的利益相關者，應該設計不同的溝通訊息，並制定相應的媒介組合，透過互動傳播，實現利益相關者的行為互動和話題互動。

Unit 5-4
公眾的定義、特徵及其公眾與利益關係人的區別

一、公眾的定義，及其與公眾和利益關係人的區別

在公共關係中，「公眾」（Public）的涵義不同於一般意義上的大眾、群眾或社會上的大多數人。「公眾」是指對某項社會議題持類似意見，或是對企業的表現負有監督責任的一群利益關係人。這裡所指的公眾，是與某一特定組織機構相關的，所處地位相似或相同，或是具有共同目的、共同利益、共同問題、共同興趣、共同意識的社會群體。

二、公眾的特徵

1.同質性

公眾的形成是由於公眾成員面臨共同的問題，而且這個問題會對公眾成員的生活產生影響。所以，公眾成員會對問題產生共鳴、採取共同的行為。雖然問題的內容包羅萬象，無論大小，只要有充分的意識，就組成了公眾。例如：某商場出售了劣質的旅遊鞋，凡是購買、使用了該商品的人，都面臨著相同的問題。商場和生產者的不法行為，使消費者的權益受到侵害，要投訴、善後和解決問題成了共同的要求。而商家和店家為了挽回信譽、平息風波，必須採取一系列的公關活動，那麼這些消費者就成了他們公關活動的特定公眾。

2.相關性

公眾對機構具有特定的要求，與機構之間存在著互為影響、互為聯繫、互為制約、互為推動的互動關係。公眾受到組織行為和決策的影響，反之，他們的態度和行為也影響著組織結構。

3.動態性

由於整個社會始終處於動態發展的過程中，因此，公眾也是一個不斷發展的動態概念，凡與機構相關的個人、群體和組織所形成的一個公眾範圍與構成分子，會隨著時間、環境的變化而不斷變化。倘若機構在這個過程中，運用公共關係解決了公眾面臨的共同問題，那麼原來的公眾就會自然消失，然而隨著新問題的產生，又會形成新的公眾。例如：商場或店家面對憤怒的消費公眾時，採取了一系列的公關活動，如道歉、賠償、和消費者座談等等，向公眾表達最誠摯的悔改之意，終於使消費者的怒氣轉化成對企業失誤行為的理解與寬恕，或者轉化成一種對企業承擔責任的讚賞，這樣，原先對商場和店家持抱怨態度的人數比例就會下降，直至消失。

三、公眾與利益關係人的區別

「公眾」與前一節所謂的「利益關係人」比較，兩者之間的差別在於，公眾通常是指和企業比較沒有直接關係，但是對企業正當性具有重要影響的次級利益關係人。此外，相對於公眾而言，利益關係人是較為靜態的說法，公眾概念強調集結與行動的層面，是針對議題集結起來，採取行動的一群人。公眾並不是組織結構完整的群體，而是「一個結構鬆散的系統，其成員面對面，透過媒介進行互動以監督某項議題」，並且「藉由教育、協商、說服、壓力或暴力等實際的行動，對其他的公眾或團體造成影響。」

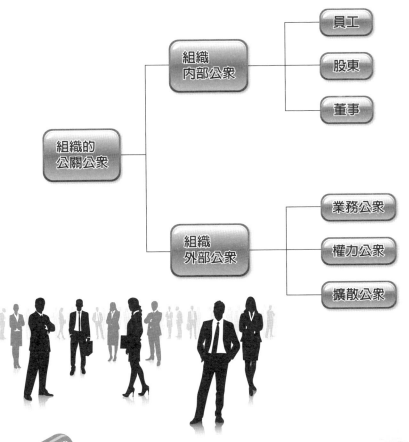

組織的內部外部公眾

組織的公關公眾
├─ 組織內部公眾
│   ├─ 員工
│   ├─ 股東
│   └─ 董事
└─ 組織外部公眾
    ├─ 業務公眾
    ├─ 權力公眾
    └─ 擴散公眾

Knowledge　知識補充站

分析公眾

　　前政大廣告系教授鄭自隆認為，所謂public，是對某一議題（issue）有興趣的一群人；或與某組織有互動關係的一群人。例如興建電廠的台電、電廠設備供應商、掌握電廠預算的立委、高耗能工廠的老闆與財團、電廠所在地民眾、反核團體……就是「興建核四」議題的public。

　　當然不同議題有不同的public，「興建水庫」的public與「興建核四」、「美牛進口」、「健保費率」等議題的public也不同。Public通常被譯為「公眾」，所以「公共關係」也被稱為「公眾關係」。

Unit 5-5
公眾的種類與使公關組織更有效率的作法

一、公眾的種類

1.第一種分類方法，是將公眾按彼此的內外關係分成兩大類：一為組織的內部公眾，二為組織的外部公眾。

(1)內部公眾是指組織內的全體成員，他們與機構關係最直接，也最為密切，包括：組織機構內的股東、董事，以及員工。員工又可分為管理階層及非管理階層，同時根據工作業務性質，分為研發人員、操作人員、管理人員與技術人員。

(2)外部公眾是指與組織機構相關的外部成員，組織透過他們和社會保持廣泛而緊密的聯繫。外部公眾包括：消費者、顧客、經銷商、供應商、競爭者、政府、媒體、社區、民意代表、學術團體、教育界、壓力團體，以及同業的會員組織，或相關的行業團體等。可根據其特性，進一步將這些外部公眾分為與組織有業務往來和經濟利益的「業務公眾」；對組織具有兼管或督導權力及影響力的「權力公眾」；以及與組織有間接關係或組織為其特殊目的所欲接觸的公眾，可視為「擴散公眾」。

2.Nolte根據公眾對組織的重要性，把公眾分為三種

(1)首要公眾（primary publics）：即一般企業的首要溝通公眾，包括：員工、雇主（股東、合夥人等）、顧客，以及社區居民。

(2)次要公眾（secondary publics）：這些對象因為通常並未包括於大多數的公共關係活動中，因此其重要性僅次於前述四種公眾。次要公眾包括：教育人士、政府官員、供應商、經銷商，以及商場上的競爭者。教育界人士通常是地方上的意見領袖，受到各方尊重。學校團體則與企業界的人才培育、產學建教合作有關。至於競爭者則與避免惡性競爭、維持競爭規則的公平性有關。

(3)特殊公眾（special publics）：實際上指一些特殊團體，服務性質如：扶輪社、獅子會；文化性質如：文化基金會等。所有這些團體之成立均有特殊背景，公共關係人員的工作即在找尋脈絡，瞭解任何可能需要與之溝通的特殊團體。

3.另外一種分類公眾的方式，是從公眾的演變過程加以區分

Grunig與Hunt（1984）提出了界定公眾的「情境理論」（situational theory）。在此，情境指的是與公眾生活有關的社會問題或公共議題。情境理論以人們對問題的認知程度（個人察覺與思考問題的程度）、對外界阻力的認知程度（個人察覺自身在解決問題上，面對外界阻力之大小），以及對問題的涉入程度（人們察覺此問題與自己的關聯程度）三種特性為基礎，分類不同的公眾。此理論將公眾分為三種類型：潛在公眾（latent public）、知覺公眾（aware public）及行動公眾（active public）。其中，潛在公眾尚未認識到問題的存在；知覺公眾已經知道問題的嚴重性，但僅限於認知層次；行動公眾則會積極主動的蒐集相關資訊，採取實際行動來解決公共問題。

二、公共關係要使組織運作更有效率的具體作法

公共關係要使組織運作更有效率，必須找出最主要的策略性公眾，使之成為策略性管理過程的一環，並提出一套有效的溝通計畫，以便發展與維持組織與策略性公眾之間的長久關係。而策略性公共關係包含幾項要素：(1)找出組織必須與之發展關係的策略性公眾；(2)藉由相關傳播計畫的構思、執行與評估，建立組織與策略性公眾之關係；(3)測量與評估組織和策略性公眾的長期關係。

Grunig與Hunt認為，公關公眾與商品行銷對象，在本質上有所不同。企業組織往往認為「產品導向」或「行銷導向」的區隔方式，就可以輕易地界定消費者，這種區隔方式也影響到公關人員的思考，在區隔公關的溝通對象時，也傾向借用行銷觀念裡的區隔概念，界定公共關係對象。Grunig認為，公關公眾是由公眾所關心的社會問題所定義，而行銷對象則由產品或勞務所界定。企業常犯的錯誤便是忽略了平時與各種公眾溝通的重要性，等到公眾人數增加時，才急著研擬回應對策，實則已經輸在起跑點上了。對於有心進行議題管理的企業組織而言，瞭解公眾組成的情況，將這些人從芸芸眾生中有效的區隔開來，是擬定溝通策略的首要步驟。

公眾權利要求結構表

組織的公眾對象	公共對象對組織的期望和要求
員工	就業安全和適當的工作條件；合理工資、福利培訓和上進機會；瞭解公司的內情；社會地位、人格尊重和心理滿足；參與和表達的機會等等
股東	參加福利分配；參與股權表決和董事會的選舉；瞭解公司的經營動態；優先適用新產品；有權轉讓股票；有權檢查公司的帳目等等
顧客	產品品質保證及適當的保用期；公平合理的價格；優良的服務態度；準確解釋各種疑難或投訴；提供完善的售後服務；獲取必要的產品技術資料及增進消費者信任的各項服務；必要的消費教育和指導等等
競爭者	有社會或本行業確立競爭活動準則；平等的競爭機會；競爭中的相互合作；競爭中的現代企業家風度等等
協作者	遵守合約；平等互利；提供技術資訊和援助；為協作提供各種優惠和方便；共同承擔風險等等
社區	向當地提供生產性的、健康的就業機會；保護社區環境的秩序；關心和支持當地政府；支持文化和慈善事業；贊助地方公益活動等等
政府	保證各項稅收；遵守各項法律、政策；承擔法律義務；公平競爭；保證安全等等
媒介	公平提供資料來源；尊重新聞業的職業尊嚴；有機會參加公司重要慶典等社交活動；保證記者採訪的獨家新聞不被洩漏；提供方便的採訪條件等等

資料來源：王忠偉，2011。

Unit 5-6
從公眾的演變過程來看公眾的分類及其與組織的連結

一、從公眾的演變過程看公眾的分類

從公眾的演變過程來看，可將公眾更明確地界定為非公眾、潛在公眾、知曉公眾與行動公眾四種。而從非公眾→潛在公眾→知曉公眾→行動公眾，這是一個連續發展的過程，組織應該時刻注意公眾的形成與變化動向。

1.非公眾是指不受組織機構任何影響，對機構也不產生任何影響的公眾，他們不是公共關係的重點。

2.潛在公眾是指組織機構已經對他們產生了影響，但其本身還未注意、意識到的公眾。亦即由於組織的行為，使某些成員面臨了相同的問題，這些社會成員已經成為組織的公眾，但因為種種原因，這些公眾或者其中的部分公眾還沒意識到這一點，於是他們就成為組織的潛在公眾。由於潛在公眾尚未意識到問題的存在，所以暫時不會對組織採取行動。

3.知曉公眾是指已經意識到組織行為對他們產生影響的公眾，他們由潛在公眾發展而來。由於知曉公眾已經意識到問題的存在，他們迫切地希望瞭解問題的根源，以及解決問題的方法，對與問題相關的一切訊息十分感興趣。所以，組織必須以積極的態度，展開精心策劃的公關活動，透過各種手段向他們盡可能多提供一些真實訊息，同時採取各種措施，以妥善解決問題。面對知曉公眾，組織公關工作的重點是盡量主動把問題解決，否則，知曉公眾會進一步採取維護自身利益的行動，使組織陷於被動之中。

4.行動公眾是指不但意識到問題的存在，且已著手或已經採取行動的公眾，他們由知曉公眾發展而成。面對行動公眾，組織機構公共關係的難度就更大了。行動公眾一旦形成，他們便會採取各種行為，例如：訴諸新聞媒體、政府相關部門或訴諸法律等，會對組織造成明顯而立即的威脅。組織必須花更多力氣，展開補救性的公共關係活動，盡量讓他們瞭解組織為解決問題所做的努力，以爭取協商、談判或合作的空間。

二、公關公眾與組織的連結性

在組織與公眾的關係上，各個學者都有不同的分類方式。Grunig與Hunt認為在確認公關對象時，最重要的是瞭解哪些公關公眾與組織會有「連結」關係。他們以公眾與組織之間的連結性來加以區分，指出公共關係對象共有四種不同的連結關係，據此對公關公眾加以系統化的分類。

1.授權性連結（enabling linkage）

這種連結關係指的是那些有授權身分的對象，可影響組織生死之權，如：股東、議會、政府主管官員、董事長、社區領袖等。

2.功能性連結（functional linkage）

與組織具有輸出與輸入功能的對象。輸出連結，如：顧客、買主、使用者等，均和組織有輸出或使用組織產品之關係。輸入連結，如：員工、公會、供應商等，均與組織有輸入或資源供需的關係。

3.規範性連結（normative linkage）

包括一些與組織擁有相同價值觀或類似困難的對象，如：公會、政治團體、職業團體等。

4.散漫性連結（diffuse linkage）

這些對象是不具有組織性的團體，通常比較難以掌握，例如：選民、學生、主婦或社區民眾等。

公眾發展過程圖

非公眾 → 潛在公眾 → 知曉公眾 → 行動公眾

↑

解決問題的最好時機

資料來源：張岩松等，2014。

 知識補充站

行動公眾

所謂行動公眾，乃指由非公眾、潛在公眾和知曉公眾發展而來的公眾，亦即已經集中出現在組織面前的公眾。知曉公眾已經知曉問題的存在，並正在準備採取某種行為對組織施加壓力，而行動公眾不僅知曉問題的存在，同時也清楚問題的原委而正在採取某種具體行動對組織施加壓力。在特殊條件下，組織一旦形成行動公眾，其公共關係工作難度就會大為增加。

上述四類公眾：非公眾、潛在公眾、知曉公眾和行動公眾，是逐漸發展而來的，進而形成了一個連續的發展過程。

Unit 5-7
企業公關與非營利性公關組織相異處之比較

有關企業公關與非營利性公關組織的相異處，可從下列五方面來加以說明：

1.出版刊物，鼓吹理念

為了讓更多的人認同組織理念，許多非營利性質的組織會出版刊物，說明該組織的目標、介紹活動內容、推廣組織基本的政策並宣揚其成就。

2.募款

非營利性組織運作必須依靠會員或支持者定期的捐款，這也就是為什麼募款活動往往是非營利組織每年公關的重頭戲之一。

3.招募與訓練義工（會員）

在非營利組織工作的人員，除了少數的專職人員以外，大部分是不領取薪資的

084

義工。從招募到訓練義工，非營利組織將更多人力的投注視為寶貴的社會資源，以彌補其在物質資源的不足之處。

4.建立媒體關係

由於物質資源有限的關係，所以，非營利組織會更加珍惜運用新聞媒體資源的機會，因為一則對於該組織的正面新聞報導，不但可拓展其知名度，也為該組織帶來許多實質的資源，如：讀者的興趣、詢問、甚至捐款等等。

5.政治遊說、推動立法

許多非營利組織成立的目標之一，就是要充當特定公眾的發言人，透過與一般大眾及政治人物溝通的方式，爭取特定公眾的權益。

企業公關目的

產業特性	管理功能	形象功能	行銷功能	危機控管功能
面對高度競爭	經銷商／供應商公關、財務公關與股東公關	與有關的公眾盡力並維持良好的關係；企業形象的保護與提升	引導議題，塑造有利於企業或產業的民意氣氛，促進銷售	預防危機或減低危機損害
承擔更多社會責任	社區公關：員工公關、消費者公關			
勞工意識高漲	員工公關			
商品生命週期縮短	消費者公關：財務公關與股東公關			
消費者意識提升	消費者公關			

資料來源：鄭自隆，2013，p.127。

非營利性組織拒絕有效的溝通工具的原因及其公關目標

非營利性組織拒絕有效的溝通工具的原因	非營利性組織的公關目標
1.缺乏資源：大多數NPO自認為其規模及相關人力及經費資源有限，無法如大型機構組織般有專責人員及經費來從事公關工作。	1.增加能見度及名聲
	2.增加募款
2.負面經驗：組織領導人曾經被媒體修理過或吃過不少虧，因害怕而想盡辦法要閃躲新聞媒體。	3.施展影響力【政策倡議】
	4.招募更多的員工或志工
3.態度問題：許多NPO的領導人自認為很專業且有聲望，無須藉助媒體來讓外界關注他們，他們認為只要自己好好做或很重要時，媒體自然就會報導。	5.改善公共機構
	6.改善及提升服務遞送及公眾關切的知曉
4.毫無經驗：許多組織及其人員根本就不知從何著手。	7.扭轉負面媒體報導

資料來源：卜正珉，2013.9。

第 6 章

內部公關與社區關係

 章節體系架構 ▼

Unit 6-1
公關與員工關係

一、員工關係的重要性

內部關係受到重視有兩個基本原因：

1.員工是機構的基礎，尤其是服務業，員工是他們最大的資產。沒有良好的內部關係，不可能有朝氣蓬勃的機構。近年來由於國民所得增加，以及教育水準提高，良好的內部關係不可能再靠威逼利誘，也就是西方所說的棒子和紅蘿蔔。如今管理全仗溝通和說服，也就是這裡所要討論的內部關係。

2.機構有許多群眾，他們與機構之間有親有疏，對機構的影響有大有小。內部群眾處於機構最核心的部分，對機構的關係最為密切。機構如果希望有良好的社區、顧客、股東、供應商等關係，必先有良好的內部關係，所有的群眾也都會受到內部人員的影響。因此，公共關係應自內部關係開始。

二、員工關係與內部溝通

和內部員工保持接觸並無困難，日常工作上的聯繫就可以做到這一點，而且還有許多傳播工具可以利用。傳播工具是否有效，決定於他們日常工作的聯繫是否良好。也就是說，如果工作關係良好，員工便樂意接受你的傳播，否則，傳播毫無效果可言。因此，辦理員工傳播首先要造成員工信任的氣氛，而這種氣氛是管理階層日積月累所形成的。

在對員工傳播這件事上，高階主管所持的態度最為重要，他應擔任積極推動的角色。

三、內部溝通的方法

內部溝通包括對上、對下、對平行，事實上，這三種方式溝通都有很多障礙，可能由於資訊的不充足，可能由於當事人的疏懶，也可能由於傳播的無效。美國通用汽車公司前董事長史密斯，在1983年曾寫信給該公司各高階主管，要他們有兩件事一定要對員工溝通：一是凡屬足以影響公司業務的重大事項，一是影響員工的生計事項。反觀台灣機構的內部溝通似乎並不理想。

四、讓員工參與決策

任何問題在決定之前，應讓員工充分表示意見。經過詳細討論之後產生共識，做成決定，一起遵行。員工在討論之中獲得充分資訊，對問題有深切瞭解，對於所獲結論必全力以赴。

不過，有一點很多人都會誤解，所謂「參與」乃是參與意見，而不見得是參與決策。決策權是經理人所獨有之權力，任何人只能提供意見，無法替他分勞解難。企業管理不採取合議制，例如：一個公司擬生產一萬單位的產品，總經理召集經理開會討論，十個經理中有六個人反對，最後總經理可能決定照舊生產一萬單位，並不因多數反對而作罷。

五、良好的員工關係與企業整體形象

建立良好員工關係的目的，是培養組織成員的認同感和歸屬感，形成向心力和凝聚力。其意義可以歸納為兩個方面：

1.組織需要透過員工的認可和支持來增強凝聚力

一個組織的存在價值和整體形象在取得社會的認可之前，首先要得到自己成員的認可，否則企業的價值和目標將

會落空，組織將無法作為一個整體面對外部社會公眾。

2.組織需要透過全體公共關係來增強外張力

公共關係對外樹立組織形象、擴大社會影響的工作，有賴組織全體的配合。因為每一個員工都是企業與外部公眾接觸的觸角，都處在對外公共關係的第一線，企業組織的形象必須透過他們在生產、服務崗位上的實際行動具體表現出來。

員工感興趣的主題

考慮主要觀眾的需要，但是也可以透過出版引起其他人興趣的內容來擴大觀眾範圍。要查找有用的消息和娛樂內容。沒有人會關心所有的內容，但是，幾乎每個人都會看見一些內容。大略估計一下，恰當的分配是：

50%的內容是關於組織的——當地的、國內的和國際的

20%的內容是員工的——福利、工作生活品質等

20%相對是非公司訊息——競爭者、團體等

10%的閒談內容和個人訊息

記住，公司訊息必須滿足員工需求，而不只是管理者的需求。如果出版物要達到主辦組織的目標，讀者人數或觀眾人數很重要。

排　序	主　題	比例(1-10)
1	將來的組織計畫	8
2	工作發展機會	7
3	與工作有關的「怎麼做」　資料	7
4	生產率的提高	6
5	人事政策的實施	6
6	怎樣面對競爭	6
7	個人工作怎樣有利組織	6
8	外界對個人工作有怎樣的影響	5
9	怎樣運用利潤	5
10	財政情況	4
11	廣告宣傳和晉升計畫	4
12	員工所在部門和分支以上的操作	4
13	關於目前存在問題組織的立場	4
14	人事改變和晉升	4
15	組織團體參與情況	4
16	關於其他員工有趣的新聞	2
17	個人訊息（生日、周年紀念等）	2

資料來源：IABC Study.

上表乃根據國際商業溝通協會的調查結果，按重要性先後次序列出員工感興趣的主題。員工對工作保障愈來愈關心，這很明顯地列於第一位「將來的組織計畫」。員工的願望很清楚：他們想知道組織前進的方向、有什麼計畫和對員工意謂著什麼。

Unit 6-2
內部公共關係（一）

一、企業公關人員在內部公共關係的作為

一個企業公關人員在內部公共關係的作為，可從以下幾點出發，加以努力：

1.出版企業內部刊物

一個企業必有其企業精神與企業目標，欲使員工與企業同心努力，則要讓員工瞭解企業的目標與想法，使員工能確實瞭解企業的精神為何，並能一起朝著相同的目標前進。例如：統一星巴克的企業精神，就是提供消費者一個除了家與公司之外，第三個休閒放鬆的好去處。星巴克透過內部刊物的流通，使得每一位員工都能朝著創造「城市綠洲」的目標經營，帶給消費者自在的消費空間。

2.舉辦員工聯誼活動

企業舉辦員工聯誼活動，一般可區分為各部門友誼賽、員工餐敘及員工旅遊三部分，通常以後兩者居多。各部門友誼賽是在較活潑的企業文化中會有的一項內部公關活動，例如：定期舉辦各部門的籃球比賽、路跑比賽、接力賽等，創造各部門同心協力贏得比賽的向心力，並藉此達到使各部門互相接觸、溝通交流的效果。

員工餐敘為較小型的員工聚餐，餐敘活動大多不定期舉辦，可隨特殊慶祝時機，做彈性的時間調整，以較輕鬆的方式、較少的經費，促進員工彼此的感情交流，並增進對企業本身的良好形象，以及增加對企業的認同感。

二、內部公共關係的運作機理

1.增加內部公眾的認知

(1)內部公共關係要重視組織給公眾的直接印象。

(2)要注意內部公眾對組織的「第一印象」。

(3)內部公共關係要培養和強化組織形象個性特色。

(4)要不斷增加組織的透明度：敞門法、對話法、安民告示法。

2.激勵內部公眾的動機

(1)民主管理激勵；(2)獎懲激勵；(3)榜樣激勵；(4)領導行為激勵；(5)情感激勵；(6)反饋激勵。

3.轉變內部公眾的態度

(1)服從階段；(2)認同階段；(3)同化階段。

4.引導內部公眾的行為

需經歷三個不同時期和階段：(1)解凍期；(2)消融期；(3)凍結期。

在各類公共關係活動中，積極引導和控制內部公眾的行為，還可以採取以下各種不同的方式和手段：(1)思想控制；(2)紀律控制；(3)道德控制；(4)經濟控制；(5)心理控制；(6)輿論控制。

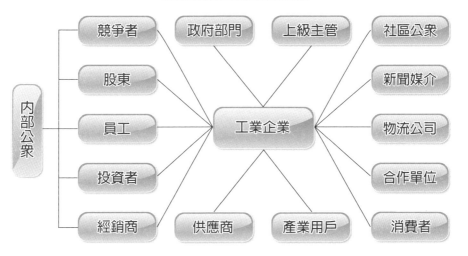

工業組織公眾列舉

競爭者　政府部門　上級主管　社區公眾

股東　　　　　　　　　　　　新聞媒介

內部公眾　員工　　　工業企業　　　物流公司

投資者　　　　　　　　　　　合作單位

經銷商　供應商　產業用戶　消費者

資料來源：杜琳等，2013。

 知識補充站

內部公共關係

　　內部公眾是組織內部的成員群體，即組織內部的各類成員，如組織中的員工、股東等，員工包括管理人員、技術人員、銷售人員、輔助人員等。任何組織的首要任務是培養內部員工和股東的凝聚力，得到股東的信任和支持。

　　公共關係工作需要內外有別，如在公共傳播時，內部傳播和外部傳播在形式、尺度、時間等方面都有區別。組織內部的情況不能毫無控制和調節地宣揚出去，必要的保密也是一種重要的傳播政策。在對外傳播之前，內部傳播畢須統一口徑，否則就會造成整體形象的混亂。

Unit **6-3**
內部公共關係（二）

一、內部公共關係是塑造形象的起點

內部公共關係如何，直接關係到組織公共關係目標的實現和組織形象的塑造。

一個組織的公共關係目標是要獲得各界公眾的信任、支持與合作，這裡必須首先取得組織內部公眾的真誠理解與鼎力支持。團結組織內部的全體員工，協調組織內部各個部門科室之間、各類員工之間的合作關係，使組織內部上下左右各方共同為組織的目標而奮鬥出力，這是內部公共關係工作的根本任務和宗旨，其本身也就表明了內部公共關係工作的必要性和重要性。

組織形象是指一定時期和一定環境下，公眾對組織及其日常行為所產生的各種感知、印象、看法、感情和認識評價的綜合體現。不同的公眾從不同的角度來認識企業面貌，產生各種感受和認識、看法，這就形成了企業的形象。

一個組織的形象是透過其內在精神和外顯事物顯現出來的。內在精神是指組織的精神風貌、經營管理特色、創新與開拓精神、員工的思想意識和工作態度等。外顯事物則表現為組織的名稱、註冊商標、產品特色、系列服務、店容廠貌、名片格式、辦公信箋等因素。在市場經濟條件下，要贏得「天時、地利、人和」的生存發展環境，企業組織的一項首要工作就是團結廣大員工，培養集體凝聚力。從這一點來說，內部公共關係即是塑造組織形象的起點。

二、化解和消除內部溝通障礙

內部公共關係活動，實際上是組織內部的訊息溝通過程。進行有成效的資訊溝通並非易事，當然要受到許多因素的阻礙和干擾。公共關係人員的任務在於正視這些障礙，找出其行程的緣由和根源，並且採取相應的措施來清除這些溝通障礙，創建組織內部良好的公共關係。有以下幾種作法：

1.創造最佳的組織溝通氣氛

在內部公共關係工作中，組織領導者要作風民主、平易近人，善於傾聽不同意見，鼓勵成員大膽提出批評和建議，這樣可以消除溝通雙方的緊張和拘束，形成輕鬆和諧的環境氛圍。創造良好的溝通氣氛是改善組織內部溝通，有效開展內部公共關係活動的重要一環。

2.做出主動溝通姿態

公共關係人員在工作中應主動創造交流溝通的機會，樂於和部門與基層成員接觸，增加內部公眾對自己的責任。

3.遵循內部公共關係的「溝通十戒」

(1)溝通前做好準備，準備可能發生的事件及其應變措施。

(2)認真考慮本次溝通的真正目的，選擇適當的溝通語言和溝通方式。

(3)全面省察溝通的環境和氛圍因素。

(4)溝通的訊息內容準確客觀。

(5)善於利用最有利的溝通時間。

(6)重視溝通中的「肢體語言」。

(7)資訊溝通發送者的言行一致，講究信用。

(8)克服不良的聆聽習慣，學會當一個「好聽眾」。

(9)重視溝通中資訊接收者的反應。

(10)在正確運用語言文字時，酌情

使用圖表、數據和實務資料以說服對方。

4.在內部公眾關係的溝通協調過程中，做到資訊蒐集制度化、資訊表述標準化、資訊傳遞規範化、訊息內容系統化、訊息儲存檔案化。在內部公共關係工作中，建立科學化、現代化的資訊管理系統，是有效清除組織內部資訊溝通障礙的制度保證和根本對策。

組織公共關係目標確定流程圖

1.定位組織形象現狀

1.1社會組織自身形象的調查：準確地定位這種公共關係形象

1.2組織公共關係分析：溝通協調和形象定位存在的問題

2.整合組織的資源狀況和公眾對社會組織的期望

2.1調查瞭解公眾對社會組織的要求和期望，尤其是以滿足公眾日益增加的精神需要為目標

2.2分析組織的資源狀況及可提供的活動條件和環境條件

3.確定組織公共關係的整體目標和發展策略

3.1長期目標：這是關於組織發展的戰略目標

3.2中期目標：這是組織公共關係工作目標和基本任務

3.3短期目標：這是指組織公關關係在一年內的工作計畫和要達到的標準

3.4具體公共關係活動目標：此即組織針對各項具體問題而展開的專項公關活動所制定的目標

資料來源：杜琳等，2013。

093

Knowledge **知識補充站**

組織公共關係目標

組織的整體目標和發展策略是社會組織公關目標的重要依據。組織的公關目標必須保持與整體目標的協調一致，必須為組織的整體發展策略服務。

公共關係工作的第一步是甄別公共對象、測量輿情民意、評價組織形象，在掌握大量資訊的基礎上尋找差距，確定問題，為公共關係工作指明方向。這是公共關係目標管理的主要環節；另外，還應將組織的實際形象與自我形象作比較分析，揭示二者之間的現實差距，指明公共關係估作的目標和任務。

公共關係的第二步是根據現存問題和差距，確定組織的公共關係目標，制定公共關係工作規劃和實施方案，為組織設計形象，使公共關係工作建立在科學計畫的基礎上，進一步得到良好的控制。

Unit **6-4**
投資者與消費者的公共關係

一、如何協調與投資者之間的關係

協調投資者之間的關係，有以下幾種方法：

1.配合股票發行開展宣傳活動

對代理發行機構開展宣傳活動，主動上門指導，使企業與代理發行機構彼此瞭解和互相信任。一旦確定了股票代理發行機構，公共關係人員就要把宣傳的重點移到有可能購買本企業股票的社會公眾身上。

2.尊重股東權益，定期向股東通報經營狀況

(1)召開股東大會之前，要把書面通知送達股東手中。通知要求文字簡潔，對會議的內容、時間、地點及議題有明確說明。

(2)對於會議日程安排，要做到有條不紊。需要在大會上發言的代表，應做到事前告知，以便他們做好充分的準備。在選擇會議地點時，還要考慮到交通問題，避免路途遙遠而過於勞頓。

(3)在會議期間，可以考慮安排一些其他活動，如：股東聯誼會、座談會，組織股東參觀旅遊。

二、企業對消費者的公共關係形式

1.今日消費者帶給企業主要有三大挑戰，即感受、預防與績效。所謂感受，主要來自消費者的反應與抱怨。預防指在感受之後，要能機警預防，做好危機處理。最後由於企業有效迅速的處理，而獲得良好的企業信譽與消費者的信賴。

2.企業對消費者的公共關係形式，主要著重在行銷傳播，包括：產品宣傳、理念傳達與企業贊助三方面。

(1)產品宣傳：這是企業最常見的公共關係形式。為打響新上市產品的知名度與銷售量，企業多會在產品初上市期間，從事一些有創意的公關活動，藉此吸引媒體報導並提升產品能見度。例如：Lee Cooper為打響新上市產品——英倫美線牛仔褲，請來名模林志玲代言，更為此舉辦了一場服裝秀，打響產品本身的知名度，也增添一筆漂亮的銷售成績。

(2)理念傳達：企業為向民眾傳達其中心理念，亦可以用公共關係的手法與民眾溝通，進而使企業被瞭解與認同。例如：Nike在2005年開始開發女性市場，為傳達企業理念，強調「運動的女人是美麗的」概念，舉辦了一場「運動女人美麗部落」攝影展，讓大眾亦能一同參與，並希望大眾在參與的同時，能認同企業理念，進而消費其產品。

(3)企業贊助：企業之所以從事贊助活動，是基於以下幾點因素考量：①增加曝光機會，促使企業知名度上升；②節稅，在一定額度的贊助上，能使企業節省繳稅金額；③企圖與贊助項目形成正面形象的連結關係，例如：贊助一場好的球賽、珍貴的藝術展覽或慈善活動等，都能使企業的藝文與社會公民等良好的形象，相對的提升。

3.編制股東年度報告，監督企業、公司的經營活動：對企業經營活動進行必要的監督，促使經營者努力做好管理工作，創造出令股東滿意的業績，進而維護企業長期穩定的股東隊伍。

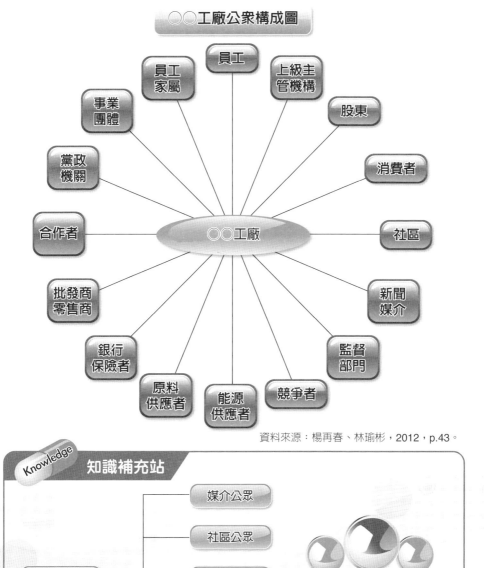

○○工廠公眾構成圖

員工

員工家屬

上級主管機構

股東

事業團體

消費者

黨政機關

○○工廠

社區

合作者

新聞媒介

批發商零售商

監督部門

銀行保險者

原料供應者

能源供應者

競爭者

資料來源：楊再春、林瑜彬，2012，p.43。

095

Knowledge

知識補充站

媒介公眾

社區公眾

政府公眾

投資者

顧客公眾

競爭公眾

Unit 6-5
公關與公眾

一、正確理解「公眾」這個概念

「公眾」是公共關係學的一個基本概念。「公眾」即是與特定的公共關係主體相互聯繫及相互作用的個人、群體或組織的總和，是公共關係傳播溝通對象的總稱。

在日常生活中，「公眾」與「人民」、「群眾」、「人群」幾個概念容易混淆。「公眾」作為公共關係學的概念，特指公共關係主體交流資訊的對象，它與公共關係主體有相關的利益。公眾與公共關係活動密切相關。

「公眾」之概念的意涵及應用，有著特殊的規定和意義。可以從以下五個方面來認識：

1.整體性
公眾不是單一的群體，而是某一組織運行有關的整體環境。

2.共同性
公眾不是一盤散沙，而是具有某種內在共同性的群體。

3.多樣性
公眾的存在形式不是單一的，而是複雜多樣的。

4.變化性
公眾不是封閉僵化、一成不變的對象，而是一個開放性的系統，處於不斷變化發展的過程之中。

5.相關性
公眾不是抽象的、各組織「通用」的，而是具體的，與特定的組織相關的。公眾總是相對一定的公共關係行為主體（組織或個人）而存在的。

二、思考各種公眾分類方法的作用和意義

1.科學的公眾分類為公共關係的調查研究和組織形象評估確定範圍
公共關係工作是以調查研究開始的。透過調查研究，客觀地評估組織形象，確定公共關係問題，尋找形象差距，這是公共關係工作的第一步。

2.科學的公眾分類為制定公共關係政策、設計公共關係方案明確方向
決策和策劃的水準，將決定著整個公共關係工作的層次和水準。而科學的決策和周密的策劃是建立在對實際情況瞭解基礎之上的，特別是對公眾的瞭解和分析是至關重要的。

3.科學的公眾分類為公共關係活動的組織和運行打下基礎
公共關係工作成功與否，要透過實際的公共關係活動來體現，即「說」的精彩，「做」的成功。

4.科學的公眾分類為科學評審公共關係工作的效果提供依據
公共關係工作成效的評審是多層次、多視角的，比如：資訊的傳遞範圍和效率、感情的建立和深化、公眾態度的形成和改變、公眾行為的支持與配合等，這些效果的評審都直接與公眾的研究有關。

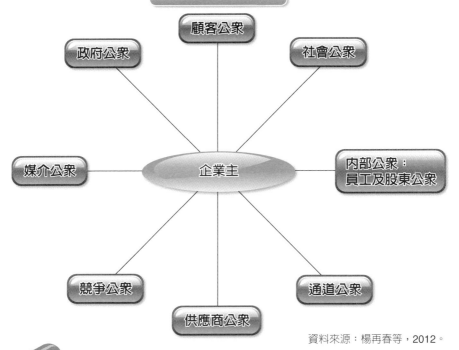

資料來源：楊再春等，2012。

Knowledge　知識補充站

正確理解「公眾」的概念

　　1.整體性

　　公眾不是單一的群體，而是與某一社會組織運行有關的整體環境。我們把這種整體環境稱之為公眾環境。公共關係工作不可只注重其中某一類公眾，而忽略其他公眾。

　　2.同質性

　　同質性公眾是具有某種內在共同性的群體。當某一群人、某一群社會階層、某些社會團體因為某種共同點而發生內在聯繫時，便成為某一類公眾。這種相互之間的共同點包括共同的問題、目的、利益、需求、意向、興趣、背景等。

　　3.多樣性

　　公眾僅是個統稱，其形式複雜多樣，可以是個人，可以是群體，也可以是團體或組織。即使是同一類公眾，也可以有不同的存在形式。比如消費者公眾，可以是鬆散的個體，也可以是特殊的利益團體（如消費者委員會），也可以是一個嚴密的組織（如使用產品的其他公司）等。

Unit 6-6
社區關係

一、成為社區的「好公民」

要成為社區的「好公民」，具有下列兩個理由：

1.社區關係直接影響著組織的生存環境，做好社區關係是組織生存的需要

組織的利益與社區的利益息息相關，組織生存在一個具體社區環境中，要重視敦親睦鄰之道，與前後左右廣結良緣，為組織生存和發展營造「人和」的氣氛。

2.社區關係直接影響著組織的公眾形象，從事社區關係能夠直接獲得良好的口碑。

社區公眾實際上涉及社區中各種不同方面和階層，性質、類型各異的社區公眾，客觀上與組織維繫著性質和程度各不相同的關係，因此，對組織存在著各種不同的感受、評價和要求。一個組織如果不能處理好左鄰右舍的關係，就很難在社會上獲得良好的名聲。

二、一般企業與社區的交流方式

社區民眾是距離企業實體最近、並有親密關係的一群人，企業的任何政策都可能影響到臨近的社區民眾，所以企業應與民眾打好關係，並保持友善的互動與溝通。對企業而言，企業所處當地的社區民眾，便是企業最直接的一群公關公眾，企業除應維護良好的企業形象之外，更應對社區民眾釋出善意，讓彼此都能有進一步的良好溝通與認識瞭解。

一般而言，企業與所在社區進行公關交流的方式有下列幾種：

1.維護社區環境

如前所述，一個帶給社區髒亂環境的企業是不受歡迎的。企業可以在維護社區環境上著手，例如：組成社區環保隊，主動清掃社區環境，即是一種作法。

2.支持社區公益活動

企業最簡單的社區公關方式即為支持社區公益活動。例如：認養一個社區公園、認養一塊行道樹範圍，支持在社區舉行公益活動時出資贊助，亦是一種不錯的方式。

3.維持社區安定

企業亦可以在社區間，與社區民眾共組守望相助隊，一起維護社區安全。又例如：一般便利商店成為兒童庇護商店，不僅維護社區的安全，亦保護了企業所處環境的安定。

4.促進社區繁榮

企業在進駐社區後帶來社區繁榮者，是較能被社區民眾歡迎與接納的。例如：宜蘭童玩節的場地興建後，帶給當地社區一片繁榮景象與商機。

5.帶給社區光榮

企業的成功與被肯定，相對地能讓當地社區民眾產生與有榮焉的感受。因此，一個成功與形象良好的企業進駐社區，能帶給社區光榮亦是一種公關的方式。

三、台灣在社區關係方面的困難

全世界的都市都在擴大，每一個都市皆有空氣及水汙染的問題、交通阻塞的問題、飲用水問題、排水問題、就學問題，以及醫療防疫的問題。每一個機

構包括工商業、公用事業、政府機構、民眾團體等，無不有其社區群眾，也無不有其社區關係問題。在西方國家，員工關係最為棘手；但在台灣，由於環保問題嚴重，因而社區關係處理上的困難更甚於員工關係。

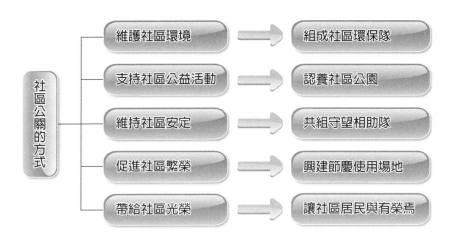

知識補充站

企業同社區溝通的方式

1.走訪聯繫：企業應定期上門，派出專業人員直接走訪重點社區，徵求意見。例如：2014年高雄氣爆，台積電便主動走進災區，探求災民需求，提供必要之援助。

2.印刷手段：主要包括印刷各類印品、宣傳小冊子、產品說明書以及直接向顧客發散、郵寄各種資料、圖片。

3.視聽手段：包括利用廣播、電視播放有關企業的新聞紀錄片、廣告片，資助放映電視節目等。

4.組織參觀：企業可透過聯繫各社會團體，組織各類消費者到企業參觀，讓他們親眼觀察廠內的生產環境、員工的勞動情景、產品生產過程，以加深對企業形象的瞭解。

5.組織專題公關活動：企業可透過組織消費者同樂聯歡會、消費者的建議有獎徵答等新穎的專題活動，增進企業和消費者的感情。

6.其他回饋社區的實質措施：例如焚化爐機構設置溫水游泳池、機場單位補發噪音回饋金等。

資料來源：改寫杜琳等，2013。

Unit 6-7
台電公司貢寮社區關係活動的優點及缺點

在過去的歲月中，台電核四溝通性的演變，大致可以分為以下三個階段：

一、漠視與片面宣傳期
（1980-1987）

1.**缺點**：在此七年期間，台電對於核四的社區關係，仍以「漠視」二字概括，雖有一點零星的活動與媒體宣傳，卻都不過是一種新聞代理模式，屬於片面宣傳的性質。至於對貢寮社區的溝通工作，當初根本沒有想到有這種需要。

台電在此時期未能重視貢寮社區溝通工作，原因有二。第一是當時仍為強人政治，台電是國營事業，具有政府機構的濃厚色彩，推動業務，擁有強制性權威，傳統上，台電有恃而無恐。根據以往核一、核二、核三廠的經驗，社區民眾從未表示反抗，所以也就不會想到核四會在這方面出問題。第二，這種反核運動的公共議題有一段潛伏期，此階段風平浪靜，而公關人員或許曾預警，但未被重視，這是社區關係很容易遭受忽視或漠視的原因。

2.**優點**：有一點我們要特別指出，任何機構的公共議題（public issue）很容易出現「漠視與片面宣傳時期」，錯失化解良機，所以要特別注意建立預警制度，重視議題管理及危機處理。

二、公共資訊期
（1987年6月至1987年10月）

在上一階段，即「漠視與片面宣傳期」的七年中間，台電溝通的主要目標是立法委員及學生教師等少數特定群眾，目的在說明核能的安全性。這一階段的溝通活動包括：(1)開放核一及核三廠供民眾參觀；(2)與《中央日報》、《中國時報》和電台合作，傳播核電有關資訊；(3)製作「核電面面觀」電視節目共十五集，自6月18日至10月1日間，每星期在電視上播放半小時，效果非常良好。

開放工廠供民眾參觀這一辦法，在國外行之有年。例如：福特公司芝加哥裝配廠公共關係部門有專人陪同解說，備有交通車在城區設站接送，一律免費，每年參觀者有十餘萬人，他們認為這是最廉價的廣告，也是最好的公共關係。台電核一及核三開放參觀係從1987年7月開始，如能在1978年核一廠開始商業運轉後，即進行此種開放工廠參觀活動，甚至作為觀光據點，參觀人數更多，傳播的效果可能更大。

三、策略溝通期
（1987年10月至1992年6月）

從1987年底開始，台電開始有全面性、計畫性的溝通活動，採行策略性目標管理。此階段溝通的特色，是溝通組織為因應外界環境的快速變化，在短短五年內，歷經四次策略性改組和重組的變動。在此階段，台電溝通的對象顯然擴大了，包括：政府機關、民意代表、工商業、學術界、新聞媒體、大專學生、社會大眾，以及公司員工與貢寮當地民眾，幾乎是地毯式的毫無遺漏。

　　由上可知，台電核四廠的溝通活動，由漠視至片面宣傳，到公共資訊，進而策略溝通，正是溝通發展之過程。到第三階段，其規模之大、人數之眾、涉及之廣，在台灣實屬空前。

組織與公眾雙方需求平衡示意圖

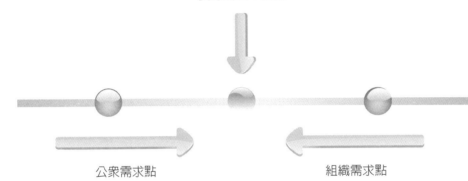

雙方需求平衡點

公眾需求點　　　　　　　　　　　　　組織需求點

資料來源：陳先紅等，2009。

Knowledge 知識補充站

以多元化服務個性化

　　個性化傳播，是伴隨新媒體而來的新的傳播概念，說明新媒體適應了以人為本的社會理念。許多企業以CEO、幹部、團隊代表寫部落格，作為與目標公眾溝通的經驗，說明了個性化傳播的成功。對於一個組織而言，能夠適應不同個性化傳播的需求，運用不同的方式傳播，那就是多元化，就是戰略的多元化和策略的個性化。就組織戰略而言，應該有一個目標一致的戰略，在執行層面，以開放性的傳播機制，讓更多具有組織文化代言人執行與目標公眾的互動性、趣味性的溝通，形成良好的互動溝通局面，這才是公共關係根本目標所在。

　　新媒體固然不能取代「關係管理」，但新媒體可以幫助實現服務個性化管理。真正達成戰略多元化和策略個性化，關鍵問題在於雙方需求中找到它的平衡點。

　　公共關係從業人員的責任，就是要在公眾需求和組織需求中找出平衡點，制定切實可行的公共關係問題解決方案。

101

第 **7** 章

媒體關係與政府公關

 章節體系架構 ▼

Unit **7-1**
公共關係與媒體關係

一、媒體關係的定義

「媒體關係」（Media Relations）是公共關係最普遍的一種應用。對於公關人員而言，與新聞界有技巧的互動，積極有效的協助組織機構與媒體溝通，不但可以提高組織機構產品在市場上的曝光度，也可善用機會，即時表達組織機構對不同事物的看法，建立組織的威信與價值。公關人員與媒體記者的互動，在媒體關係運作上累積了一些重要的技巧與原則。

二、公關人員的資訊提供原則

有關公關人員的資訊提供原則，主要有下列三點：

1.在資訊的提供上要特別留意的訊息

包括：開發中的產品、市場占有率的數字、行銷策略，以及評論競爭對手等。

2.不能向新聞界公開的資料

包括：財務預測、法規事務（如：專利、著作權、侵權等），以及將要發生而尚未公布的人事改組、購併、增資、擴充設備等。以上訊息若需提供，應由相關單位專業人員回答。

3.可以向新聞界公開的資料

組織機構已向外界公開的資訊，包括：數字、意見、新聞稿、年報、廣告、DM等，以及已上市產品的資料，包括：價格、主要市場、主要應用領域等。

三、平日與記者的訊息溝通原則

有關平日與記者的訊息溝通原則，可分下列十二點說明：

1.對於複雜的回答，要重複說明到對方瞭解為止。

2.要主動提供有助於對方瞭解全貌的訊息。

3.多舉例子來說明。

4.不要怕承認錯誤，掩飾錯誤往往導致比犯錯更嚴重的後果。

5.不要期望新聞界事先會與你商量怎麼報導。

6.絕對不要誇大、欺騙對方。

7.你說什麼，對方就會報導什麼。「Off the record」，必須事先講明，並且要確定對方的信譽。

8.用最簡單的字彙與文法，避免使用成語或專業術語。

9.先簡要說出你的結論，再詳述論點或資料。此點對電視、廣播尤其重要。

10.如果你對新聞界提出的問題不甚瞭解，請明說。

11.對於複雜、重疊的問題，要求對方一一分開，再一一回答。

12.更正原則：當新聞媒體做了不利於組織的錯誤報導或不實評論時，若屬事實性的錯誤報導，應去函要求媒體更正；至於評論的部分，若非故意，且無惡意，必須溝通說明。至於更正函的撰寫，應就事論事，切忌使用情緒化的用語。在要求媒體刊登更正函的過程中，更勿以行政權干擾編輯權。

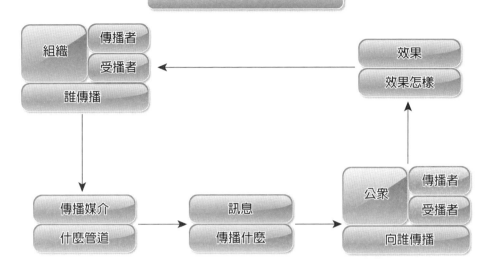

公共關係傳播過程示意圖

組織	傳播者
	受播者
誰傳播	

效果
效果怎樣

傳播媒介
什麼管道

訊息
傳播什麼

公眾	傳播者
	受播者
向誰傳播	

Knowledge　知識補充站

公共關係傳播過程的五種要素

1. who：它是訊息的發布者（傳播者），在公共關係中，一般指社會組織。

2. to whom：它是指訊息的接受者（受播者），在公共關係中，一般指公眾。

3. through which channel：它是指訊息傳遞的途徑和通道（通路），在公共關係中，通道既可以是文字圖畫，也可以是語言聲音，還可以是電視頻道。

4. say what：它是指訊息的內容，在公共關係中，訊息的內容十分廣泛，既包括各方面的知識、事件、消息，也包括各種觀念、態度、情感等。

5. with what effect：它是指某一訊息傳播後產生的效果，在公共關係中，這種效果往往與訊息回饋相聯繫，訊息發布者可以根據訊息接受者對該訊息的回饋來檢驗傳播效果，並相應地調整行動方案。

Unit 7-2
公共關係與發言人

一、發言人的設置何以重要？如何設置？

1.設置發言人的重要性

在一個民主社會，發言人扮演的是組織和新聞界溝通的橋梁角色。例如：政府與新聞界的溝通，即透過發言人來說明相關行政措施和回答個別問題，因此，發言人必須是個受到政府首長或組織高層信任、同僚尊重，瞭解企業組織或政府、政黨的日常運作，能夠精確的替組織、團體或首長個人做出談話和講評的人。

2.如何設置發言人？

對公眾而言，發言人代表了組織機構的形象，因此必須小心篩選。有時發言人會有好幾位，不同專業領域需要有不同的發言人。組織究竟選擇一位或多位發言人，需看公司狀況和危機類型而定，但是最好事先篩選出兩、三位代理發言人，以備不時之需。特別是在組織面對危機時，發言人必須事先接受訓練，並在向新聞界發表聲明之前，或在訊息傳達給公眾之前，事先請教組織的法律顧問，由法務觀點檢閱訊息內容。這個關鍵在於發言人不只是傳聲筒，而且必須瞭解發言內容可能影響組織運作，以及對利益關係人溝通的法律議題。

二、發言人的守則

一個受媒體和社會所尊重和信任的發言人，其個人的學識、修養、操守等形象是必要條件，同時他必須是「進入狀況」的高階人士。發言人雖不是新聞記者，但是要熟悉新聞運作的相關知識。發言人回答問題時，必須經過深思，同時以誠懇態度面對新聞界與社會大眾。

綜合上述對發言人的論述，我們可以歸納以下十六點發言人的守則：

1.清楚陳述自己的姓名和職銜。

2.提供事實性的資訊，而非臆測性的訊息。

3.審慎沉著的發言，可以建立發言人在事件中的專業形象。

4.避免賣弄專業術語，以清楚易懂的方式直接講述資訊。

5.婉拒說明可能事件發生的責任歸咎，強調對於受害者當下作法和關注，並提出對事件調查的保證。

6.密切關注已被揭露的訊息發展。

7.檢視之前其他發言人對外的發言內容，確保口徑一致。

8.召集技術性專家對複雜系統提出說明。

9.避免出現「不予評論」（No Comment）的回答，要提出不能回答問題的原因；如果不知道，就予以承認，並表示會盡力找出問題的答案。

10.關注消息發布結果，對於誤導與誤報重要消息的記者要立即溝通。

11.不要揭露受害者姓名，把這些問題交給更適合的權威單位（警局、消防單位等）。

12.強調公司會負起保護相關公眾的責任義務，且詳細說明對公眾財產的保護細節與紀錄。

13.婉拒記者所謂「以下言論不予記錄」的保證，類似這樣的協定並不具束縛力，並且常常引發後續爭執。

14.對於危機中的人、事、時、地、物和如何發生，要有所準備。

15.危機當下，不要企圖去估量財物損失，直到徹底的調查之後，方行評估及說明。

16.在危機發生之後，暫緩登出任何有關行銷訊息的商品廣告。

新聞發言人的角色

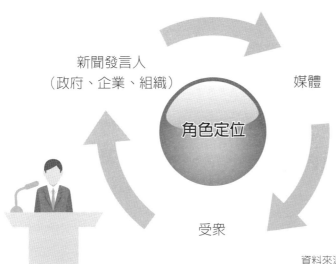

新聞發言人
（政府、企業、組織）

角色定位

媒體

受眾

資料來源：林之達，2012。

說明：訊息公開法規定了政府義務，而新聞發言人正是主動達成這一願望的法定中介。新聞發言人制度的建立，意謂著一種規範而有效的社會溝通方式的確立。這其中，新聞發言人對確保政府、公眾和媒體三者溝通關係的良性循環產生了「中介人」的重要作用：新聞發言人既是「架橋人」，也是三者的「調節人」。

Knowledge 知識補充站

新聞發言人的角色

當公共關係理論逐漸滲透到政府部門後，政府的職能活動也開始被視為公共關係活動。「新聞發言人」的主要職責便成為讓政府、企業等機構與社會公眾進行良好溝通的管道。新聞發言人藉助大眾傳媒定期或不定期向公眾發布訊息，成為一個組織機構與公眾有效溝通的通訊員，也稱為是政府與公眾交流的橋梁。

107

Unit 7-3
公共關係記者會

一、公共事務

公共事務（public affairs）一詞來自美國，但他們也還沒有固定的意義。在政府機構，「公共事務」的範圍較寬，就等於公共關係；在企業及非營利事業，公共事務專指「公司公民」（corporate citizenship）（此處公司公民實係「機構公民」，因機構中以公司為主，故以「公司公民」代表）。

這裡所稱公共事務，包括：一是以企業為主體，如何對政府進行公共關係活動；二是以政府為主體，如何對民間提供資訊，爭取民眾的支持與瞭解。

在現實世界中，公共事務常被視為是公共關係、政府關係或是社區關係的同義詞。基本上，企業組織處理其外部一切非商業性活動，均可稱為公共事務。企業公共事務主要集中在政治、政府關係，以及公共政策領域，與一般對公共關係較趨向於傳播事務的印象是有區別的。隨著企業社會責任概念的發展，企業在社會中所扮演的角色，已從單純的產品提供者，演變為參與社會事務的一分子，為順應社會大眾對企業的期望，企業也開始積極參與各種公共事務。

二、組織為何要召開記者會

凡組織涉及重大情事，例如：組織面臨重大危機事件，需要對外界說明或澄清時，組織會依實際需要，邀請各新聞單位採訪路線上的記者或相關人員，舉行記者會，使其對問題獲得充分的瞭解，以減少外界之誤會。另外，經由企業公關部門或公關公司運作而來，具有

新聞價值的公關事件，或稱「假事件」（pseudo event），也經常以召開記者會、發表會、簽唱會或首映會等形式，透過傳播者精心策劃與安排，吸引各類媒體報導，達到宣傳效果。

一般而言，組織召開記者會的目的，在於針對組織重大決策、創新研發、危機事件或重大人事異動等大眾關心之訊息，以記者會的形式，通知所有媒體同時參與，並提供現場記者提問機會。因此如果屬於組織的例行事務，或不具重大新聞價值的訊息，實不宜勞師動眾，召開記者會。

三、記者會籌備與召開的步驟

1.媒體種類與媒體路線的選擇。

2.媒體名單的確立：透過各種媒體指南，包括：廣播、電視、企業刊物、報紙簡報等資料，製作周延的傳播媒體名單。

3.新聞資料袋的內容規劃。

4.發稿時間的掌握。

5.記者會的舉行。

6.與媒體的後續聯絡和資料補充。

7.後續追蹤媒體報導與評估記者會的效果。

四、接受新聞界訪問的技巧與原則

1.接受訪問時，設法事先商量取得題目，並研究如何回答。

2.由公關部門提供受訪者的背景資料、習慣，以及訪問的背景。

3.保留足夠採訪時間，避免中途被打擾。

4.如果時間許可，請公關人員參考訪問。

5.接受面訪時，當受訪問題不能掌握，常有突發性的訪問題目出現時，必須特別留意誤導的問題。

6.接受電訪時，問明對方要問的題目。如果自己顯然不是適當的人選，告訴對方會代為尋找適當的人選，然後立刻與公關部門聯絡，同時注意採訪的截稿日期。

7.對於棘手的問題，可以請求相關領域的專業人士提供協助。

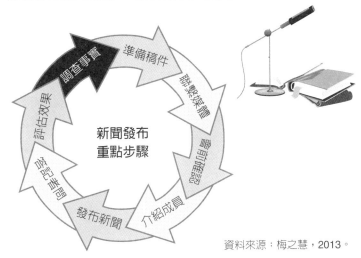

新聞發布
重點步驟

調查事實　準備稿件　聯繫媒體　背景確認　介紹成員　發布新聞　答記者問　評估效果

資料來源：梅之慧，2013。

109

知識補充站

新聞發布的重點流程

　　新聞發布會是公關經營的有利武器，它既有利於引導社會輿論，又有利於組織機構在社會公眾中樹立良好的形象；它不僅能傳遞訊息，還能讓媒體人員參與其中，體驗訊息傳播的整個過程。

　　一般而言，突發事件新聞發布包括以下四個關鍵環節：

　　第一，蒐集、整理並分析、核實突發事件的相關訊息，確保發布訊息的客觀、準確、全面。

　　第二，根據蒐集的訊息，分析輿情走向，並即時監督輿情，確定新聞發布的目的、內容、重點與時機。主管部門要對發布的訊息進行嚴格審查，剔除涉及國家祕密、商業祕密和個人隱私的內容或做一定的技術處理。

　　第三，選擇新聞發布的具體方式，適時向社會公眾發布。也可以採用各種形式結合，進行新聞發布。

　　第四，根據新聞發布後的社會反應，有選擇地進行訊息的後續發布或補充發布，適當進行深度挖掘整合。

Unit **7-4**
新聞媒介關係的傳播性

一、新聞媒介關係是傳播性質最強的一種關係

1.好的媒介關係等於好的輿論關係

雖然不是絕對的，但幾乎每一個新聞界保持良好關係的個人或組織，都容易獲得良好的公眾輿論；而幾乎每一個與新聞界交惡的個人或組織，都會在公眾輿論中遇到麻煩。因此，建立良好的新聞界關係，對於營造良好的公眾輿論氣氛是個關鍵。

2.建立良好的媒介關係是運用大眾傳播手段的前提

組織與公眾只有很少的一部分是可以直接面對的，大部分公眾是沒有機會直接接觸的，不少公眾是遠距離的、大範圍的。實現遠距離、大範圍溝通的最好途徑是運用大眾傳播。大眾傳播媒介一般不是由組織內的公共關係人員直接掌握和控制。與新聞界關係愈多，組織有關訊息的見報率、曝光率就愈高；與新聞界關係愈好，有利的報導就愈多。

媒介關係的這種仲介性質及公關效用性之強，恐怕是其他任何一種公眾所不能比擬的。

二、新聞機構公共關係工作的重點

新聞機構是藉助大眾傳播媒體，向社會報導各種新聞及有關訊息的社會組織。新聞機構的公共關係工作重點，主要放在以下幾點：

1.建立自己的特殊形象，並使之擴大讓公眾熟悉、認同

在民主國家的新聞傳播媒體，有以民營方式經營，如民視；也有屬非營利基金會組織，如公共電視，但有時也要透過某些帶有營利色彩的活動募集資金，改善自身發展的條件。以有關讀者、聽眾或觀眾為公共關係的主要對象，並確定自己服務的工作範圍，定期進行調查研究，隨時掌握公眾各方面的變化，是建立特殊形象工作的重要基礎，也是新聞機構公共關係的首要任務。

2.透過社會交流，加強與公眾的雙向溝通

雖然新聞機構可以在報刊雜誌的版面和廣播電視的節目中，增加公眾的回饋資訊，比如辦好讀者來信專欄、聽眾或觀眾之友節目等，以改善新聞媒介單向傳播的格局，但這畢竟有限。藉助公共關係，可以增加雙方的交流。

3.新聞機構要保持廣泛的資訊來源，既要靠編輯、記者的辛勤勞動，還要靠廣大公眾和其他社會組織的大力支持

比如，爭取他們撰寫稿件，提供新聞線索，積極配合採訪等。一般來說，大多數企業組織和公眾都希望成為新聞媒介注意的對象，願意透過報刊、電視和廣播，使自己的酸甜苦辣為社會所知曉，事業和成就得到應有的重視和承認。所以，新聞機構發展社會公共關係活動有著良好的條件和社會基礎，應該積極、主動地與社會各方面聯繫，建立各種關係網絡，更好地發展工作。

4.保證精神產品的品質是新聞機構努力的目標

運用公共關係，可以及時瞭解公眾對「產品」品質的評價，為決策提供必要的依據。同時，發展公眾評選活

動，讓公眾評選出好新聞、優秀專欄節目等，既可以吸引公眾對新聞機構的關心、支持，又可以提高新聞機構的社會聲譽。

新聞媒介的傳播性質

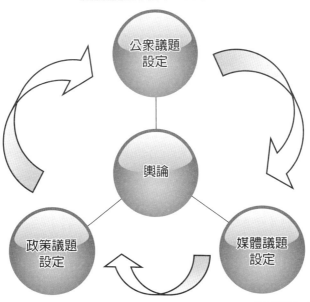

資料來源：林之達，2012。

知識補充站

新聞媒介的傳播性質

　　所謂議題設定（Agenda Settling）是指大眾媒體的新聞報導以賦予各種「議題」不同程度的顯著性方式，影響著人們對周圍世界的「大事」及其重要性的判斷。

　　其主要涵義是：大眾媒體透過注意某些問題、忽略某一些問題的作法可以影響民意，人們將傾向於瞭解大眾媒體注意的那些問題，並採用大眾媒體為各種問題所確定的先後順序來安排自己對於這些問題的關注程度。

　　透過進一步的研究，傳播學者發現媒體的「議題設定」過程並非如此簡單，傳媒議題設定背後存在著政治、經濟、文化等多種力量博弈的關係。正如羅傑斯教授所說，媒體「議題設定」的過程其實包括三個環節：公眾議題的設定、媒體議題的設定、政策議題的設定。在社會生活中，這三個環節往往相互聯繫，相互作用。

Unit **7-5**
公關人員與媒體宣傳

一、公關人員如何做媒體宣傳

1.公關人員為何要做媒體宣傳？

媒體公關是距離企業較遙遠但龐大的群體，是企業在面臨重大危機事件或平日形象維護時，主要的溝通對象。企業往往是經由媒體的報導，才能接觸到龐大的社會群眾。在企業無法或沒有機會與大眾直接接觸的情況下，幾乎都是透過媒體的報導與形塑，才能在大眾心中建立起模糊的形象。因此當企業與社會溝通時，本質上等於是在與媒體這個中間的溝通管道做溝通。當傳媒對企業的成立動機、形象、意欲傳達的訊息不清楚時，便容易妄加揣測，致使企業產生危機。加上今日傳播媒體的發達，一分鐘不當言詞的報導，極可能引爆企業存亡的危機。

2.公關人員如何做媒體宣傳？

由上得知，平日媒體關係的建立，有助於企業與媒體記者之間相互的溝通與瞭解，包括：瞭解媒體定位、媒體工作、截稿時間、作業流程等。公關人員要能掌握各媒體的節奏與取向，才能「對症下藥」，找到各媒體所感興趣的、喜歡的新聞面向；同時，溝通前提是能以大多數受眾　讀者、觀眾、聽眾的需求為出發點，適切地抓到重要的目標公眾，而非純粹從企業主觀的認知或需求出發，如此才能避免過度商業化、廣告化、長篇大論及缺乏適時根據的溝通內容。在溝通態度上，企業公關人員與媒體的關係應該保持誠懇、相互尊重，不可有偏心、大小眼的情況出現，應該公平對待、彬彬有禮。

二、如何說服機構主管接受採訪

我們一再提過，今天的政府機構首長不可能迴避記者訪問，民眾有知的權利，而主管有答覆記者問題的義務。但是很多人不願意接受訪問，一方面是害怕遇到尷尬的問題時，無言以對；一方面是恐懼說話不當，第二天見報貽笑大方。還有的人天生緊張，說話表情都不自然，尤其是廣播電視記者採訪，突然將麥克風送到被訪者面前，一時之間，張皇失措，不知如何措詞。所以，公共關係人員應對主管（尤其是發言人）加以訓練，由一位有經驗的公共關係人員或請一位老資格的記者擔任講師。

至於記者採訪的內容，可能涉及的範圍很廣，解決的辦法有兩種：第一，公共關係部門事先將可能問及的問題及解答預先準備好，如此作法有很多優點，記者隨問可以隨答，記者可以當面採訪，也可以電話採訪，立即可以查閱，照本宣科。還有一個最大好處是，這種新聞資料如果事關重大，最高主管一定要看過，但是主管多半是大忙人，經常開會，這種稿子往往急如星火，無法及時發出。如果事先將稿子辦妥，趁主管有空時批閱妥當，隨時可以應急。筆者在美國汽車保險連合會公關部門實習時，就看到他們採用這種辦法。他們所準備未發的新聞稿有厚厚一大冊，皆打字編號備用。

另一解決辦法是由公關人員預先和所欲前來訪問的記者聯繫好，請問他將訪問哪些問題。公關人員可代為準備一

份應答大綱，如時間允許，可準備一份　將此書面稿子交給記者帶回應用。
完整的稿子，記者採訪完結離去時，可

四大傳媒特點一覽表

種　類	優　　點	缺　　點
報紙	覆蓋廣、可選擇、易保存；較周詳	受教育程度限制，不夠迅速即時
雜誌	讀者穩定、易保存、圖文並茂	受教育程度限制，週期長
廣播	迅速、即時、傳播面廣、製作簡單、並行性、費用最低	儲存性差，缺乏形象性
電視	真實性強、多媒體、綜合效果強、感染力強	成本高，不易儲存

資料來源：嚴成根等，2006。

傳播溝通方式比較表

方式　＼　特點	時間性	空間性	載體	速度	交往者之間的關係	傳播和交流範圍
交談	即時	近距離	聲音	快	直接	狹窄
手談（文字書寫）	異時	近距離或遠距離	符號	慢	間接	受文字載體數量限制
印刷術	異時	近距離或遠距離	符號	慢	間接	在印刷品術範圍內傳播
電報和電話	即時和異時	近距離或遠距離	聲音和符號	快	間接或直接	交往者間有限的互動
廣播和電視	即時和異時	近距離或遠距離	聲音、符號或圖像	快	間接或直接	非交互或有限的互動
網路技術	即時和異時	近距離或遠距離	可以轉化為各種符號格式的數字	快	間接或直接	擴展的互動

資料來源：張岩松等，2013。

知識補充站

網路實現了公共關係的較大變革

　　傳播溝通方面，網路代表著最先進的溝通方式，實現了公共關係的較大變革。與其他的傳播方式相比，網路具有無可比擬的優勢。

資料來源：張岩松等，2013。

Unit **7-6**
良好的政府關係

圖解民意與公共關係

一、建立良好的政府關係

　　建立良好的政府關係，是爭取政府以及各職能部門對本組織的瞭解、信任和支持，為組織的生存和發展爭取良好的政策環境、法律保障、行政支持和社會政治條件的關鍵。其意義有兩點：

　　1.政府的認可和支持，是具有高度權威性和影響力的認可和支持。

　　2.良好的政府關係能夠為組織贏得良好的政策條件、法律保障和社會管理環境。

二、政府機關如何與群眾進行溝通

1.直接溝通

　　直接溝通就是政府代表和群眾代表面對面的溝通。這種「代表」極可能是特定的，也可能是一般的。特定的代表是受指派的，一般的代表是不受指派的。政府成員主動到群眾中去走訪，開調查會、研討會、參與勞動等，都屬於直接溝通的範疇。他們直接和群眾接觸，但這裡的「群體」，實際上不是整體意義上的群體，而是作為代表的群眾。

2.半直接溝通

　　半直接溝通是一種介於直接和間接之間的溝通，它既不是面對面溝通，又不是透過仲介傳遞進行的溝通，例如：電話溝通、信件溝通就屬於這一類的形式。半直接溝通對於政府方面來說也是被動的，因為主動者往往不是政府一方。所以，半直接溝通能否經常進行、能否發揮其獨特的作用，主要還是取決於政府，政府的主動能促進群眾的主動。

3.間接溝通

　　間接溝通是藉助於媒體的溝通，其中最主要的是藉助新聞媒介的溝通。政府透過報紙、雜誌、廣播、電視等傳播自己的聲音，向公眾進行通報和宣傳，同時又透過新聞媒介瞭解公眾中的問題和呼聲，由此實現溝通。這種溝通具有傳播面廣、訊息量大、溝通容易及時的特點，因而是政府與公眾溝通的主要管道。這種資訊的雙向傳遞，主要是透過新聞媒體進行的。

三、政府公共關係人員常遇到的難處

1.角色衝突的困境

　　由於公共關係部門在各縣市政府內所扮演的關係角色和多元角色，常常因為各方面的角色期望不盡相同，有時甚至是彼此矛盾，而令公關人員左右為難，無所適從，產生角色衝突。例如：縣市政府各單位大多抱持著「多一事不如少一事」的心態，所以期望公關部門最好是扮演「沒有聲音」的角色，不然一旦有消息被挖掘了，就希望公關人員能讓傷害降到最低；然而，相反的，媒體記者因為需要採訪報導，所以常常要求公關人員提供愈多、愈詳盡的資訊，最好還能給予較多採訪和資訊上蒐集的方便。這兩種情形，經常讓公關部門猶如夾心餅乾，陷入兩難。

2.道德多元化的矛盾

　　公共關係工作應追求社會的公益，但最大的問題在於今天的政府機關所面臨的社會大眾，並非性質完全一致的團體，而是多元價值、目標互異的群體組合。公關部門在面對這種所謂「異質性

的社會組合」（heterogeneously social aggregation），其鼓吹倡導的政策，在執行上可能一方面受到接納和喝采，而另一方面卻遭受到杯葛和抗爭。

3.力不從心的無奈感

在政府未意識到政府公關重要性的情況下，自然在提撥公關費用上常有經費不足的問題，而在經費短絀下，公關人員也難伸大志。其次，由於組織內部的配合支持未臻理想，政府各部門不能全力支持公關人員之要求與希望，例如：在統一發言人上，各部門極可能在媒體採訪上未能配合，而造成各說各話的情況，更使得公關人員疲於應付，造成工作執行的困難。三是不務正業的困擾，在職務的劃分上，因尚未被肯定為一專業性的工作，政府公關人員時常在工作內容中參與許多與職務上並未有太大相關的工作。被指派不屬於自我專業的工作內容，造成公關人員的困擾，也耽擱了原本工作的進度。四是缺乏成就激勵，政府公關人員時常在工作上遭受挫折，除因未受重視之外，上述幾點亦是公關人員深感沮喪之處。

政府公關的目的

產業特性	管理功能	形象功能	行銷功能	危機控管功能
高度專業與分工	員工公關	組織與首長形象塑造與推廣	政策宣導：促進地區產業與商品銷售	危機預防與處理
服務對象多元	民眾公關			
反對黨競爭	協商溝通			
面對壓力團體	協商溝通			
媒體高度監督	媒體公關			

資料來源：鄭自隆，2013。

知識補充站

政府公關的目的

1.媒體高度監督

民主社會，政府是處於媒體的高度監督之下，愈民主的社會，媒體立場就愈多元，媒體雖然被認為應該公正、客觀、平衡，但媒體背後有著不同的意識型態與利益考量，立場不同，訴求與評論角度當然也不同，愈民主的國家，政府愈需面對代表不同利益的媒體聲音。

媒體是公關領域重要的一環，但政府重視媒體公關的程度應甚於企業，民眾對政府印象與政策良窳的評價，端視媒體怎麼寫怎麼報，所謂的媒體議題設定功能就是如此，面對媒體高度監督，各級政府單位均疏忽不得。

2.公關功能

從政府業務特性的討論，可以瞭解面對反對黨與壓力團體主要透過面對面的協商溝通，而員工公關則屬例行的管理功能。此外，政府公關應有其組織與首長形象功能、政策宣導與地區產業行銷功能，以及危機控管功能。

115

Unit **7-7**
政府公共關係的目的、對象與原則

一、政府進行公共關係活動的目的

政府的公關能力，是指政府在自身的公眾資訊管理、公眾輿論管理、公共關係管理，以及公眾形象管理方面所具有的能力。政府公關活動之目的主要有兩個：一是促進公共認知、提高政府的聲譽，以及公眾的信任感；二是實現公共利益，提高社會效益。由此可知，政府追求的公關價值是公共取向的。

二、政府公共關係的對象

1.與上級機關的公關

著重的無非是想爭取較多的人事與經費，有幾項原則需掌握，即放低姿態、先溝通再行文、逐級溝通，以及注重上級機關中基層同仁的意見。要先讓負責簽辦的人瞭解所提出的案子（有關人事或經費等），對該機關正常的運作是有必要的。

2.與平行機關的公關

主要為取得合作共識與默契，因此，多溝通、協調及適度妥協即為不二法門。另外，前述與上級機關做公關所採取的低姿態、先溝通再行文，以及注重基層同仁意見的原則，在此還是適用的。

3.與下級機關的公關

除直屬機關依行政系統的運作可直接下達指令外，還是應事先多溝通。此外，應做人性化考量，讓下級機關感受到來自上級機關的尊重、關懷，而非頤指氣使。

4.與民意代表的公關

口訣是：「在不違法的前提下，酌作行政裁量的彈性考慮。」民意代表有審核機關的預算權，對於民意代表的請託，現實考量上不能完全置之不理，但首應判斷請託是否違法，是否為惡意、連續行為，若否，則可在行政裁量權限內，酌作彈性考慮。

5.與民眾的公關

陳情案的處理常不可避免，處理的原則有四：親身、即時、現場、誠懇。民眾陳情，各有所求，最終目的都是希望能將陳情案送達具有決定權的最高首長。出面溝通者其職級不宜太低，態度要誠懇，且應親臨現場即時處理，讓民眾相信其陳情案肯定可上達決策者。

6.政府的新聞媒體關係

新聞媒體是公關領域的重要一環，正值民意高漲的今日，新聞媒體對於政府而言，其重視程度甚於對企業的關係，尤其是民眾對於政府的形象或施政的評價，端視新聞媒體如何報導，所謂「議題設定」（agenda-setting）的功能就是如此，面對新聞媒體的高度監督，各級政府與單位多不能不正視。

三、政府公共關係的原則

政府公關的原則與企業公關的應變原則之出發點相同，皆是為避免危機的發生或擴大，及時控制議題，並在面對媒體時能有臨危不亂、準確明白的回應。其概要原則共有兩點，分述如下：

1.真實、公開的原則，保障公眾的知情權

作為政府公關主體的政府，是從社會中獨立分化出來，且又居於社會之上的特殊權威機構，也是公共問題的資訊

來源。因此，政府應該即時、真實地提供資訊，尤其是對涉及公民自身生命財產安危的重大公共問題。

2.即時、迅速的原則

政府怠慢處理的態度，將會令人懷疑相關當事人對人民的誠意和負責的程度。只有透過第一時間掌握資訊，儘快發布資訊，才能避免資訊在傳播過程中被扭曲，使民眾瞭解事情的發展狀況，樹立責任政府的形象。

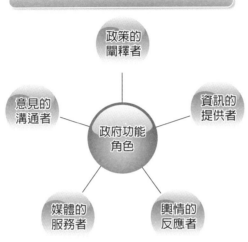

從公關角度看政府的功能角色

- 政策的闡釋者
- 意見的溝通者
- 資訊的提供者
- 政府功能角色
- 媒體的服務者
- 輿情的反應者

資料來源：中華民國全國中小企業總會，2013。

Knowledge 知識補充站

政府角色及功能

政府不僅是促進國家發展的推手，更是扮演著制定願景與策略的「大腦」角色，其本身也必須順應時代潮流及環境變遷的需要而不斷調整；一個民主化的現代政府對民眾除提供便捷的服務外，更要引領發展機先。因此，政府常扮演著媒體在新聞訊息或公共議題的提供者，同時也常扮演著媒體傳遞民眾意見的接收者角色。

現代政府的角色若從公關的角度來看，其扮演著「政策的闡釋者」、「資訊的提供者」「意見的溝通者」、「媒體的服務者」或「輿情的反應者」等五大角色。不論對於平面媒體或電子媒體，每一位政府官員（含單位首長及公關人員）都應重視公關技巧，方足以維繫社會大眾與媒體間的訊息交換平衡與社會穩定發展。而政府部門應尊重媒體採訪者的專業需求新聞作業過程的要求，提供具新聞價值的題材或議題，以兼顧媒體與大眾的需求。

有鑑於此，政府須學習如何適當運用媒體並創造其需求之附加價值，瞭解媒體屬性以與媒體良好互動，方能懂得適時應對或避免危機事件，也才能透過媒體傳播帶來更多、更大的公共利益。

第 **8** 章

營利事業公關與非營利事業公關

●●●●●●●●●●●●●●●●●●●●●●●●●●● 章節體系架構 ▼

Unit 8-1
企業形象與企業公關

一、企業形象的定義、特質與屬性

1.「企業形象」的定義

企業形象是消費者對於企業總體活動的一種瞭解、感覺、想法與信念的組合，可透過企業廣告、公共關係、品牌包裝，以及消費者對公司品牌及服務的瞭解與經驗，形成消費者心中的印象。企業形象展現出的是經過規劃與未經規劃的視覺，以及非視覺要素所塑造而成的整體印象。

2.企業形象具有的特質與屬性

(1)主觀性：企業形象乃社會大眾根據企業活動中所獲得的資訊，加以轉換成為個人內在的心理反應。因為每個人所接觸的資訊有其一定限度，因此，每個人心中的企業形象與真實形象之間有一定的差距。

(2)累積性：企業形象的形成需要長期的累積，所經歷的時間愈久，就愈難改變。

(3)擴大性：人們會以其對企業的已知形象，來推論其他不知道的事物。

(4)簡化性：企業形象通常是經篩選與過濾後的訊息所組合而成的結果，在社會大眾心目中經常有被過度簡化的現象。

(5)互動性：人們對於企業的觀感，經常受到周圍朋友親屬以及參考群體的影響，而改變其原有的印象。

(6)整合性：企業形象是個人觀念、判斷、偏好及態度的綜合體，其整合了個人過去的知識與學習經驗，包括文化背景與情境因素，進而形成對該企業的觀感。

二、企業公關的任務與內容

1.企業公關的任務

企業公關部門的設立，是為了能夠充分發揮公關的功能，把傳統以人際關係為主的公關觀念，提升到整合企業內外部資源、配合趨勢潮流、結合行銷等應用社會科學的組織化溝通行為。歸納一般企業公關部門的基本任務，大致可以歸納為四項，包括：(1)各項企業（或部門）對內、對外溝通計畫之諮詢；(2)執行各項與目標公眾的溝通服務；(3)重要相關公共議題的研究與分析；(4)企業公關計畫的執行。以上四項基本任務，各企業可視自己的企業狀況及需要，作適當的調整。

2.企業公關的內容

(1)規劃、執行企業內部的公關教育訓練計畫：公關部門需要為企業全體同仁、各級主管及公關部門內之同仁規劃，並執行適當的公關訓練課程，建立群體共識，塑造一個有利推動「全員公關」的企業環境。

(2)企業平時的議題管理與危機發生時的協調和處理：公關部門是企業資訊彙總、分析、整合的中心。在企業處於危機期間，代表企業對外發言，面對各項突發狀況，隨時與各級主管、內外部公眾間保持必要且密切的溝通。

(3)定期評估：檢討企業公關運作的績效，提出下一階段的公關目標與計畫。

三、企業公共關係的特點

與其他行業相比，企業公共關係的

特點有兩大項，說明如下：

1.營利性

營利性是企業的基本特點，也是其他所有營利組織的共同特徵。營利性組織存在的任務是雙重的，必須要追求經濟效益──利益，又要講求社會效益──貢獻。唯有營利，它們才有生存的資格和發展的機會；只有貢獻，它們才能創造營利的條件和可能。其特點是：

(1)以經濟利益為方向。

(2)與市場銷售密切結合，相輔相成。

(3)用於增強競爭力。

2.生產性

對於企業來說，它的形象主要由其產品及其品質、員工行為和精神面貌、廠容環境和技術設備等有形因素，以及企業信譽、企業精神、企業風格等無形因素構成。有形因素是公眾藉助於感官所直接感受到的與企業有關的實體，構成企業的有形形象；無形因素是公眾在有形因素的基礎上，透過記憶、思維等心理活動，在腦中所得的感受，構成企業上的無形形象。它們各從一個側面，構成完整的企業形象。人們總是首先感受到有形的東西，才能在腦中進一步抽象、綜合一個無形形象。工業企業是生產性企業，在構成其有形形象的諸多因素中，產品是決定因素，因而其公共關係必然具有以下特點：

(1)靠產品與公眾溝通。

(2)以創造名牌產品為主。

(3)重視售後服務工作。

企業識別系統構成三要素的結構層次

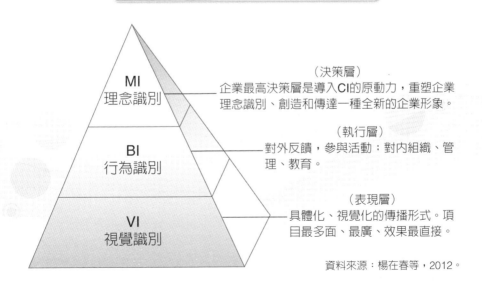

MI 理念識別

（決策層）
企業最高決策層是導入CI的原動力，重塑企業理念識別、創造和傳達一種全新的企業形象。

BI 行為識別

（執行層）
對外反饋，參與活動；對內組織、管理、教育。

VI 視覺識別

（表現層）
具體化、視覺化的傳播形式。項目最多面、最廣、效果最直接。

資料來源：楊在春等，2012。

Unit 8-2
企業形象的演變與工具運用

一、企業形象概念的演變階段

企業形象早自1950年代即為企業管理與公共關係人士所重視。Balmer（1998）指出，企業形象觀念的發展可分為下列四個階段：

1.階段一

從1950至1970年代，著重於外在的企業形象與圖案形式的企業識別系統之設計與規劃。

2.階段二

1970至1980年代早期，一方面重視企業識別系統設計與形象的行銷溝通，另一方面也愈來愈重視內部溝通、組織認同與企業文化的概念。

3.階段三

1980後期至1990年代末期，更多的跨學門整合，重視企業的行為面，以企業認同取代企業形象作為溝通的共同焦點，是一個包括公司文化與行為、產品與服務、溝通與設計的多面向概念。

4.階段四

1990年代末至今，更多跨學門與跨國的交流，企業認同成為整合企業內部活動的有利工具，藉此統整企業的視覺符號與內外溝通，傳達一個符合內在理念與特性的形象，建立組織的有力聲譽，同時也建立組織與不同利益關係人之間的相互瞭解與承諾，期能吸引並維持組織與顧客、員工、業務夥伴之間的關係，並獲得財務市場的支持。

二、企業形象工具的運用

1.企業識別系統（CIS）

這是將企業無形的服務文化理念，以一致、連貫的視覺設計與活動表現出來，傳達給企業周邊的相關組織或團體，藉以形塑企業獨特的風格與個性。

2.公共關係

公共關係具有很強的社會互動性，企業必須先偵測外在環境的變化、有利與不利的因素，判斷對企業可能的影響，並結合本身資源與特性，利用各種公關工具掌握情勢，以維護與提升企業形象。企業可利用的公共關係包括以下數種：(1)議題管理，(2)廣告，(3)活動形象，(4)企業贊助，(5)社區公關。

3.媒體管理

媒體的影響力與說服力，是企業極力爭取的重要資源。企業為了獲得媒體的正面或有利報導，必須在平時與媒體維持良好互動，滿足記者工作需要，並進一步爭取與媒體合作的機會，達到企業與媒體互惠雙贏的目的。

三、何謂「企業組織的聲譽管理」

良好形象是組織立足於社會的基礎，它是組織生存與發展的動力。企業組織的聲譽維護有賴系統化的形象管理，能及時對組織的整體表現做出預測與評價，為組織提供詳實的參考資料，藉以協調公眾與組織的關係。一個企業組織的聲譽管理（reputation management），反映在外的整體形象包括：組織的經營效率、產品及服務品質、企業的價值創新能力、員工對公司的認同感與向心力、環境生態的保育與維護，以及企業在追求利潤之外，參與社會公益、善盡社會責任、維護公平正義的道德勇氣。

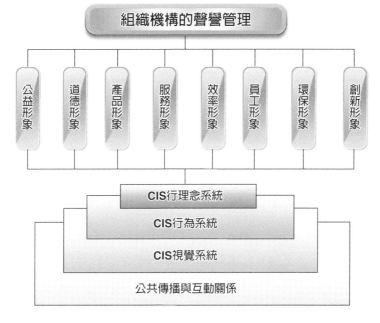

公關對企劃的經營的八種貢獻

過　　程	主要活動	結　　果
1.認知及資訊告知	覆蓋廣、可選擇、易保存；較周詳	受教育程度限制，不夠迅速即時
2.組織激勵	國際關係、溝通	建立士氣、團隊精神及企業文化，提高生產力，有一個清楚的目標
3.議題預警	與大眾相關的研究及協調	提早將社會及政治等改變對企業影響提出警告
4.機會確認	與企業內部及外部目標對象產生互動	發現新市場、產品、方法、聯盟及正面性議題
5.危機管理	適時處理危機、議題及攻擊聯盟建立	保持立場，讓企業正常營運
6.克服高階主管的孤立	向高階主管提出忠告	實際、具競爭力及啟發的決策
7.改變管理者	組織發展、工作生活品質	減少抗拒改變，促進順利轉變
8.社會責任	社會成本計算與公眾興趣有關的活動	建立知名度，經由公關參與所發揮的綜效，增加企業營運經濟效益與成果

資料來源：E. W. Brody, 1987.

Unit 8-3
企業公關人員拜訪他人與拓展對外公關活動

一、企業公關人員拜訪他人時的注意事項

1.公關人員應先以電話預約訪問時間、地點，以及訪問主題。如有必要，應先由熟人介紹，以免冒昧。

2.見面時，立刻說明你是什麼人，目的為何，並遞上名片。這種名片不僅可表明身分，接收者亦可以存檔備查。

3.說明來意之後要立即進入情況，提出簡報。說話力求簡短扼要，說出你的目的，而後提出希望對方有何種協助，並解釋如果對方這樣做將可得到什麼好處。回答對方問題，直接切入問題核心，切忌東拉西扯。請求同意時應非常婉轉客氣，一旦獲得結論（同意或不同意）應即離開。

4.不要過分誇張，也不要緊迫盯人，對方聽你的陳述，但不喜歡逼迫性的言詞。因為人遇到這種情形時，會立即採取自衛行動。一旦對方自衛，就等於進入城堡，你就別想說服他了。你不可以說：「你必須幫助我們！」因為一般人討厭別人說「你必須要怎樣」。

5.對方給你時間、聽你陳述，或對你有任何幫助，你都要表示衷心感謝。

6.如果是公關人員拜訪新聞記者或編輯，臨行前，應留下宣傳小冊子、新聞發布稿、事實表等，以備記者查閱。請注意，你的名片及所有資料上都要有你的電話號碼，以便對方以後索取其他資料。

7.事後一週內再給對方去信，謝謝他的接見。提醒他上次留下的資料是否合用，如有吩咐，當隨時照辦。

二、商業企業對外的公共關係活動

商業企業的外部公共關係，是商業企業與其面臨的諸多外部公眾之間的協調溝通。而其對外有面對顧客公眾與貨源公眾兩種：

1.商業企業與顧客公眾的公共關係

(1)向顧客提供優質的商品，是建立良好顧客關係的物質基礎。

(2)向顧客提供始終如一的完善服務。

(3)即時、妥善地處理好顧客的投訴、質詢、批評和糾紛。

(4)加強消費管理，科學地引導消費。

(5)積極研究顧客的消費心理，善於滿足顧客多樣化的消費需求。

2.商業企業與貨源公眾的公共關係

(1)加強聯繫：商業企業要保持穩定、充足和適銷對路的貨源，需要與貨源公眾保持良好的關係。一方面，透過事實和傳播溝通，使貨源公眾瞭解並認識到，本企業是它最優秀和最可靠的合作者，有經銷期產品必須的設備、知識、經驗和技術，有必要的服務能力，講究信譽，付款準時，積極熱心經營其產品；另一方面，主動向貨源公眾介紹企業發展方針和戰略計畫，使其瞭解自己的優勢所在，提供市場訊息，幫助貨源公眾銷售適銷對路的產品，並在自己

的職責範圍內協助貨源公眾妥善處理與消費者的矛盾。

(2)化解矛盾：商業企業的正常經營和健康發展，會給貨源公眾帶來希望，但是雙方之間也容易產生矛盾，處理不當很可能反目成仇。這就要求商業企業在經濟手段、法律手段、行政手段和商業關係之外，透過公共關係加以處理，共同認識雙方的共同利益所在，從長遠著想，結合成命運共同體，一起開拓市場；經常交換意見，增進瞭解，互尊互諒，互幫互學，一起提高經營管理水準。

公關及相關領域活動檢核表

題　次	題　目	是「公關」嗎?	
		是	否
1	陪客戶應酬上酒店？	✔	
2	企業捐款給慈善機構？	✔	
3	招待社區民眾參觀工廠，宣示環保決心？	✔	
4	總統先生舉行記者會，說明施政理念？	✔	
5	企業發行內部刊物，免費贈予員工與客戶？	✔	
6	企業認養社區公園？	✔	
7	企業周年慶，邀請名人出席酒會？	✔	
8	政府機構每日例行發布新聞稿？	✔	
9	經濟部長下鄉拜訪工廠？	✔	
10	汽車廠商刊登廣告呼籲反毒？	✔	
11	化妝品廠商刊登年終促銷廣告？		促銷
12	麵包烘焙坊改善鳳梨酥包裝？		包裝
13	房地產廠商因應不景氣，降價求現？		訂價
14	電視新聞主動報導企業捐款善行？		新聞報導
15	立委候選人到夜市掃街拜票？	✔	
16	候選人提供交通工具接送選民投票？		違法行為
17	候選人帶領記者去看病童？	✔	
18	候選人到民宅Long Stay？	✔	
19	為服務民眾，早餐連鎖店開放加盟展店？	✔	
20	藥廠更新維生素錠劑配方？	✔	

資料來源：鄭自隆，2013。

Unit **8-4**
企業識別系統與贊助活動

一、企業識別系統的定義及其需求

我們的社會愈來愈複雜，民眾按照需要所結合的群體，為數愈來愈多。台灣的公司已有數十萬家，尚不包括獨資及合夥企業在內。民眾所組織的協會、基金會、服務社、公益團體等，每天都在產生，這本是發展了相當程度後的必然結果。每一個群體都在大聲疾呼，要別人知道他的存在，要別人支持他，但在這麼多的組織、這麼多的呼求聲中，別人如何能特別注意到他的形象和聲音呢？於是便想出「公司識別系統」（CIS）的辦法。

所謂「識別系統」，乃是將顯之於外的公司標誌、建築、車輛、制服、用品、包裝，以及藏之於內的公司經營理念及企業文化等整合統一起來，以使本公司在群眾中造成統一而完全的形象。這是一項系統化的工程，不是一枝一節的活動。

以統一企業公司為例：他們委託楓格設計公司辦理識別系統的規劃，1990年推行。硬體方面包括基本系統（企業標誌及文字）、輔助系統（所用色彩）、建築系統、車輛系統、事務系統、活動制服系統、包裝系統等。

識別系統中的硬體部分較易辦到，軟體部分則較為困難，非一朝一夕所能見效。

二、企業選擇贊助運動行銷之原因

1.沒有好產品就沒有好的消費群眾

廣告界有句話說得好：「真正漂亮的銷售業績是因為有漂亮的產品實力。」如果一個運動競賽規劃得不夠精緻、精采，讓參賽者比得不夠盡興、觀眾看得不夠開心，那麼即使有再優秀的運動員、參賽者，都無法吸引觀眾前來參與。

2.沒有好的消費群眾就沒有媒體

一個運動競賽比得再精采，若沒有看台上熱情呼喊與壯大的加油聲，那麼便失去了吸引媒體前來參與的一個要素。所以，一個成功的運動行銷的第二要素，就是擁有熱情、為數龐大的觀眾。

3.沒有媒體就沒有贊助

運動行銷最重要的就是藉著運動競賽的內容，促使企業在對自己有利的情況下提供贊助或協助。但一個成功的運動競賽若失去媒體的強大渲染力與宣傳，即等於失去了一個廣為人知的利器，亦很難將運動推展開來。

126

公共關係工作四步工作法

1.公共關係調查 ⟸ 蒐集訊息，分析環境、輿論或形象狀態，確定公共關係的對象和問題

2.公共關係策劃 ⟸ 根據公關問題確定公共目標，制定公共計畫和設計公關方案

3.公共關係實施 ⟸ 根據公關的目標、計畫和方案實施各種傳播溝通活動

4.公共關係評估 ⟸ 4.1根據調查，回饋的訊息評估公關活動的效果，尋找新的問題

4.2確立新的公關目標，調整原有的公關計畫

資料來源：杜琳等，2013。

127

知識補充站

組織公共關係活動的工作程序

　　公關四步工作法將整個公共關係工作過程劃分為四個基本階段：

1. 公共關係調查：透過環境分析、輿論分析或形象分析，確定公共關係的對象和問題，並提供訊息保障。
2. 公共關係策劃：根據公關問題確定公關目標、制定公關計畫和設計公關方案。
3. 公共關係實施：根據公關的目標、計畫和方案實施各種傳播溝通活動。公共關係實施是整個公共關係工作中的重要環節，是解決具體問題、對策劃進行落實的過程。
4. 公共關係評估：根據調查，回饋的訊息評估公關活動的效果，詢擬新的問題，確立新的公關目標，調整原有的公關計畫。

Unit 8-5
非營利組織之定義與功能

一、非營利組織之定義

非營利組織不以獲取利益為優先，這是不同於其他商業組織之處；同時，非營利組織有些事務是由志工來處理，董事在某種程度上亦可視為是志工的一種，因此，非營利組織在某種意義上具有志願性。例如：社會服務、文化、醫療、教育，以及宗教等組織，都是為了改進人類生活條件，提高生活品質。

參酌美國學者Thomas Wolf的界說，他對非營利組織的定義為：

1.必須具備公益使命。

2.必須是正式合法的組織，接受相關法令規章的管理。

3.必須是個不以營利為目的的組織。

4.其經營結構必須是不以獲取私利為目的的。

5.其組織享有政府賦稅上的優惠。

6.捐贈給該機構的捐款可享受稅賦優惠。

總之，非營利事業都不是利潤導向，他們的公共關係和營利事業的公共關係，在作法上並不完全相同。

二、非營利組織公共關係的作用

任何社會組織都需要資訊交流，樹立良好的社會形象，與公眾的協調關係、化解矛盾，為自己的生存和發展創造「人和」的內外環境。營利組織如此，非營利組織也是如此。但是，非營利組織由於其基本性質，其公共關係作用更多的體現於以下幾個方面：

1.擴大影響

即提高認知度、美譽度、和諧度。在現代社會，愈來愈多的公眾更加關心有關組織的聲譽、責任和工作成效；許多非營利組織彼此之間競爭加劇。不少非營利組織，常常由於公眾缺乏瞭解，被認為工作不利、未善盡職責，受到社會的責難。這種大趨勢，使愈來愈多的非營利組織開始利用公共關係，擴大自己的影響。

2.爭取支持

每一個社會組織發展公共關係工作，都是為了爭取公眾支援，確認所需要的特定支援並努力贏得它，對任何社會組織的生存和發展都顯得十分重要。

(1)爭取社區公眾的支持：非營利組織通常不創造物質財富，所以在社區中的影響力，多數不如營利組織，有時甚至會被社區公眾視為不必要的「額外負擔」。如何端正社區公眾的認識，建立睦鄰友好關係，歷來是公共關係的重要任務。

(2)爭取政府公眾的支持：許多非營利組織的建立，要報政府有關部門審查、批准。透過公共關係，使政府瞭解自己的事業，重視自己從事的工作，提供各種幫助。

(3)爭取內部公眾的支持：一般學校所要推出的新教學項目或改革措施，少不了師生員工的支持，互益性非營利組織更是如此。沒有內部公眾的支持，就會失去生命力。

(4)爭取媒體公眾的支持：新聞媒介對社會輿論有重要影響。非營利組織大多沒有充裕的資金，無力大規模發展公共關係活動，因而其更重視與新聞媒

介密切聯繫，以提高自己在社會上「亮相」的機會。由於非營利組織從事的是非營利事業，其活動多與社會或公益有關，因此，更容易引起新聞媒介的注目，成為「新聞源」。

3.推廣觀念

營利組織經常運用公共關係，向市場推廣其產品或服務；非營利組織則需要公共關係，向社會或特定公眾推廣某種觀念或主張。

三、非營利組織在公共關係策略的運用

有關非營利組織在公共關係策略的運用，可分下列六個方向加以說明：

1.找尋具有新聞性的人物合作，如：明星藝人、政府高官、專家學者等，共同宣傳理念；或合作舉辦相關活動，如：街頭義賣、演講、演唱會、出版書籍、簽名會等，增加組織在媒體上的曝光率，藉此推廣組織理念。

2.爭取在社會上有一定公信力的專家認同，共同開創智慧場域，如：在電台call-in，或在節目或網路部落格上創造社會關心的公益議題，可增加社會大眾對組織宗旨與活動理念的認同和支持。

3.與其他組織宗旨相似的機構合作，邀請其他較大的組織共同參與並支援財務，結合彼此的資源，截長補短，對組織理念的推行有所幫助。

4.積極招募義工（與志工），並善用口耳相傳的效果。

5.建立組織的識別體系（Corporate Identity System, CIS），除可加深大眾印象外，更可以讓大眾瞭解組織理念，有助於傳播。

6.宣傳文字與視聽資料力求活潑，可增加傳播效果。

非營利組織公關的目的

組織特性	管理功能	形象功能	行銷功能	政治遊說
募集捐款	媒體公關	與有關的公眾建立並維持良好的關係；組織形象的保護與提升	行銷議題、招募志工、募集捐款	爭取特定公眾的權益
維護形象	媒體公關			
宣揚使命	媒體公關 政府公關			
鼓勵參與	媒體公關 志工公關			

知識補充站

非營利組織公關功能

前政大教授鄭自隆指出，非營利組織的運作在於募集捐款、維護形象、宣揚使命、鼓勵參與，因此除了例行的管理功能外，非營利組織公關有其形象功能、行銷功能。

Unit **8-6**
非營利組織的公共關係與營利組織之比較

一、非營利組織的公共關係與營利組織之區別

社會組織是公共關係的主體。主體的特性不同，與之相對應的公眾會有所不同，相互之間在期望、要求上也會不盡一致。與營利組織相比較，非營利組織的公共關係表現出以下不同特點：

1.社會組織發展公共關係的根本目的

社會組織發展公共關係工作，其根本目的是追求在某個特定領域內，實現社會效益和經濟效益的統一。但是，由於營利組織的存在與營利有關，其公共關係工作在最終成果上，必然或多或少、直接或間接地與經濟效益掛鉤。一個營利組織的公共關係活動工作不能推動市場營銷，產生一定的經濟效益，就難以有持久的生命力。非營利組織由於其性質，決定其公共關係工作的最終成果，必然主要體現在社會效益上。

2.非營利組織面臨的問題

大多數的營利組織由於創造物質財富，其運行的結果產生經濟效益，因此，發展公共關係工作能夠擁有相對穩定和較為充裕的經費來源。

非營利組織在大多數情況下，只能選擇比較經濟、節省的作做法和手段，如：張貼標語、散發傳單等。而且，營利組織的公共關係人較少，經常較為整齊，多為專職，專業水準較高；非營利組織人員配置較少，經常是臨時組班，多為兼職，專業水準也因人而異。從這個意義上說，無論或國外，非營利組織

發展公共關係工作，難度都相對要大。

3.營利組織與其公眾之間關係更為密切

營利組織的公眾，針對性較強；非營利組織與其公眾之間聯繫較為鬆散，缺乏相對固定的利益關係，或利益色彩較淡，相關性不太迫切。因為非營利組織的公眾針對性較弱，經常是同一類的公眾，卻對同一事物，難以形成一致的看法，因此，非營利組織的公共關係，面對的情境更為複雜。

二、企業組織公關與非營利組織公關的相異之處

1.出版刊物，鼓吹理念

為了讓更多的人認同組織理念，許多非營利性質的組織會出版刊物，說明該組織的目標、介紹活動內容、推廣組織基本的政策並宣揚其成就。

2.募款

非營利性組織運作必須依靠會員或支持者定期的捐款，這也就是為什麼募款活動往往是非營利組織每年公關的重頭戲之一。

3.招募與訓練義工（會員）

在非營利組織工作的人員，除了少數的專職人員以外，大部分是不領取薪資的義工。從招募到訓練義工，非營利組織將更多人力的投注視為寶貴的社會資源，以彌補其在物質資源的不足之處。

4.建立媒體關係

由於物質資源有限的關係，所以，

非營利組織會更加珍惜運用新聞媒體資源的機會，因為一則對於該組織的正面新聞報導，不但可拓展其知名度，也為該組織帶來許多實質的資源，如：讀者的興趣、詢問，甚至捐款等等。

5.政治遊說，推動立法

　　許多非營利組織成立的目標之一，就是要充當特定公眾的發言人，透過與一般大眾及政治人物溝通的方式，爭取特定公眾的權益。

企業公關與非營利公關之比較

	企業組織公關	非營利組織公關
公關目標	建立、包裝形象	打開知名度
社會資源	鞏固社會資源	拓展社會資源
扮演角色	捐款者、贊助者	募款者、活動籌辦者
政治公關	政治遊說目標 以企業利益為主	政治遊說目標 以公眾利益為主
組織編制	大部分企業均有常設公關部門	大部分非營利組織的領導人 身兼公關角色

資料來源：孫季蕙，2009。

知識補充站

公共關係與非營利組織

　　公共關係項目，是以一般的企業體為主，許多非營利性質的團體或組織，例如：社會服務組織、民眾聯誼性組織、慈善勸募機構、表演藝術團體、宗教團體、學術研究單位等，或多或少都有與不同公眾溝通以達成特定公關目標的需求。與企業公關不同的是，非營利組織公關常常會因為人力與資源不足等弱勢，權宜運用許多迴異於企業組織的公關策略。大部分的非營利組織雖然很少有完善的公關人員編制，但在近用媒體資源方面，並不見得特別弱勢，端看非營利組織的核心成員是否能夠靈活掌握資訊或議題，善加利用媒體的特色與媒體記者的需求。

Unit 8-7
學校公共關係

一、學校發展公共關係工作的原則

學校公共關係的主要方式，可分下列三點說明：

1.學校公共關係的組成方式

實際上存在的公共關係工作，不是由一個部門負責，而是由學校內部許多機構、人員分擔的。受到傳統的影響，學校發展的實際上存在的公共關係工作，通常都以溝通內容各種關係為主，較少以外部公眾為活動對象。

2.學校公共關係的傳播方式

一般來說，學校與公眾進行溝通的主要目標，是為了增強公眾對教育的認識，制止有關誤傳和謠言；進行教育改革或推出其他新措施時，獲得公眾的接受與合作；爭取公眾與社會支援，籌措充足的經費。在這方面，一般的學校多運用以下媒介：

(1)校刊、學生校報、教職員刊物、校友雜誌、年報小冊子、口袋型指南、特別刊物（如：校慶特刊）、新聞稿、海報、信函和其他出版物。

(2)壁報、黑板報、櫥窗、大型戶外看板或布條、校門口跑馬燈。

(3)校內廣播、閉路電視、電話、學校簡介錄影帶、網站及電子郵件等。

(4)校長接待日。

(5)意見箱。

(6)走訪。

(7)信函。

(8)座談會。

(9)校慶、園遊會、研討會、座談會、為潛在學生舉辦的校園博覽會、為畢業生舉辦的就業博覽會及其他紀念活動。

(10)記者會。

3.學校公共關係的評估方式

對公關活動評估，是一個重要的管理工具。因為對活動定期做評估，就會有累積數據可用，以作為決策或規劃未來的參考。有系統的學校公關評估，包括以下七個步驟：

(1)選擇理論根據：使用的模式為何、由內部或外部單位來執行評估等。

(2)設定目標：將目標定義清楚，包括整體公關活動目標及過程中各分項的目標。

(3)發展測量方法：包括對資源、目標對象、財務、活動及結果等。

(4)執行測量與蒐集數據：經由觀察、訪談、問卷及月報等方式。

(5)分析數據：有足夠時間做綜合整理與說明。

(6)報告結果：發現必須做成建議並與大家分享。

(7)將結果付諸有規劃的行動，否則一切作為將只是空中樓閣。

二、學校公共關係部門職掌

公關部門如果地位較高，平時參與決策，根據決策擬定行動方案，對於校務不僅知其然，而且知其所以然。所以，他們是學校管理階層的助手，同時也是傳播者，對內、對外說明校務上的問題。有的學校公關人員地位較低，不參與學校重大會議，只能應管理階層之命，從事實際刻板性的傳播工作。公關人員是否參與決策，完全看各個學校對公關的要求如何而定。

學校公關人員服務的對象如下：

1.教職員

每一機構的公共關係都從內部做起，學校亦不例外。學校教職員無不想瞭解學校政策及重大事務，也無不欲為學校應興應革之事提供一己之見，他們在外界如同學校代表，外界對學校的瞭解都是由這些教職員而來，所以對教職員的溝通甚為重要。大學對教職員溝通的工具有通訊、內部報紙，以及面對面的交談等，也可以訂期舉行會議，以說明學校政策並解答問題。

2.學生

由於學生人數眾多，他們又有家人朋友，所以，他們是學校公共關係的主要對象。學生對學校愛護的程度決定於幾個因素：教學品質、管理合宜、溝通良好，以及學校聲譽等。

3.校友及捐贈者

現在各校都設有專人辦理校友聯繫工作，過去，私立大學向校友募捐的情形並不多見，主要的原因是，如果國民所得太低，富有校友便不多，而且各校歷史太短，畢業未久，經濟上卓有成就者究屬少數。但是如果國民所得夠高，則今後的校友捐款便大有可為，因此，大學中的公關及發展部門也會日漸重要。據悉，台灣很多私立大學正積極對校友展開募款活動。

4.潛在學生

除了刊登廣告招徠學生外，更因少子化、百分之百入學等因素，請在校生、教職員到高中職母校介紹目前就讀、任職的大學的優點，希望學弟妹們也能報考該校。

學校公共關係的對象

對　象	作　法
家長會	1.為學校最常接觸的組織。 2.對於其運作，校長應樂觀其成，但絕不可讓其執行不合法或不合理的決議。 3.學校與其相處必須不亢不卑，不可讓其坐大而垂簾聽政。
學校義工	1.應避免其干涉教師的教學。 2.宜以適當方式酬謝，使其樂於付出。
校友會	平常應藉各種管道加以溝通。
社區教育團體	對於其特殊事件上的詢問也不應排斥。
政治團體	儘量平等對待。

資料來源：秦夢群，2013。

Unit 8-8
醫院公共關係與醫療公共關係

一、醫院公共關係工作

　　患者是醫院的重要公眾。雖然大多數的醫院都是非營利組織，但是患者對於醫院，在性質上仍像顧客對於營利組織那樣重要。醫院向病患收取費用，一般不是為了創造利潤，而是彌補開支，以維持正常的運轉。但是，一所醫院如果沒有病患光顧，恐怕也失去了存在的基本價值。

　　醫院處理與患者公眾之間的關係，傳統上是以良好的內部公共關係為基礎，要求醫護人員想病患之所想，急病患之所急，依靠一定的醫療水準和良好的醫德，為其排除困難。另外，醫院工作引入市場行銷職能，為開展對患者的公共關係活動提供了新的視角。

　　以患者為對象的公共關係工作引入市場行銷，首先從端正醫院本身對患者公眾的態度開始。醫院必須樹立全心全意為病患服務的觀念。美國著名市場行銷學者將醫院的組織類型，依其對患者所持的基本觀念劃分為三種：

　　1.無反應性組織

　　對公眾的需要、態度、愛好或滿意度不聞不問。此類型組織是由醫院自己來做，即對患者的態度是「我們能做什麼，就提供什麼服務」。

　　2.隨機反應組織

　　有興趣瞭解患者的需求，並鼓勵公眾詢問或提出意見。

　　3.高度反應組織

　　依靠系統的資訊回饋程式，如：正式的民意調查、患者小組等。此類和隨機反應組織做考慮時必須考慮公眾的要求，即「患者需要什麼，我們就提供什麼服務」。

　　醫院向公眾進行預防保健的宣傳教育工作，公共關係也能發揮更加積極的作用。醫院掌握著一定的設備、經驗和關於患者行為表現的知識，有助於實施這種影響廣泛的活動，這還是一個與公眾發展對話的有效方式。

二、醫療公關的層面

　　專業的醫療公關可分為三個層面，以下分別陳述之：

　　1.醫療行銷（Promotion & Marketing）

　　一般行銷可分為兩大類：直效行銷及間接行銷。

　　(1)直效行銷：在醫療上的直效行銷（direct marking），是藉由手術後感到滿意的病患口碑、口耳相傳，以吸引新的客戶群。它的影響力最長久，也最為深遠，通常有80%的客戶來自直效行銷。

　　(2)間接行銷：間接行銷是透過媒體通路行銷，一般而言通路可分為看板、傳單、報紙、雜誌、廣播、電視、網路等媒介。表面上，藉由媒體行銷看起來似乎有光鮮亮麗的影響力，但事實上它只有吸引到20%的客戶。看板、傳單也有地域上的限制，報紙、雜誌及廣播則有族群的限制，至於電視及網路的影響力則較為無遠弗屆。

　　2.衝突處理（Conflict Resolution）

　　衝突處理的部分，在醫療公關的領域大多起因為所謂的醫療糾紛。醫療糾

紛泛指病患或其家屬親友，在醫師或其他醫事人員為病患進行相關診療行為的過程中，或在診療後，對醫療的過程、內容、方式、結果、收費或服務態度不滿，所導致的紛爭或擾亂。

3.危機處理（Crisis Management）

隨著媒體事業的發達，加上目前網際網路傳播極大的速度和廣度，危機處理對醫療公關形成一個更大的挑戰。尤其近年來，民眾從大眾媒體得到許多醫學知識，消費者意識也逐年高漲。而在媒體報導的助長下，常常有權益過分主張的情況，使得許多醫院、診所或者醫生處理醫療糾紛的成本加劇。尤其危機一旦擴大到媒體層面，如果沒有透過專業人士妥善因應，更有可能因為處理不當，付出難以想像的代價。

危機的發生雖然大多是突如其來，但是很多的危機其實事先都有些蛛絲馬跡可尋。如果是病患投訴問題，醫院、診所內部的護士、醫生通常都會在第一時間察覺，因為有不少危機其實是來自於處理不佳的醫療客訴。

醫療公共關係表

專業醫療公關			
醫療行銷	直接行銷		影響力最長久，也最深遠
	間接行銷		透過媒體通路行銷
衝突處理	多為醫療糾紛		
危機處理	媒體關係處理		提供固定聯絡窗口
	與相關政府保持聯繫		責令專人建立聯繫管道
	危機偵查		事前防範，第一時間察覺

知識補充站

醫療產業的公共關係

1. 醫療產業公關功能：依醫療產業特性，我們可以瞭解除了例行的管理功能外，醫療產業公關有其形象功能、行銷功能與危機控管功能。

2. 政府採高密度管制：由於醫療涉及生命安全，因此政府採高密度管制，藥品與醫療技術引進、醫療人員認證、醫院評鑑、醫療糾紛都受到衛生署的直接管理，而民眾對醫療品質的期待也特別高，醫療院所面臨來自衛生署的管制、同業人力與設備的競爭，以及民眾對醫療服務的高度要求，醫院經營壓力大。

Unit 8-9
企業與非營利事業的合作模式

136

一、企業與非營利事業常見的合作模式

1.目的行銷

目的行銷的意義是在建立企業與非營利組織的互利關係，企業可藉此達成行銷與促銷的目的，而非營利組織可達成募款及公共關係的目的。但是過去的研究顯示，目的行銷對非營利組織產生一些正向和負向的影響。正向影響包括：更多的收入、提高知名度、促使社會更瞭解非營利組織所關心的議題、擴大支持面。負面的影響則是：目的行銷使捐獻的動機由利他變成自利，同時使非營利組織面臨商業化的威脅。但不論爭議如何，台灣近年來使用此一方式的合作關係，已愈來愈頻繁。

2.企業贊助

企業以人力或金錢的方式贊助某項活動，例如：贊助某藝文畫展的展出、籃球比賽、學生活動等。雖然這樣的贊助方式對企業來說相對比較耗損成本，但是現今已有愈來愈多的企業採用這種方式來促進與顧客的關係。例如：台灣積體電路公司成立的台積電文教基金會，贊助雲門舞集表演團體的全球巡迴表演活動；花旗銀行長期贊助喜憨兒的活動；還有安麗公司每年舉辦的安麗盃女子撞球賽，提升台灣的女子撞球風氣等等。

3.實物的贈與

將企業的產品或服務捐贈給非營利組織，是一種省時、省力又省錢的有效方法，特別是將企業過剩的庫存品贈送給非營利組織，既可滿足社區需要，又可建立企業的正面形象。一般而言，企業在選擇食物贈與的對象時，也都會考慮非營利組織的活動方案與企業產品特性相近者。例如：誠品書店就曾與貧困家庭協會合作，舉辦舊書捐贈活動，將募得的書籍捐贈給協會所設立的「街頭圖書館」。

4.企業志工

雖然有不少在企業界服務的人在公益慈善組織擔任志工，其與「企業志工」不同的是，企業志工是由企業主動將員工組織起來，為企業所在的地區提供服務。企業支持志工的方式有：

(1)主動提供員工參與志願服務機會的資訊。

(2)轉介有興趣從事志願服務的員工。

(3)表揚從事志願服務的員工。

(4)主動設計方案，鼓勵員工參與志願服務。

(5)針對志願服務者，規劃人力資源教育訓練課程。

(6)提供經費，贊助員工擔任志工的非營利組織。

目前，我國企業中有「企業志工」方案的仍極為有限，像是惠普的「社會志願服務團」及福特六和的「社區服務計畫」等，是極為少數的例子。

二、在這樣多重的角色扮演中，非營利組織在不以營利為目的之下，對於資金與資源的來源和整合管理相形顯得重要

1.眾多同質性非營利組織的競爭

台灣在自由社會的環境下，孕育了許多非營利組織，包括各種基金會、宗教團體、教育機構、慈善團體及工會等。

2.資金來源不易

而面臨眾多競爭者分食政府補助的大餅，加上沒有知名度就沒有民眾與企業捐款的窘境，況且並非每一個非營利組織都有能力經營服務事業來供養自己。營利組織陷入這樣的惡性循環中，資金的爭取更顯困難。

3.義工招募困難

非營利組織從事的工作，大多是一般人不願做的苦差事，例如：照顧喜憨兒與癡呆症老人、環境的清掃與整潔維護，以及輔導家暴受害者心理治療等。

企業與非營利事業常見的合作模式

目的行銷	1.意義：兩者可建立互利關係。 2.影響：(1)正面影響：有更多收入，提高知名度。 　　　　(2)負面影響：由利他變自利。
企業贊助	1.意義：企業以人力或金錢方式贊助某項活動。 2.影響：有愈來愈多企業採用這種方式，來促進與顧客的關係。
實物的贈與	1.意義：將企業的產品或服務捐贈給非營利組織。 2.影響：可滿足社區需求，又可建立企業的正面形象。
企業志工	1.意義：由企業主動將員工組織起來，為企業所在的地區提供服務。 2.影響：造成企業資金來源不易與義工招募困難。

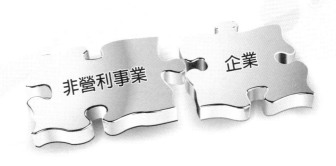

Unit 8-10
公益廣告的定義及其實例

一、公益廣告的定義

　　長久以來，公益廣告（public service announcements，又稱公共服務性廣告，以下簡稱公益廣告）一直被用來作為解決不同社會問題，敦促一般大眾自動自發，以個人行動配合宣導主題的重要傳播工具之一。學者Lynn將公益廣告定義為：「具有說服性，但也是一種十分特殊化的溝通形式，它可以把與公共議題相關的資訊傳布給大眾。」在一般財團法人基金會或其他非營利組織裡的公關人員，常常利用刊登公益廣告的機會，以獲得免費的媒體時段與宣傳。這些公益廣告的主題常常是「一般社會大眾所關心的問題」。

二、國外公益廣告成功的例子

　　雖然公益廣告的效果在許多學者的眼中不見起色，但仍然有另一些學者認為成功的資訊運動，只要傳播工具運用得當，並非沒有可能。例如：如果閱聽人對某項資訊活動的主題或訴求並無預設立場，就比較容易成功。Douglas、Westley和Chaffee曾經在美國威斯康辛州一個小鎮舉辦了一項為期半年的「關心智障兒」的活動，其結果是，該鎮的居民不但對該議題的知識大有長進，對「智障兒」的態度更大為改觀。Douglas等人推測，大量的平面公益廣告是活動成功的主要原因。

　　另一個範例，被喻為「資訊活動典範」的是史坦福大學傳播學者計畫執行的「防治心臟病運動」。該運動成功地增加實驗社區中，民眾對於防治心臟病的知識，且矯治了許多人的不良健康習慣。這個活動之所以能夠成功，必須歸功於：(1)電視與收音機的公益活動宣傳，與(2)對高危險群的面對面勸服溝通。

三、一般公益廣告的效果

1.一般公益廣告的效果為何？

　　相關研究發現，公益廣告的效果可能因資訊活動不同而有所差異。資訊活動的主題、媒介暴露的程度、閱聽人的特質、活動的目標（態度或行為改變）與使用的活動評估方法，均影響到其效果的成敗。比較少被談到，卻對相關研究評估公益廣告影響有所助益的是，閱聽人從溝通活動中所得來的「學習」效果。

2.有無預測變項可資參考？

　　為了尋找預測閱聽人學習公益廣告效果的變項，相關研究將學習效果設定為：(1)回憶公益廣告主題，(2)瞭解公益廣告內容的兩個指標。研究結果發現，年齡與記憶因素最能影響公益廣告效果。閱聽人對於電視公共事務報導的注意程度，可以增加對公益廣告宣傳效果的覺醒（awareness），但對於進一步的內容瞭解（comprehension）則無多大影響。此外，由於已將「世界觀」納為預測效果的變項之一，結果發現，相信世界是可以被探求、瞭解，且不持宿命觀的人，會對電視公共事務報導付出較多注意力，因而間接影響公益廣告學習效果。

　　整體來看，閱聽人學習公益廣告訊息的能力，似乎與年齡、記憶因素兩大變

項息息相關。通常比較年輕、記憶力強的人，較容易從公益廣告中獲取資訊。此外，關心社會上的公共事務，對電視新聞注意程度高的人，對公益廣告自然也較為關心。以「瞭解」此一依變項而言，記憶力強、具有全觀知識界的人，較容易瞭解公益廣告所欲傳達的訊息。這種年齡因素對公益廣告學習能力的影響，與Lynn的研究結果相符合。

公益廣告的學習效果

定義	具有說服性，但也是一種十分特殊化的溝通形式，它可以把與公共議題相關的資訊傳布給大家。
效果	資訊活動的主題、媒介暴露的程度、閱聽人的特質、活動的目標（態度或行為改變）、使用的活動評估方法，均會影響其效果的成敗。
學習效果	假設：1.回憶公益廣告主題。2.瞭解公益廣告內容。
發現	年齡與公共事務注意力對於公益廣告學習，兩者之間沒有互動效果。

Knowledge 知識補充站

中國信託「點燃生命之火」

　　中國信託「點燃生命之火」（Light Up a Life）電視廣告（TVC）上映囉！看到這群孩子們將柳丁變成清潔劑，用於募集校外學習經費及關懷鄰里老人，是不是很溫暖你心呢？現在只要加入捐款人行列，就可以啓動更多美好的改變！「中國信託—點燃生命之火」是辜濂松於1985年任內，為弱勢兒童而號召的愛心活動，迄今（2015）已屆滿第三十屆，累積幫助超過十萬個弱勢兒童及貧困家庭走出困境。該活動早先出現在台北國際社區電台（ICRT）的廣播公益廣告上，由於辜濂松當時擔任負責經營該電台的「台北國際社區文化基金會」（Taipei International Community Cultural Foundation, TICCF）董事長，也是中國信託（China Truest）的董事長，於是便在中國信託發起員工一日捐，同時在ICRT節目上播放「點燃生命之火」的公益廣告，以喚起社會大眾的支持。到了2004年11月遂成立中國信託慈善基金會，接棒「台北國際社區文化基金會」點燃生命之火。

資料來源：麥肯廣告及顏伯勤文教基金會等。

第 **9** 章

休閒、金融、高科技與國際公關

Unit 9-1
旅遊業公關的責任與活動範圍及工作任務

一、旅遊業公關的責任

　　旅遊的公關工作可分為三階段：首先要刺激民眾的需要，引起民眾要去到某處看看的慾望；其次可安排旅客前往某處旅遊；最後則是確保旅客到達某處後，舒適愉快，招待滿意。

二、常見的旅遊公關活動形式

　　常見的旅遊公關活動形式有以下三種：

1.事件行銷

　　事件行銷的主要目的是，利用活動吸引媒體採訪而出現社會話題，使事件本身廣為人知，達到宣傳的目的，進而帶動人潮，刺激銷售業績。常見的事件行銷分為旅展、名人代言與行程導覽模式三種。

　　(1)舉辦旅展的主要目的，是為了藉由詳盡的資料及美麗的展示看板，刺激消費者出遊意願，並可因直接的互動關係蒐集消費者的興趣傾向及相關情報。

　　(2)名人代言的目的，則是藉由知名度高的名人為產品代言，加深消費者對景點本身的印象，並在兩者之間做上相等的連結；亦更能吸引相關媒體的注目，使得觀光景點在代言期間，能大幅出現在報紙版面或影視節目中，造成資訊的大量曝光。

　　(3)行程導覽模式則在旅遊雜誌運用得最多。觀光單位或觀光景點的管理單位為吸引消費者的興趣，特聘一些旅遊作家或旅遊雜誌記者到景點做為期數天的導覽，深入瞭解探訪景點，再請作家或記者以遊記或報導的方式刊出，刺

激消費者前往遊玩的慾望。另外，近年來被炒熱的「置入性行銷」方式，亦被廣泛地應用在觀光旅遊業的公關手法上。由旅遊業者提供場地、景點，配合電視劇製作人或廣告業者需求，拍攝偶像劇、廣告或MTV等，隨著影視節目播出，讓大量的景點曝光，造成消費者在觀看戲劇或廣告的同時，也被美麗的場景感動，不禁悠然神往，而對觀光景點產生極大的興趣。

2.網站與部落格行銷

　　網站的優勢即在視覺、文字與影音效果俱佳。上網搜尋景點資料，或因好奇而點選進入網站的消費者，能在網站中吸收大量的相關詳盡資料，瞭解是否符合自我的需求，並能在引起興趣後更深入地瞭解相關內容。例如：旅程所需費用、景點的特殊表演時間表、相關促銷優惠方案等，都能在網站上獲得解答，進而在網站上點選想跟隨的旅行團，直接消費。近年來，網站上還結合部落格發表旅遊心得與文章，以部落格的方式行銷，增加更多感性消費的手法，成為一種新的促銷旅遊公關工具。

3.異業合作

　　異業合作也是近年來開始興起的公關運作模式，此種結合型態成本較低，大多數是以被動方式配合企業需求，主要以信用卡、飲料或食品商等舉辦的獎勵旅遊為主。近年來信用卡業務競爭激烈，為讓消費者能養成刷卡習慣，發卡銀行莫不使出渾身解數。而「旅遊刷信用卡可紅利積點雙倍或有相關折扣」的口號，則為銀行業者所想出的鼓勵消費辦法。

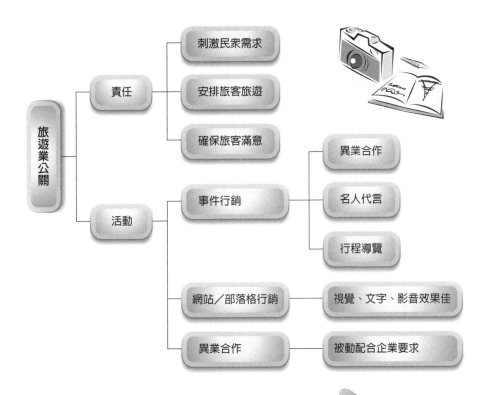

 知識補充站

旅遊業公關與消費者關係

消費者公關的進行目標如下：

1. 瞭解消費者對公司政策、行動、產品或服務的意見。

2. 檢討對消費者所公布有關價格、服務及品質的報告書，不得有虛偽或誇大之處。

3. 發覺消費者有何不滿之處，應改進其服務。

4. 使消費者接受公司的產品與服務。

5. 訓練公司服務人員，對消費者給予應有的服務。

6. 向消費者報告公司的產品、服務政策及業務。

7. 消費者對公司產品及服務情形如有詢問，應立即回應。

8. 調查消息需求，使產品及服務能使消費者滿意。

9. 用易懂之用詞，讓消費者瞭解產品，並制定等級及標準，供消費者選擇。

資料來源：曹勝雄等，2006。

Unit 9-2
飯店業、旅遊業公共關係工作的任務

144

一、飯店的公共關係

飯店的公共關係主要運用於以下：

1.樹立享有聲譽的飯店形象

(1)設計飯店形象

(2)推廣飯店形象

(3)檢測飯店形象

(4)調整飯店形象

2.聯絡感情，增進瞭解和友誼

公共關係要為飯店的生存和發展創造「人和」的環境，就要與各種公眾進行聯絡。就飯店外部公眾而言，尤其要保持與以下公眾的溝通：

(1)賓客

(2)新聞媒介

(3)社區

(4)經營夥伴和競爭對手

3.蒐集訊息，參與決策

(1)分析評估飯店的認知度和美譽度、和諧度，瞭解公眾對飯店的意見和反映，整理之後報告決策部門，使領導者即時知道不足。

(2)調查公眾行為，分析公眾態度，預測變化趨勢，並且提出解決問題的方案。

(3)從公共關係的角度評估飯店方針、政策和計畫，研究是否符合公眾利益和社會利益，及其飯店形象的潛在影響，並提出建議。

(4)協助營業部門增設服務項目，擴大飯店業務。

4.教育和引導內部員工樹立公共意識

(1)引導員工樹立明確的公共關係意識，珍惜和愛護飯店的形象、聲譽，要使飯店的公共關係工作得到全體員工的合作、支持，使他們在社會交往中，尤其是與顧客的接觸中，注意溝通飯店與公眾的聯繫，樹立「顧客至上，信譽第一」的思想，主動宣傳企業，為樹立企業形象做好外部公眾的工作。

(2)教育員工從本職工作出發，在各自的崗位上支持和關心公共關係工作。

(3)培養員工的主人翁精神和責任感，這是激勵員工做好公共關係工作的思想動力。要透過各種內部公共關係活動，增進員工之間的團結、友愛和理解，調動員工的積極性。

二、旅遊企業公共關係

旅遊企業公共關係的任務，與飯店業及其他業務有許多相似之處。不過，它們也有兩點特殊的地方：

1.樹立良好的旅遊地形象

旅遊業不僅要注意自身的企業形象，還要大力宣傳和推銷旅遊地的形象。某種意義上說，旅遊地的形象比旅遊業的企業形象更為重要。

2.提高旅遊的社會承受力

這是指旅遊地居民對當地旅遊業發展的規模和方向，在心理上所能接受的程度。旅客由於某種因素，在旅遊地未能享受到滿意的服務，或沒有觀賞到奇景的遺憾，常常能從旅遊地居民的熱情友好中得到補償。提高旅遊的社會承受力，關鍵在於擴大旅遊發展的積極方面，盡可能限制消極方面。

```
飯店、旅遊業公關工作 ─┬─ 樹立享有聲譽的飯店形象
                      ├─ 聯絡感情、增進瞭解和友誼
                      ├─ 蒐集訊息、參與決策
                      └─ 教育和引導內部員工樹立公共意識
```

Knowledge 知識補充站

飯店公共關係

　　飯店公共關係的主要對象是「公眾」，它包括內部公眾和外部公眾兩方面。內部公眾是指員工公眾和股東公眾，它是飯店做好一切工作的基礎；外部公眾包括顧客、旅行社、社區公眾、媒介公眾、政府主管部門和同業公眾等，這些關係的處理直接影響到飯店的發展，甚至影響到飯店的生死存亡。因此，在現代化的飯店管理中，從總經理、部門經理到服務員，都應該樹立正確的公共關係意識，並貫穿到經營管理的過程中，充分發揮公共關係的管理職能，樹立企業的良好形象，達到企業的經營管理目標。

　　具體而言，飯店應做好以下幾方面的工作：包括：(1)擴大影響，提高飯店知名度。(2)樹立和發展飯店良好形象。(3)提供資訊，發揮決策參謀作用。(4)協調飯店內外關係。(5)處理突發事件，維護飯店信譽。

資料來源：MBA智庫百科http://wiki.mbalib.com/zh-tw/

Unit 9-3
郵電運輸及金融企業公關

一、郵電企業的公共關係工作

郵電企業的主要職責是透過郵政和電信傳遞訊息，辦理郵通業務。由於郵政電信溝通國內外往來，聯繫千家萬戶，服務於全社會，並與政府機構、新聞媒介及各種用戶存在著密切的業務關係，因而這些關係的協調、溝通，就成為郵電企業的一項重要任務。而郵電企業的公共關係，是指把公共關係學的基本原理，運用於郵電通信部門的建設、經營和管理活動之中，在爭取公眾理解、優化內部管理、改善外部環境、樹立良好形象、推動郵電通信事業發展的過程中，所形成的公共關係思想與活動。它是現代公共關係在郵電部門的具體應用和創造性發展。

二、運輸企業公共關係的活動方向

運輸企業公共關係活動應當抓住下列四個主要方面：

1.提高服務品質，改善服務態度，以實際行動樹立運輸企業的良好形象，贏得社會的信賴和支持。運輸企業的服務，就品質而言，旅客和貨主要求的主要是安全、準時；服務態度雖然因人因事而有所不同，但人們基本要求也無非是親切、友善、使人滿意。

2.結合運輸企業的工作特點，加強全員公共關係培訓，不斷提高員工的形象意識。教育員工和引導員工樹立公共關係意識，自覺維護企業形象，把自己視為企業的「大使」，妥善處理好與各種旅客和貨主的關係，是一項不容忽視

的公共關係工作，必須下功夫確實做好。

3.建立暢通的資訊溝通網絡，加強運輸企業與各類公眾的訊息交流，實現全方位的外部公共關係的溝通。完成這一任務的關鍵在於，訊息傳遞和反饋的及時性，以及訊息處理的有效性。

4.要認真做好顧客投訴處理工作，積極做好應變準備。運輸企業的員工與旅客密切接觸，時間又長，容易產生矛盾，加上發生各種惡性事故的機率較高，所以，應該特別注意：運輸企業是認知度的公用性行業，其一舉一動都引人注意，極易成為社會輿論和新聞媒體的熱門話題，稍有不慎，企業聲譽便會毀於一旦。

三、金融業發展公共關係的重要性

金融公共關係是指，金融機構為了特定目的所進行的各種公關活動，它有助於金融機構內部的管理和協調，有助於與目標消費群體的互動溝通和交流，有助於提高金融品牌的知名度、美譽度和忠誠度，有助於提高金融品牌的核心競爭力，以獲良好的經濟效益和社會綜合效益。金融企業是以貨幣、信貸、保險、證券之服務業務為主的特殊行業企業，亦以盈利為目的，需要進行公關活動和品牌塑造，以應付激烈而殘酷的國際金融市場競爭。因此，金融公共關係是現代金融品牌經營中的一項重要管理活動，它對金融品牌的生存與發展、競爭與開拓，有著舉足輕重的作用。

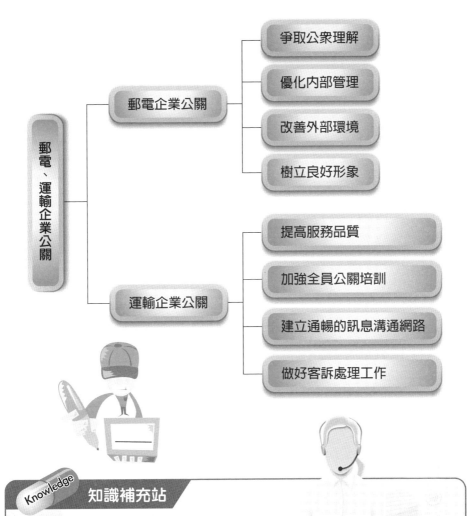

知識補充站

金融行銷與公關

　　當今國內、外的各類金融機構林立，業者在同業競爭激烈市場爭奪戰開打之際，開始重視「金融行銷與公關」的領域。金融行銷不同於一般消費品的行銷，消費者可能被廣告感動而購買商品，但金融商品卻不只是被刺激就會消費的商品，需要理性的分析，專業服務創新作法，符合個人需求才能打動消費者，因此金融行銷，要能洞燭先機，找出市場需求，設計包裝商品來滿足消費者，在推介的過程中，還要提供專業分析，樹立專業形象與好的企業形象，與消費者建立長期的合作關係。

資料來源：林陽助，1999。

Unit **9-4**
高科技公關應有作法

一、迅速建立品牌知名度及價值

在眾多科技商品中，消費者在面對科技產品不甚瞭解或不清楚自己實際需求的情況下，很容易就選擇了自己熟悉的品牌、耳熟能詳的產品。在無法清楚辨別與其他品牌產品的差異化時，顯現與熟悉的親切感是消費者購買時最大的抉擇因素。

二、根據不同的目標對象建立不同的溝通管道

高科技產品的銷售對象一般可區分為兩種，一是B2B（企業對企業），二是B2C（企業對消費者）。此兩種對象因其需求不同，而有不同的溝通方式。

1.在B2B情況

公關人員可運作的方式為：舉辦座談會、研討會；策劃媒體的系列專題報導；邀請目標買方實際使用產品、參觀企業內部運作以實際操作產品，增加認識，是一有效的運用。

2.在B2C情況

對於B2C而言，由於競爭激烈，消費者無法輕易地從中挑選出最適合自己的產品。為了讓自家商品更加突出，公關人員可運用創意、活潑、與目標消費對象生活結合的活動方式來展現產品特色，拉近與目標消費者的距離，使之成為消費者心目中的首選。

三、使用記者與消費者易懂、熟悉的語言

高科技產業不同於其他產業的瓶頸，即在於生澀難懂的專業術語和專有名詞，使得消費大眾與科技線記者在吸收科技新知時難以消化，讓人們對於科技產業有種陌生的距離感，造成更大的溝通鴻溝。為了改進這種情況，公關人員應在新聞稿、產品展示會等公開資訊中，將生硬難以理解的語詞，轉換為一般人能輕易理解的用語，甚至可以創造一些活潑好記的科技名詞，增加大眾對其產品的印象，並產生興趣。

四、與時間賽跑的挑戰

由於高科技產業變化迅速，高科技公關人員更需時時充實自己、瞭解科技的成長情況，比其他產業的公關人員更需要快速瞭解外在環境的變化。在這種與時間賽跑的挑戰下，日新月異的環境，使得高科技公關人員必須走在世界的最前端，這樣才能帶領大眾走向科技化的未來。例如：現今網路媒體的盛行，雖未能確實測量效能的有效工具，但聰明的公關人員應懂得瞭解網路媒體的運作，並大膽嘗試如何應用這樣的新興媒體，不落潮流，引領潮流是高科技公關人員應有的作為。

五、高科技產品的迷思

現今高科技產品已非過往一般人難以觸及、瞭解的東西。迎接數位生活的未來，每一位消費大眾都可能使用到所謂的高科技產品。在這樣的情況下，高科技產品早已漸漸轉化為消費性產品、心理性產品的形象。例如：手機雖為高

科技產品，但是時下的消費者早已將手機列為身分地位的象徵、炫耀性的商品。高科技產品的定位已漸漸模糊，不再是過去的理性消費產物，而愈來愈走向感性消費的情況，這是現今高科技公關人員面臨的灰色地帶。對於自家產品的定位，應清楚瞭解其定位與走向，並抓住現今高科技產品的購買趨勢，使不至於落入這樣的迷思之中。

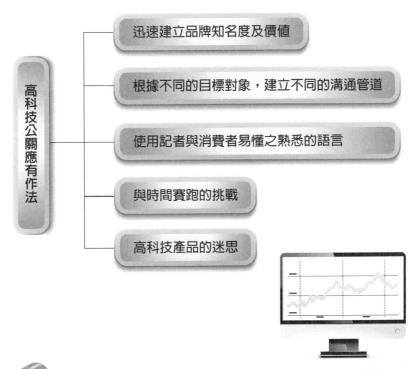

高科技公關應有作法
- 迅速建立品牌知名度及價值
- 根據不同的目標對象，建立不同的溝通管道
- 使用記者與消費者易懂之熟悉的語言
- 與時間賽跑的挑戰
- 高科技產品的迷思

知識補充站　Knowledge

品牌的定義

根據美國行銷學會對於品牌的定義：品牌（brand）乃是一個名稱（name）、名詞（term）、標誌（sign）、設計（design）或它們的合併使用；其目的是為了區分銷售或一群銷售者的產品或勞務，不至於與競爭者之產品或勞務發生混淆。其次，品牌可能是由文字或數字構成，即所謂品牌名稱（brand name），或是由符號、圖案所構成，稱為品牌標誌（brand mark），如果這些品牌名稱或標誌已享有獨家專用權，並受到法律的保護，即為商標（trademark）。

資料來源：成偉，2010。

Unit 9-5
高科技公關的媒體策略

　　高科技公關人員在與媒體互動的過程中，有幾項運作的要領是必須注意的：

一、保持絕對的專業

　　對一個科技產業的公關人員而言，最重要的就是專業。不僅在公關實務上，要瞭解公司產品的詳細資訊、行銷策略與企業目標；對於自身所處的科技產業，也要有相當程度的瞭解與掌握，這樣在面對記者與消費大眾的疑問時，才能解答可能出現的疑惑與問題。

二、實際的產品測試

　　由於高科技本身的複雜性，讓公關人員在面對記者時，就算能口沫橫飛形容得天花亂墜，也很難讓人真正瞭解到產品本身的好處與優勢。最簡單直接的方法就是讓記者親身體驗產品，做一對一互動，深度的瞭解與測試操作，這樣不僅能讓記者印象深刻，更能讓記者在操控測試的過程中，發現問題時能馬上提出，讓公關人員能即時的解答與說明。而記者在確實瞭解產品本身之後，也才能對消費者做出第一手詳細的描述與報導。

三、訪談高層主管

　　對記者而言，一個高科技產品的發表會不是代表一個新的購買選擇出現，而是代表科技的躍升與進步。記者在參與的同時，除希望清楚知道產品的行銷策略與目前銷售狀況的資訊，更期望能與企業的高層主管做訪談與互動，談談企業本身對未來科技的發展方向與預測，使記者對科技產業本身有更清楚的認知。再者，一個科技產業高層主管的發言，對產品本身亦代表一種重視與信賴，有時記者不僅訪談高層主管，更可能因此而策劃一系列的專題報導，增加更多的曝光率，這是高科技產業公關可以安排的項目。

四、主動與積極的媒體往來關係

　　公關人員除在必要的媒體聯絡上需與記者作密切的溝通，也可以積極的與記者打電話聯繫，不僅能促進企業與媒體間的友好關係，更可以在與記者的言談之間獲得額外的機會。例如：有記者想做手機性能的綜合報導，也許對某手機企業的公關人員而言，雖然最近並沒有新上市的產品，也可以熱心提供相關的產品資訊與對手資料，獲得版面的報導空間，這都是在辛勤耕耘媒體關係中才會得到的。但是千萬不要時刻緊迫盯人，這樣反而會引起記者的反感。適當的媒體關係是親而不暱、有禮而不疏遠，才是正確的維繫方式。

五、善用網路部落格，促進交流

　　企業可以運用部落格，塑造一個討論空間，藉此重新瞭解顧客想法，界定品牌，改善營運方式。例如：微軟公司數以千計的產品經理、產品開發者、測試人員及高階主管，充分運用部落格

和顧客直接討論，聆聽顧客的報怨、建議和想法，並追蹤顧客與合作夥伴的回應。IBM公司則從2005年開始，採用內部部落格服務員工，提供員工學習與交流的機會。科技產業若能善用網路科技的力量，有系統、有組織的為產品或企業相關訊息建立各類部落格討論區，就可以利用部落格改造事業，進行內部的員工溝通或建立外部的顧客關係，並能藉由網路的力量擴散到全球。

科技產業公關目的

產業特性	管理功能	形象功能	行銷功能	產品迷失
人力素質高	員工公關	組織形象的保護與提升，以維繫股價	議題管理；行銷公關	產品定位逐漸模糊，慢慢走向感性消費
資本市場集資	股東公關			
商品生命週期短	消費者公關；供應商／經銷商公關			
面對全球競爭	消費者公關；供應商／經銷商公關；財務公關與股東公關			
產業發展與政府政策息息相關	政府公關			

 知識補充站

科技公關目的與對象

前政大教授鄭自隆指出，高科技產業與一般企業不同之處，乃在於其公關作為集中於管理功能、形象功能與行銷功能；至於危機控管功能，公關可能使不上力，高科技產業當然會面對危機的挑戰，但其危機大都來自市場變化、競爭者挑戰（如專利權訴訟失敗）、政府政策轉變，這些危機甚難只經公關作為就予以弭平。

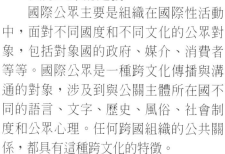

Unit 9-6
國際公關的定義、運作原則與展望

一、國際公眾的定義

國際公眾主要是組織在國際性活動中，面對不同國度和不同文化的公眾對象，包括對象國的政府、媒介、消費者等等。國際公眾是一種跨文化傳播與溝通的對象，涉及到與公關主體所在國不同的語言、文字、歷史、風俗、社會制度和公眾心理。任何跨國組織的公共關係，都具有這種跨文化的特徵。

二、國際公關運作原則

現今即使對規模非常小的機構來說，商務和貿易的世界也已經變成了一個地球村（global village）。無論是政治、文化或商業性的活動，幾乎都少不了國際公關。在運作國際公關之前，有幾點建議可以遵守：

1.**參與**（participate）：善加利用每一個能夠更加瞭解海外市場的機會。

2.**研究**（research）：徹底研究該市場。

3.**觀察**（observe）：親臨該市場以獲取第一手經驗。

4.**策略**（strategy）：發展出健全、總體性的策略，並能順應和達成個別市場的需要。

5.**合夥關係**（partnership）：小心選擇與你共事的代理商或個人代表。

6.**激發熱忱**（enthuse）：讓你所選取的國際合作夥伴感受到貴公司的工作熱忱。

7.**回應**（response）：妥善處理不同地區的時差，快速回應各個市場的需求。

其實在公關運作中，若牽涉到數個國家，就應該制定一套共同的政策。成功的公關人員雖然學習到公司或品牌在各類不同市場運作的經驗，但是他們知道，在一個國家行得通的方法，在另外一個國家不見得有用，各個國家需個別獨特的策略。國際性的公關運作，必須從瞭解並尊重各國市場的業務狀況，以及社會架構著手，瞭解當地文化與商務交易傳統是絕對必要的。所以在決定編制海外公關工作計畫之前，必須對當地的政治局勢、投資環境與媒體環境，有完整的瞭解與認識。

三、當前的國際公關

公共關係在全球化的環境下，雖然傳統媒體關係的工作原則持續不變，但在新的世紀中，公關專業人員可倚賴「網際網路」這個管道，跳過了所謂的媒體守門人，直接向網路使用者傳達訊息；同時因為全球的「受眾」可以瞬間接觸，公關必須更會運用電子與網路媒體，以因應及時訊息發布的需要。公關界極需懂得各國語言及如何應付國際間各自利益、不同需要和價值觀的公關「通用專才」，其專業人員既需對公關有全盤的瞭解，又能具備特別領域的知識來促進「全球化」的發展。換句話說，國際公關專業人員被要求需具備跨越不同文化，以及瞭解全球媒體資源的

相關知識。因此，公關人員正面臨過多的資訊氾濫與資訊焦慮，龐大的溝通公眾，以及公關通才（不只懂公關，更要懂其他領域的知識）與專才（專業的公關知識與專業的其他領域知識）兼顧等挑戰，這些都是目前國際公關需要快速掌握與應變的課題。

跨國企業文化整合中的四個階段

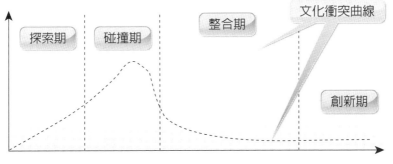

資料來源：江林，2003。

知識補充站

跨國企業文化整合

跨國企業的文化整合過程可以分為四個階段：探索期、碰撞期、整合期、創新期。整合同化理論可以提供我們有關企業跨文化整合的一些想法：

1. 探索期：需要全面考察企業所面臨的文化背景狀況、文化差異問題、可能產生文化衝突的一些相關方面，並需要根據考察結果初步制訂出整合同化方案。
2. 碰撞期：是跨國企業進行文化整合的實施階段，也就是文化整合開始執行的階段。這一階段往往伴隨著一系列管理制度的推出，在這過程中十分重要的是對於「障礙焦點」的監控，把握好文化整合的速度和可能發生文化衝突的強度的關係，是必須注意的問題。
3. 整合期：是指不同的文化逐步達到融合、協調、同化的過程，這是一個較長的階段。在這階段中主要是形成、維護與調整文化整合中的一系列行之有效的跨文化管理制度和系統。
4. 創新期：是指在文化趨向同化的基礎上，企業整合、創造出新文化的時期。

由以上所述可知，跨國企業要面臨許多新的挑戰，需要在一個全新的公眾環境中重新開拓自己的生存空間。企業要想化解來自多方面的衝突，使自己在多元化的價值體系和複雜的公眾環境中做到可持續發展，就必須建立自己的公關整合方案。

153

第 **10** 章

議題管理與危機公關

 章節體系架構 ▼

Unit 10-1
議題設定與議題管理

一、議題設定的定義及影響議題管理的因素

1.議題設定的定義

對於公關人員來說，如何在其工作或客戶的組織內動員協調與指揮相關部門配合，接近使用媒體曝光的機會，以爭取對某一議題的解釋權與發言權，稱之為「議題管理」的工作。「議題管理」一詞，原出自於公關顧問W. Howard Chase和Barrie L. Jones兩人。他們將議題當成一個有生命的個體，認為議題隨著外在環境變化而消長，所以，如何辨識、分析議題，列出有效的策略選擇，行動計畫，並持續評估該（議題管理）活動，構成了議題管理工作的重心。

2.影響議題管理的因素

那麼，究竟是什麼因素影響「議題管理」在公關實務與理論界的重要性？我們可以從三方面來加以解釋。一是隨著社會進步，一般大眾對於生活型態與公共溝通的品質要求逐漸提高，許多政策與議題的管理者逐漸認識到，一個社會若要維持系統的穩定性，就必須要充分尊重並告知公眾。二是消費者意識抬頭，許多消費者透過組織結盟的方式，希望能夠影響大企業的所作所為。美國著名的「消費者代言人」律師Ralph Nadar，就曾經針對大汽車製造廠商，如：通用汽車（General Motor）等，透過消費者結盟，提出法律訴訟，甚至購買少數股份的方式，向大企業提出挑戰並予以尖銳的批評。三是環保意識的興起。隨著1990年代興起的綠色風潮，許多企業意識到，企業不能只是扮演一個遊走於法律邊緣，和愈趨於嚴苛的環保法規相對抗的角色而已。在競爭激烈的商業市場裡，具有環保意識與前瞻性的企業，才能在未來永續發展。

二、議題管理的工作流程

首先，一個組織的公關人員，應該分析媒體報導並預期攸關組織生存的重要議題有哪些？公關人員可以評估，這些議題可能是在未來三至五年發生，對於組織的影響是如何？在列出議題清單之後，公關人員可以按照組織的需求，列出需解決議題的優先順序。接下來，公關人員必須掌握先機，評估議題在「被管理」之後，可能帶來的種種影響，這是「議題分析」的階段。在議題分析的階段裡，公關人員必須偵測「意見氣候」（opinion climate），瞭解溝通對象（公眾）對於該議題的意見與態度，在接下來的議題管理策略擬定的過程中，公關人員就可以組織對於該議題的定位與立場，然後依照議題可能發展的狀況與發生的週期，擬定行動時間表與行動策略，例如：刊登公共議題廣告（advocacy advertisements）、舉辦活動、記者會、對外發言等等。在實際執行過議題管理行動方案之後，公關人員便可以針對前述執行過的行動方案進行評估，並準備針對下一波的議題，進行預測、規劃與管理。

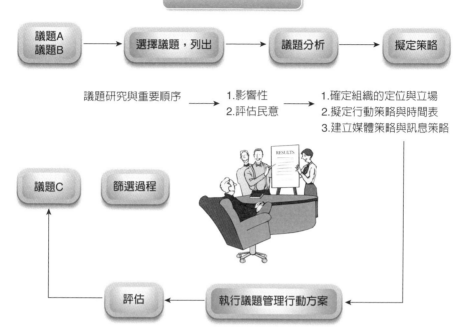

議題管理流程圖

議題A
議題B → 選擇議題，列出 → 議題分析 → 擬定策略

議題研究與重要順序 → 1.影響性　　1.確定組織的定位與立場
　　　　　　　　　　2.評估民意　　2.擬定行動策略與時間表
　　　　　　　　　　　　　　　　　3.建立媒體策略與訊息策略

議題C　　篩選過程

評估 ← 執行議題管理行動方案

備註：本圖改編自Chase and Jones（1984）的「議題管理過程模式」。

議題管理的定義
- 議題→issue，係指「一個關於事實、價值或政策的爭議性問題」，所謂「事實」是依客觀證據或數據的事件討論；「價值」是指對事件的正負向判斷所形成的主觀好惡；「政策」是根據事實與價值所形成的決策。
- 管理→management，係指「管理過程」，也就是一個案件所歷經的(1)計畫、(2)執行、(3)考核的過程，亦即有系統的管理程序。

議題管理的類型
- 操作性議題→會影響一個或多個組織營運，只影響市場行銷或特定區域，例如：缺水或交通壅塞等環境議題。
- 企業性議題→會影響整個企業。例如：政府法令改變等。
- 社會性議題→會影響經濟計畫或政策，例如：立法院改革、個人隱私權、性別差異或工作權等。

Unit 10-2
公共議題的特質與議題建構

一、公共議題的特質

　　一般而言，公共議題具備五種特質，這五種特質的變化會影響該議題擴展的可能性，敘述如下：

　　1.明確程度

　　（The Degree of Specificity）

　　為了吸引一般大眾的注意，Cobb與Elder主張，一個公共議題在浮上檯面（例如：在媒體曝光）之時，最好能將議題的性質界定得較為模糊，這樣才能吸引為數較多的公眾之注意。然而，Cobb與Elder也強調，當議題到達一定的曝光程度時，倡導議題者必須提出明確的要求來解決議題所引發的爭議。

　　2.社會顯著性（Social Significance）

　　當企業在「認養」或主導某些社會議題時，關心的是該議題是否可以引起社會大眾的認同？這些議題的走向也許並不會影響社會絕大部分人，但是它可能牽涉到「利他」、「助人」等照顧社會弱勢團體的概念。因此，當公關人員可以有效的說服公眾，並突顯該項議題的社會意義時，該項議題也隨之擴大。值得注意的是，公關人員欲提升議題的社會顯著性以達成議題的擴張效果，往往需要大眾媒體推波助瀾，因此，大眾媒體如何報導公共議題，其報導方式對於公關操作的意義又是如何，值得探討。

　　3.時間相關性

　　（Temporal Relevance）

　　時間相關性牽涉到議題壽命的長短。一個對大眾有長期影響、受媒體討論時間較長的議題，比一個短期、甚至早夭的議題，來得容易擴展。有時候，公共議題的擴展，往往是由一個核心議題併發其他的附帶議題，組成一個值得討論的議題群，因而受到大眾矚目的程度也就愈高。

　　4.複雜性（Complexity）

　　如果議題倡議者可以用簡單明瞭的語言解釋議題，則它被接受的程度也較高。由於社會大眾的異質性高，因此，組織並不宜以艱深難懂的方式陳述議題，增加溝通的困難性。

　　5.在類型上是否有前例可循

　　（Categorical Precedence）

　　議題是否能迅速擴展，有賴於它是否能以全然新鮮的方式出現在大眾面前。如果這項議題是前所未有的，則它吸引大眾與被重視的程度也較高。對媒體記者而言，許多議題常以「第一次」、「史無前例」來吸引他們的報導，就是因為媒體假設新鮮的議題，往往比陳腔濫調更能吸引閱聽人的注意力。

二、議題建構中有關Bernard Roshco新聞「能見度」扮演的角色

　　Bernard Roshco指出，某些意外事件如災害、罷工、軍事攻擊等，會立即且直接干擾許多人的生活，所以具有「強制性吸引力」，即使不經由新聞媒體報導，也可以快速傳播，為眾人所知。可是，絕大部分的新聞，通常都必須經由一些社會組織的運作，才能使它們透過媒體報導而加強公共「能見度」（visibility）。這些社會組織扮演的角色

就是消息來源，他們透過正式（如：記者會、新聞稿）或非正式（如：私下會晤、交談）的溝通管道，讓某些議題在媒體上曝光，以達成特定的公關效果。

在議題建構過程中，Roshco所言的新聞「能見度」，扮演了相當重要的角色。由於消息來源之間的新聞競爭，公關人員必須說服媒體，尤其主導新聞事件，或訴諸於名人，或以新鮮的造勢活動吸引媒體造勢，公關人員運用各種象徵物造勢，目的不外於爭取媒體焦點，達成擴大議題的效果。

「公共議題」分析

項 目	意 義	舉 例
事實	科學或客觀性的展現或論述	・核電成本、核廢料處理 ・如「發電成本」、「核電對經濟發展的貢獻」、「核電對環境生態的影響」
價值	情感性的陳述以引導出正向或負向的態度	・環保vs.經濟 ・如「環保與經濟發展孰輕孰重」
政策	立法機關或政府的決策	・繼續興建核電廠 ・支持「非核家園」

資料來源：鄭自隆，2013，p.259。

知識補充站

什麼叫做事實、價值、政策？且以「核四興建」為例作為說明：

・事實（fact）：是科學或客觀性的展現或論述，不帶有個人好惡或價值判斷；如客關討論核電成本、核廢料處理及其衍生問題，如「發電成本」、「工業與民生用電比率」、「耗能產業用電量」、「備載電量」、「核電對經濟發展的貢獻」、「核電對環境生態的影響」。

・價值（value）：主觀價判斷或情感性的陳述，並以之引導出正向或負向的態度。如根據上述事實的討論，衍生「環保vs.經濟」、「台灣能否承受核災」的爭論。

・政策（policy）：立法機關或政府的決策，如是否繼續興建核電廠，或執行「非核家園」政策。

Unit 10-3
衝突議題的消弭

當社會組織之間產生衝突時，想要消弭衝突議題的一方，可以考慮採取不同類型的策略來預防議題擴大。這裡牽涉到兩個面向：一是組織要考慮就事論事，以議題為對話的主體，或是選擇以敵對組織為對話目標而避開議題（議題取向v.s.團體取向）；二是選擇直接面對衝突，或是用間接的方式消弭議題（直接v.s.間接）。這四類策略分述如下：

一、攻擊團體

在社會衝突的過程中，要消弭一個敵對團體所提出的議題，最直接、可能也是最快的策略，就是直接質疑該組織的可信度與合法性，必要的時候將該團體貼上某種標籤，使公眾對該團體產生不信任感。這種策略稱之為「失信法」（discrediting）。「失信法」還可以分為：讓敵對組織失信於公眾，或是讓該組織的領導人失信於公眾。

二、弱化團體

由於採取直接攻擊的方式，在策略上若是運用不當，容易引起道德上的爭議，甚至構成誹謗問題。因此，組織也可以選擇間接的方式消弭議題，例如：以利誘的方式吸引敵對團體的成員或是支持者，讓他們接受有利於己的意見，弱化其向心力，甚至瓦解敵對組織的凝聚力。有時候，我們也可以直接「收編」（co-opt）敵對組織的領導人，例如：派任他們出任某些職位，以防堵議題持續擴大。「收編」的策略在政治溝通上最為常見，例如：政府機構為了安撫少數族群不滿的聲浪，平衡不同族群的比例，可能將幾個官職派任給少數民族的領導人或意見領袖。

三、緩和議題

有時候，我們會選擇直接針對議題，與敵對組織對話。這時候，最直接的策略就是針對議題提出解決之道，並顯示出解決問題的決心。緩和議題的策略之一，就是提供象徵性的酬賞或是保證，以安撫敵對團體的抱怨。我們常常可以看到媒體報導政府官員或是企業主管，接受民眾的請願，並表達解決問題的誠意，或是提出解決的方案。有時候，他們會著手進行改革（解決問題），並將初步的改善成果公諸於世，稱之為「陳列法」（showcasing）。有時候，相關單位會先行成立一個委員會，來表達解決問題的誠意；或是在與敵對團體談判之前，先做沙盤推演，預測對方可能的策略動作，並先在媒體製造一個有利於己的意見氛圍。

四、模糊議題

不直接面對議題，而改以迂迴戰術來處理社會衝突最重要的原因，是因為該組織可能礙於結構性的限制，根本無能為力解決問題，但亦不希望不利於己的議題層面擴大，因此採取「模糊議題」的方式來消弭議題。這類策略可包括：「象徵式的收編」（symbolic cooptation）、「偽裝式的限制」（feigned constraint）、「拖延法」（postponement）。

1.「象徵式的收編」意指一個機構使用進步的口號來打動人心，但是該口號可能與議題特質或是社會衝突的脈絡，相去甚遠。雖然如此，這些看似動人、卻可能毫不相關的口號，仍然有可能會使敵對團體所提的訴求無法浮上檯面。

2.「偽裝式的限制」常可見於政府機構或是企業面對民眾的請願。在這裡，接受請願的一方，會同時表達對於問題的理解與解決問題的無力感。例如：一名企業主管可能會對請願民眾說：「我完全同意你的說法，但是目前本公司面對許多問題，並無多餘的人力資源來解決你所提出的問題。」該名主管雖然表達了解決問題的誠意，但是在實質行動上並無任何作為。

3.「拖延法」普遍見於許多企業機構，意指該組織不急於反擊敵對團體提出的指控，而任憑議題在媒體上成長或消失。使用拖延戰術的好處是，由於資訊膨脹快速與市場劇烈競爭，媒體又擅長於炒作新議題，因此，媒體注目的焦點必須不停的替換，而敵對團體所提出的議題，即便在媒體上面擴大，時間一久，也會因為媒體特質與議題生命週期的緣故，漸漸消逝，為公眾所逐漸遺忘。

議題的解析過程

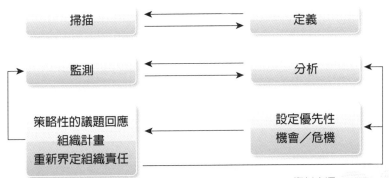

資料來源：Health, 1997.

知識補充站

議題優先性設定

　　理論上，組織於進行議題監測及分析後，即可確認所面對的機會及威脅是哪些，以及其優先順序、輕重緩急，然後議題管理者再根據這些分析資料，整合組織的策略計畫、溝通作法、公共政策計畫及組織的社會責任等要素成為「議題回應行動方案」（issues response action program）；在行動方案中，同時也要考量組織人力、預算等資源的配置問題（Health, 1997:107）。議題館理者於思考議題優先性設定時，事實上即在重複運作有關公共政策決策模式的步驟。

161

Unit 10-4
擴大議題的策略

許多組織在社會衝突中都希望能夠擴大議題，尋求更多人的支持，這時候，大眾媒體扮演的角色更形重要。事實上，媒體報導的角度與新聞中引述的消息來源的屬性息息相關，它雖然可能儘量接近真實，但卻無法替代客觀真實。因此，扮演消息來源的社會組織，想利用媒體擴張議題，吸引公眾的注意，達成製造話題的目標，並非難事。

Cobb與Elder指出，議題擴張的程度與議題的特質、符號使用與大眾媒體的強調重點有關。對於閱聽人應從何種角度看待議題，以及議題擴張是否會成功，大眾媒體扮演非常重要的角色。議題擴張的策略有以下五種：

一、注意

激發注意主要的目的是吸引公眾的注意，爭取潛在公眾的支持，激發注意的策略，類似於McGuire所提出的「傳播／說服矩陣」。McGuire認為，閱聽人對訊息的反應與改變是進階式的，這些「階段」包括暴露於訊息之中，注意訊息陳述的方式，並對訊息產生興趣與喜好等等。Cobb與Elder特別指出，大眾媒體不但激發公眾對於議題的注意，也扮演了議題定義者的角色，它可以加強我們對議題既有的看法，也有可能全盤扭轉議題的方向，影響我們的認知。

二、激將法

有時候，某些弱勢團體會選擇以較為極端的方式，例如：以激情的口號、戲劇性的活動，甚至暴力行為，來爭取媒體的曝光。在資源缺乏的情形之下，有時訴諸於極端所獲得的媒體曝光度反而很多。這個策略常常可以讓籍籍無名的團體，在短時間內名聲大噪，甚至讓媒體爭取後續報導或是人物專訪。然而，必須注意，大量媒體曝光，不代表正面的報導，甚至可能招來反宣傳效果，因此在使用激將法時必須小心謹慎。

三、遏止法

遏止法指的是透過文字或是其他符號的運用，弱化敵對團體的支持者，甚至勸服他們改變自己的立場，轉而支持己方。這裡也牽涉到許多宣傳過程中慣用的技術，例如：將敵對團體或是個人貼上標籤，讓公眾對他們產生不信任感等。

四、顯示能力或承諾

一個組織要表現出堅決的意志或是對於某一議題的承諾，就必須讓媒體有可以感受／報導的象徵性行為。有時候，這種象徵性行為也會訴諸於極端，目的是吸引媒體的注意力。例如：焚燒某些象徵物就足以吸引大量的媒體攝影機，讓這樣的行為成為受人矚目的事件。

五、重振士氣

這個策略的目標是在於調整組織內部成員，確定領導人的領袖魅力，以及組織成員對於組織的忠誠度，以便對外宣稱組織向心力是堅固的。政府或是企業組織有時候必須對外闢謠，澄清關於主管或領導人健康情形的謠言，或是主動舉辦活動來證明組織的向心力。

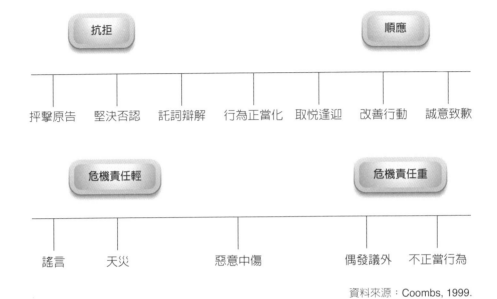

危機類型與反應策略之對應

抗拒　　　　　　　　　　　　　　　順應

抨擊原告　堅決否認　託詞辯解　行為正當化　取悅逢迎　改善行動　誠意致歉

危機責任輕　　　　　　　　　　　　危機責任重

謠言　　　天災　　　　　惡意中傷　　　　偶發議外　不正當行為

資料來源：Coombs, 1999.

知識補充站

危機類型與反應策略

　　針對五種危機類型：謠言、天災、惡意中傷、偶發議外以及不正當行為，Coombs提出七個對應的反應策略，若是組織需要承擔的責任較輕的情況下，Coombs建議使用較「抗拒」型的反應策略，例如抨擊原告或堅決否認等策略。若是組織應該負擔較重的危機責任時，Coombs則認為誠意致歉、改善行動會是較有效的反應策略。

DANGER

Unit 10-5
危機事件的評論

一般而言，危機常常是有徵兆的，甚至大多數的危機是可以預防的。以下是舉例一些政治及企業危機事件。在政治方面有兩事例：其一是「八掌溪事件」，其二是「扁連會事件」。

2000年7月，台灣政黨輪替才沒多久，便發生第一件重大危機的「八掌溪事件」。由於時值週休二日假期，政府相關單位橫向聯繫管道不夠暢通，導致事態持續惡化，最後擔任行政院副院長才兩個月的游錫堃，就被迫扛起一切責任下台。原本民意調查度均維持在高檔的陳水扁總統的聲望，也因此嚴重受挫，此即「危機處理不當」的典型事例。

其次，還有所謂「危機預防失敗」的另一個例證，亦即2000年10月27日上午在總統府舉行的「扁連會」。原本為展現推動政黨合作以及化歧見誠意的這個會議甫結束，時任行政院長張俊雄便於中午，在新聞局舉行記者會，發表「打造非核家園唯一選擇」聲明，宣布停止興建核四。此舉無異對「扁連會」提議以立法手段解決核四續建問題的連戰，打了一巴掌，不但旨在促進政黨合作的初衷無法達成，還衍生後來倒閣危機，甚至罷免正副總統的風波。

在企業危機事件方面，發生的例子有二：「NIKE喬丹快閃事件」與「亞力山大中毒事件」。前者是指2004年5月22日，NIKE舉行秀前記者會，而喬丹前後兩次現身總計90秒，引起球迷不滿，直到26日才主動召開記者會說明。儘管記者在會上要求NIKE進一步透露事件的真相，但未獲善意回應，憤而集體離席抗議。消

基會更對NIKE發出「最後通牒」，要求在28日中午前做出善意回應，NIKE終於在28日應媒體的要求，公開鞠躬道歉。除採取彌補措施外，並事前宣布致贈限量海報與喬丹第一代復刻鞋。喧騰七天的「喬丹快閃事件」終於落幕。

至於「亞力山大中毒事件」，是發生在2006年春節期間，該事件造成一死十四傷的中毒不幸事件，由於「亞力山大」未能在第一時間做出成熟的公開反應，顯現國內企業危機管理專業之不足，更暴露了不善處理危機的窘境。

謹就前述之事件，加以評論。

一、八掌溪事件

八掌溪事件最大的震撼在於全國觀眾在電視現場轉播下，眼睜睜看到三條人命被洪流捲走，令人心驚膽跳，也送走了執政當局的聲望。由此可見媒體在「危機傳播」的影響力是多麼的大，宜正視之。

二、扁連會事件

原本應該營造和解與雙贏的「扁連會」，卻由於民進黨本身與總統府及行政院之間的協調和聯繫出了問題，造成國民黨對民進黨的不信任，甚至影響台灣日後政局的穩定。由此可知，利益關係人在「危機階段」，其言辭與溝通的重要性，宜在不同危機階段進行必要的溝通。

三、NIKE 喬丹快閃事件

或許是太過於自信，或許是對危機情勢研判失誤，造成NIKE沒有在第一時間認錯，同時也不願對外說明溝通，

以致連連失去先機，最後在社會輿論的強烈指責下才公開認錯，最後雖也釋放善意的補救措施，但一切似乎為時已晚了。由此可知，對危機做出正確判斷是非常重要的，必要時宜請專業公關公司或人員從旁協助。

四、亞力山大中毒事件

當顧客發生中毒事件時，亞力山大雖然有對外說明，但專業性仍屬不足，究其原因，其一為員工平日缺乏危機處理訓練，出事當天也未發覺事態的嚴重性，以至於引起軒然大波，直到負責人從國外趕回來善後，並公開道歉，但已禁不起媒體連日報導，公司形象因而嚴重受損。

總之，不管公營或民營組織，平常就要有危機意識，並備有一套危機處理作業要點，定期進行演練。

危機溝通策略的選擇與組織責任歸屬接受程度之間的關係

危機溝通策略	企業或組織責任歸屬接受程度
抨擊原告	完全不接受
堅決否認	完全不接受
託詞辯解	中等程度的接受
行為正當化	中等程度的接受
取悅逢迎	中等程度的接受
改善行動	高度的接受
誠意致歉	非常高度的接受

資料來源：Coombs, 2006:182.

知識補充站

危機溝通策略與組織責任歸屬

政大教授孫秀蕙（2009）認為，企業或組織接受責任歸屬的程度愈低，愈容易採取抗拒程度高的策略，也就是責任歸屬度與抗拒類型的危機溝通策略成反比。相反地，若企業或組織接受責任歸屬的程度愈高，愈容易採取和解類型的危機溝通策略，兩者之間呈現正比。

在危機管理的過程中，企業也有可能隨著情境變化而調整其策略型態。例如：企業在危機一開始發生時，有可能會因為資訊不足或調查不完整，在市場競爭的壓力下，認定自己所需負責的程度較高，因而採取和解或有條件和解類型的策略（道歉、改善行動）。等到事態明朗化，完整的責任調查報告出籠後，企業認為罪不在己，有可能採取對抗策略，對始作俑者的原告採取強硬的行動，例如：公開抨擊，甚至提出法律訴訟等（否認、抨擊原告）。

Unit 10-6
危機的定義及危機的辨識

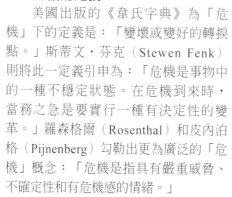

一、危機的定義

美國出版的《韋氏字典》為「危機」下的定義是：「變壞或變好的轉捩點。」斯蒂文・芬克（Stewen Fenk）則將此一定義引申為：「危機是事物中的一種不穩定狀態。在危機到來時，當務之急是要實行一種有決定性的變革。」羅森格爾（Rosenthal）和皮內泊格（Pijnenberg）勾勒出更為廣泛的「危機」概念：「危機是指具有嚴重威脅、不確定性和有危機感的情緒。」

美國波士頓大學公共關係學教授Otto Lerbinger在其所著的《危機管理》（The Crisis Manager，2009年，五南出版）一書中，將「危機」定義為：「對組織的獲利、成長及生存，已經獲有機會造成威脅或危害的事件。」就危機的損害而言，輕則損及企業形象，嚴重時則可能危及銷售量、市場占有率、組織成長力、獲利率，甚至危及組織生存。

Fearn-Banks對「危機」所下的定義為：「對組織、企業或產業可能造成潛在負面的重大事件，此事件也可能波及到該組織的公眾、產品、服務或聲譽，因其衝擊到組織的正常運作，甚或威脅到組織的生存。」

Peareson & Clair則整合心理學、社會學、政治學及科技結構等觀點，針對「危機」提出一個涵蓋層面較廣、也較複雜的定義：「危機是一種關鍵利益關係人所認知且主觀經驗的情況，其發生的機率低，卻有高度影響性與威脅性。由於情況的成因、結果及解決方法均渾沌不明，常導致群體心理共享的經驗及信仰價值破滅或喪失。」

國內學者吳宜蓁認為：「危機就是在無預警的情況下所爆發的緊急事件，或不立刻在短時間內做成決策，將情況加以排除，就可能對企業或組織的生存與發展造成重大的威脅。」

由上得知，「危機」就是一個令人措手不及的突發事件，有可能因為處置不當而危害到組織的生存與發展。

二、危機的辨識

Coombs認為，危機的判斷需看「利益關係人」（stakeholder）的感知（perception）而定。這裡所謂的「利益關係人」，係指受到組織行動而產生連帶影響的群體或公眾，例如：雇員、消費者、供貨者、競爭者、特殊利益團體、政府、媒體及當地社區等。

危機決策者必須要能與不同的利益關係人溝通，而不同的利益關係人，在面對相同的危機情境時，也能依照自身的利益而有不同的框架（frame）認知。例如：媒體或許會檢視發生危機的組織過去的聲譽；社會人士會從自身人命財產損害程度來考量；而政府會從法令層面來考量。

此外，在危機發生時，利益關係人也會先檢驗組織是危機事件的肇因抑或受害者，再決定是否應該認知必須由組織來負責。所以，不管是主要或次要利益關係人，只要能震動組織者，造成組織危機，就是必須要關懷的對象。

前述的看法導致危機的認知研究，從組織的內部，轉移到社會大眾的層面；換句話說，社會大眾認知危機與組織的關聯性，愈來愈比組織自己認定要來得重要了。

危機定義

學　者	定　義
斯蒂文・芬克（Steven Fink）	危機是指事件處於即將發生決定性變化的一段不穩定時間或一種不穩定的狀態。
赫爾曼（Hermann）	危機就是一種情景狀態，其決策主體的根本目標受到威脅，在改變決策之間可獲得的反應時間很有限，其發生也出乎決策主體的意料。
巴頓（Barton）	危機是「一個會引起潛在負面影響的具有不確定性的大事件，這種事件及其後果可能對組織及其人員、產品、服務、資產和聲譽造成巨大的損害。」
斯格（Seeger）等人	危機是一種能夠帶來極不確定性和高度威脅的、特殊的、不可預測的、非常規的事件或一系列事件。

資料來源：廖為健，2011。

知識補充站

危機的定義及特徵

危機研究興起於1960年代，但是對於什麼是危機，學術界至今沒有一個統一的說法，很多學者都從不同的角度提出了各自的觀念和看法。雖然這些定義是從不同的側面和角度進行的概括，但都在某種程度上揭示了危機的本質。

同時需要注意的是，本文所提及的危機是專指公共領域的，危機管理的主體主要是政府部門，屬於公共管理範疇內的危機管理，與「個體、經營性組織所面對的危機管理有著目標、原則、運行方式等多方面的本質差別」。

Unit 10-7
危機的發展與危機的判定

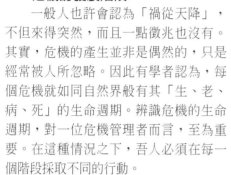

一、危機的發展階段

一般人也許會認為「禍從天降」，不但來得突然，而且一點徵兆也沒有。其實，危機的產生並非是偶然的，只是經常被人所忽略。因此有學者認為，每個危機就如同自然界般有其「生、老、病、死」的生命週期。辨識危機的生命週期，對一位危機管理者而言，至為重要。在這種情況之下，吾人必須在每一個階段採取不同的行動。

Coombs將此生命週期的辨識稱之為「階段研究途徑」（staged approaches），並且將危機分為危機前（pre-crisis）、危機中（crisis）與危機後（post-crisis）三個階段。「危機前階段」包含了訊號偵測、危機準備及危機防範。值得注意的是，危機準備的內涵，包括了確認組織的危機容忍度、挑選儲備發言人、擬妥危機應變計畫（crisis management plan, CMP），以及建立組織危機傳播系統。危機防範的手段可具體區分為：(1)議題管理（issue management），(2)避免風險（risk aversion），(3)關係確立（relationship building）。

「危險階段」最重要的面向，是與前述各利益關係人在言辭及行動上的溝通。其間還包括危機傳播行動，分別在知曉危機、抑制危機與組織復原三個階段當中完成。尤其像是聲譽管理、形象修復與系列計畫，均在後兩次階段完成之。

「危機後階段」包含危機後的評估、學習及後續溝通（follow-up communication）行動。這些行動除了可以對確認危機已經真正結束，並對下一次的危機有更好的準備之外，更重要的是，可以確認利益關係人對組織的危機留下正面的印象，同時針對危機相關議題持續進行偵察。

總之，組織應認清並把握危機發展三個階段的時機，並在不同階段做出不同但適當的因應措施。

二、危機標準的判定

通常有三個認定標準可以判定危機事件的發生，分述如下：

1.突發性

危機之所以成為危機，就在於它的爆發性與衝突性，而且有極大的殺傷力，以致使主事者完全措手不及，甚至失去反應能力。

2.威脅性

就是對組織的生存與發展產生立即而明顯的威脅，若不立刻做出決策，就可能有巨大的生命或財產損失。

3.決策時間短

危機對當事者最大的考驗，就是必須在極端緊張的情勢下做出決策，而且容許決策思考過程的時間極為短促。

除了前述三個標準之外，尚有學者從其危害性與破壞性、可預防性及可控制性等三個標準來做進一步的判定。

1.危害性與破壞性

突發的危機事件，對公眾或組織都會有巨大的衝擊與破壞性，令其產生經濟與組織結構上的破壞。

2.可預防性

危機是可以預防的。危機是可以透過對隱憂的發現，而採取有效的措施來及時地進行處理、消解或減輕所造成的傷害程度。也因為危機的可預防性，才會有後來對於危機進行管理的可行性與必要性。

3.可控制性

危機是可以被控制的，不管是事前或事後，相關人員都可以透過一些有效行為，控制危機的發生、發展及消除危機所帶來的影響。

危機發展走向圖

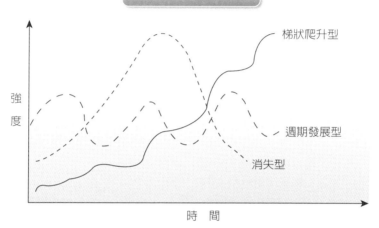

資料來源：Gonzalez-Herrero & Pratt, 1996.

知識補充站

危機發展走向

危機專家卜正珉（2003）認為，面對危機發展走向未定的狀況，組織公關人員應該繼續下列動作：

1. 持續注意目標公眾的動態，表達關切公眾利益、解決問題的誠意。
2. 密切監視危機是否改變走向。
3. 定期將組織所採取之措施告知媒體，展示組織全盤掌握狀況的社會印象。
4. 評估先前的危機計畫與措施是否發揮預期作用，以及組織與員工是否正確地回應危機情況。
5. 透過回饋機制，將評估結果與危機計畫整合起來，並加以修訂。
6. 發展組織與公眾長期雙向互動的溝通計畫，以降低組織未來受到傷害的可能性。

Unit 10-8
危機傳播的因應與謠言的防止與消除

一、危機傳播的定義及其重要性

1.危機傳播的定義

良好的危機管理需要有良好的危機處理技術，來面對危機情境；同樣地，良好的危機管理與危機處理，也需要以危機傳播的溝通能力作為它的後盾。

Heath將「危機傳播」定義為「以道德的方式控制危機的高度不確定性，努力贏得外界閱聽人的信心。」他進一步解釋說，「危機傳播」乃「一種針對特定議題，有目的的訊息交換。它是個人、私人、團體與公共間的資訊和意見交換過程，包含危機本身和其他訊息的多重模式，並不會直接單談危機，還會表達彼此間的關切、意見或對危機資訊的反應，以及政府或體制對危機的安排，並以道德方式來控制危機的極度不確定性，以努力爭取博得公眾的信心」。Ray則加以補充說，危機管理是要解決危機，使組織回歸正常運作；而危機傳播則尋求修復組織的形象，以增進公眾對組織的正面認知。

2.危機傳播的重要性

吳宜蓁認為危機傳播的重要性，包括：第一，媒體報導增加危機處理的困難度。第二，媒體報導影響大家對組織形象的認知與評價。第三，媒體為危機事件中各方利益的角力場。第四，媒體本身即具備新聞價值。

簡單地講，由於危機具有時效性、衝突性、影響性及特殊性等新聞價值，因此很容易吸引記者的注意。尤其媒體就像是舞台上的探照燈，各方利益就在媒體鏡頭前較勁。這時，媒體也會利用傳播科技（如：SNG衛星轉播車）產生「擴音或放大作用」（amplification），不但立即傳遞給大眾知道，而且讓議題擴大討論的空間。不過，由於媒體報導框架的影響下，有可能產生「媒體審判」（media trial）的效果，對發生危機的該組織的組織形象，會造成直接衝擊。

二、危機傳播的策略

Coombs（1998）認為，危機傳播策略（crisis communication strategies）是決策者經由評估危機情境來加以選擇的，當決策者愈能掌握危機情境，就能對外正確地傳達有效的反應策略。Coombs接著指出，危機反應策略應該像連續帶（continuum）的方式串聯起來。因為危機情境是動態過程，隨時都會改變，所以依照不同的情境就需要不同的策略。從這樣的觀點出發，Coombs遂提出危機情境及其因應的策略。在危機情境方面，由外界認知組織責任的逐步由弱到加強，依序為：謠言、天然災害、過失、意外事故與犯罪行為。至於與這些危機情境相對應的溝通策略，則由代表力道「強」的「反抗」到力道「弱」的「順應」，其由強到弱的策略依序為：攻擊指控者（attack the accuser）、否認（denial）、藉口（excuse）、合理化（justification）、討好（ingratiation）、修正行動（corrective action）與完全道歉（full apology）。茲分別說明如下：

1.遇有「天然災害」危機時，可以運用「藉口」策略

所謂「藉口」，是指提出某些理由

或說辭，藉以拉遠事件與組織的距離，或藉以減少組織為危機所承擔的責任。

2.遇有「過失」危機時，可以使用「合理化」策略

除了說服大眾，危機不如想像中的嚴重之外，也可採用某些具有正當性的理由，使過失行動具有正當性，推卸法律或道德責任。

3.遇有「意外事件」危機時，最好運用「討好」與「修正行動」策略

所謂「討好」，是將組織與正面評價的事物連結，提醒大眾，組織過去曾做過的好事，以獲得大眾認同。至於「修正行動」，是指修補危機所帶來的損害，並保證不使危機再度發生。

4.遇有「犯罪行為」危機時，唯有使用「修正行動」與「完全道歉」策略

修正行動如前述。「完全道歉」是指承認組織應該為危機的發生負責，並且承諾各種補償，希望獲得大眾的寬恕。

三、謠言的防止與消除

如何防止與消滅謠言的發生，茲列舉處理謠言的要點如次：

1.在謠言發生之後，採取糾正措施之前，應分析謠言的特性及影響。很多謠言是無害的，有的則會很快停息。

2.設法追查謠言的起因及其發生地點，以決定處理的範圍是本地性、全省性、全國性、還是全世界性。

3.徹底研究分析，以決定是要予以駁斥，還是要承認它是事實。

4.請外界專家或公認的公正人士來駁斥謠言。一般人認為，目前台灣學者專家的話，比公司總經理的話可信。

總之，遇有「謠言」危機時，宜採用「否認」與「攻擊」策略。「攻擊指控者」是最強勢的回應策略，組織與指控者對峙，甚至用暴力或法律訴訟的方式予以反擊。「否認」又稱危機不存在策略（non-existence strategies），是指對外解釋危機根本不存在。

流言傳播公式與謠言控制

美國心理學家G. W.奧爾波特提出了一個經典的流言傳播學公式：

傳播速度＝事件重要性×事件模糊性（R=I×A）後經改造形成了一個關於流言傳播的新公式，即 $R = (I \times A) / C$

R（Rumer）＝流言的能量

I（Importance）＝事件的重要性

A（Ambigguity）＝流言證據的含糊性

C（Critical ability）＝公眾對待謠言的批判能力

這個公式指出了流言的傳播與事件的重要性和模糊性成正比關係，與公眾對待謠言的批判能力成反比。社會學家希部塔尼的闡釋：「謠言是在一群人議論過程中產生的即興新聞，總是起源於一樁撲朔迷離的事件。謠言經常是因為一個訊息缺乏解釋而問世的。」

Unit **10-9**
危機傳播的理論基礎與處理危機事件

一、危機傳播有哪些理論基礎

危機傳播的理論基礎──公關四模式。

一般談起危機傳播的理論基礎，就要談「公關四模式」。Fearn-Banks直接將公關四模式稱為「危機傳播理論」。此理論是由Grunig & Hunt在1984年提出。茲簡述如下：

第一種模式是新聞代理／宣告模式（the press agency / publicity model）：主要在利用造勢活動吸引媒體報導，讓閱聽人或消費者片面知曉某產品或訊息，目的在控制或操作外在環境，故不重視回饋的管道。

第二種模式是公共資訊模式（the public information model）：與前一模式不同的是，資訊本身是正確客觀，而非加工或誇大、或欲說服控制閱聽人，目的在傳播資訊，故仍屬一種單向的傳播方式。

第三種是雙向不對等模式（the two-way asymmetric model）：蒐集公眾的意見或態度，作為擬定說服策略的依據，使公眾採納組織的立場，但以科學調查民意或評估效果的用意，目的仍在提高宣傳效果，而非順應民意。

第四種是雙向對等模式（the two-way symmetric model）：重視組織與民眾的相互瞭解（mutual understanding），以達成共識、化解衝突，最適合用於談判、衝突與協商。

由於第一、第二種模式都是單向傳播，只強調新聞報導（publicity），故充其量只是一種技藝（craft）而已。然而，公共關係的運作，事實上就是一種雙向交流的協商。因此，單向的溝通方式無法合乎專業化的要求。在這種情況之下，便要進行衝突管理，並與公眾建立和諧關係，更要仰賴第三、第四種模式，即雙向對等及不對等模式。尤其是雙向對等模式，乃基於相互尊重的基礎上，可與目標對象建立良好關係。此不但符合危機傳播的道德標準，而且其危機處理的成效也最顯著，所以唯有雙向互動，才是解決歧見的最佳途徑。

二、公共關係人員應當如何處理企業發生的危機事件

當危機事件發生以後，要按照事先制定的應變計畫發展各項工作，分述如下：

1.立即控制事態發展

要以最快的速度成立「暫時辦公室」（危機控制中心），啟用應變計畫，修改應變計畫，請求支援，調配接受過訓練的人員，保護現場，搶救受害公眾，慰問受害人及家屬，消除危機因素。

2.調查危機事件的全貌及影響

在緊急控制事態的同時，就要展開對事件的調查，這是危機處理工作的基礎。主要調查的內容有：危機事件的性質、特點、原因、時間、地點、現狀、趨勢、後果、影響，各方面公眾對事件的反應、情緒、意見，尚存在的潛在危機因素，連鎖危機事件發生的可能性。

3.接待來訪

危機事件發生後，有關的各方面

公眾會以最快的速度來人、來函、來電話。有的是要求解決問題，有的是關心和查詢，有的是瞭解真相，有的是批評指責。不管來訪是出於什麼目的都應熱情接待，必須設立專門接待辦公室和接待熱線電話，安排訓練有素的人員負責接待。

4.傳播

利用各種傳播手段，向各有關公眾說明、解釋、通報危機事件及其處理情況，是企業求得公眾諒解、理解、關心、支持和重塑良好形象的重要工作。

5.處理問題

要以「協調現狀、利於未來、謙虛自責、堅持原則」為危機處理的總方針。注意邀請公正性、權威性機構來協助解決問題，敢於創新解決方法，重視把危機事件當作一個發展機會。要加強處理問題的針對性，對不同的公眾採取不同的策略。

危機管理的對象和媒體的作用

	政府的危機	企業的危機
對象	自然災害、安全事故、流行病、突發事件等國家安全問題	產品品質問題、惡劣的服務、忽視企業社會責任、管理機制的嚴重漏洞等
媒體的作用	發生時 ・迅速、即時報導災情 ・提供準確訊息，協作救助，防止擴大損害，調動各種資源事後 ・論證危機的根本原因和監督政府的應對機制	發生時 ・即時報導事故情況 ・提醒該產品的危害性事後 ・追蹤報導企業採取的措施 ・論證原因和預防重演事故 ・揭發企業怠慢，監督企業社會責任

資料來源：廖為健，2011。

173

知識補充站

媒體在危機發揮的作用和任務

發生危機時，媒體該發揮哪些作用？自然災害或重大事故發生時，媒體應該迅速、即時地報導災情，提供準確的訊息，以便協作救助，防止擴大損害，調動各種資源。災害告一段落後，反覆論證危機的根本原因和監督政府的應對機制。政府自然受媒體的監督。

在發生企業產品事故時，媒體即時報導事故情況，提醒該產品的危害性。然後追蹤報導企業採取的措施，以便論證原因和預防重演事故。同時揭發企業的怠慢行為，監督企業的社會責任。

第 **11** 章

公共關係的規劃

章節體系架構

Unit 11-1
公共關係策略規劃的步驟

圖解民意與公共關係

176

一、公共關係企劃的定義

所謂的企劃，是人們為了獲得未來成功而現在進行的謀劃過程。這是一種智力行為，是連接此岸和彼岸的橋梁。

公共關係企劃，就是公共關係人員根據組織形象的現狀和目標要求，分析現有條件，謀劃、設計最佳行動方案的過程。

在這過程中，公共關係人員首先要依據公共關係調查中所確定的組織形象的現狀，提出新的組織形象目標與要求，並據此設計公共關係活動主題。然後，透過分析組織內外的人、財、物等條件，提出若干可行方案進行比較、優化，最後確定最佳、最有效的行動方案。

二、公共關係企劃的原則

公共關係是組織公共關係工作的中心環節，組織形象管理工作是否有效，在很大程度上取決於企劃的成敗。因此，公共關係人員在進行公共關係企劃時，不可隨心所欲，應遵守以下幾項原則：

1.公眾利益優先原則

這不僅是公共關係工作的指導思想，也是公共關係人員所應遵守的職業道德標準。所謂公眾利益優先，並不是要組織完全犧牲自身利益，而是要求組織考慮自身利益與公眾利益的關係時，始終堅持把公眾利益放在首位。要求組織不僅要圓滿完成自身的任務，為社會做出貢獻，同時還要重視其引起的公眾反應，關心整個社會的進步與發展。組織只有時時、處處為公眾利益著想，堅持公眾利益至上，才能贏得公眾的好評

與社會的支持，才能使自身獲得更大的、長遠的利益。

2.尊重客觀事實的原則

客觀，就是要還事物的本來面貌，不以猜測和想像代替事實；真實，則要求面對事實。尊重客觀事實的原則，對處於不利情況下的組織來說尤為重要。敢於承認不利的事實，才能理智地進行企劃；而有意掩蓋事實真相的企劃，只能使組織走向自己願望的反向。

3.獨創性與連續性統一的原則

執行公共關係企劃時，不僅要考慮一次活動的獨特性，還要考慮本次活動與前後活動的連續性，只有堅持公共關係計畫性與連續性的統一，才能更科學有效地進行公共關係策劃。

4.計畫性與靈活性統一原則

經公共關係策劃形成的方案，將列入組織的整體計畫之中，構成整體執行的一部分，因而必然涉及到組織各方面工作的協調與人、財、物的配備，所以必須有較強的計畫性。方案一旦形成，不宜輕易改變，這樣才能保證整體行動方案得以執行。

5.與組織整體計畫和社會發展相一致的原則

公共關係企劃是在組織整體計畫與社會發展的大背景的制約下進行的，它脫離不了這個基礎。因此，公共關係企劃方案應與組織整體計畫和社會發展規劃相一致。

三、公共關係的企劃系統

公共關係的企劃系統為：(1)公關理

念，(2)環境分析，(3)機會或問題的界定與有關群眾的辨識，(4)目標，(5)策略，(6)媒體，(7)訊息，(8)行動時間表，(9)預算。

四、公關的行動方案規劃應以群眾的類別為對象

計畫系統內的群眾找出之後，應按照他們對問題的影響力分類，並排列優先順序。群眾的影響力決定於他們所具備的條件，以及對特定問題的涉入程度（level of involvement）。

群眾所具備的條件包括：社會地位、經濟收入、教育程度等。涉入程度乃是指群眾認為問題對個人關係或影響程度，如影響嚴重、關係重大，彼將投入廣泛心力，謀求解決，此種行為謂之涉入。

一般計畫均以需要解決的問題為對象加以擬定，但公共關係計畫卻以群眾為對象。同一個問題中，不同的群眾就有不同的計畫。公共關係有句名言：「群眾要一個一個對付。」意義即在此。因為群眾不同，所採取的策略、媒體、訊息等都不相同。

公共關係策劃六步工作法

| 1.估計形勢 | ⬅ | 展開社會組織自身狀況調查、社會環境狀況調查、相關公眾狀況調查，確定形勢狀態和公關問題 |

| 2.確定目標 | ⬅ | 根據公關問題，尋找出問題的癥結，最後確立公關策劃目標、提煉主題、制定公關計畫和方案 |

| 3.確定公眾 | ⬅ | 根據公關的目標、計畫和方案，分析目標公眾，確定公共關係活動溝通對象 |

| 4.選擇媒介 | ⬅ | 根據公共關係目標和公眾狀況，尋找訊息傳播的時機，選擇和巧妙組和傳播媒介 |

| 5.編製預算 | ⬅ | 依據公共目標、實施方案，編制費用預算。通常費用預算包括行政支出和項目支出 |

| 6.評估結果 | ⬅ | 6.1根據調查，回饋的訊息評估公關活動的效果，尋找新的問題 |

6.2確立新的公共目標，調整原有的公關計畫對活動實施結果的總結、衡量和評價

資料來源：杜琳等，2013。

Unit **11-2**
公共關係的規劃程序與過程

一、公共關係規劃的程序

我們為了說明公共關係的規劃，首先要解釋公共關係業務分布的情形。機構可分為高階層、中階層及低階層三部分。高階層產生公共關係的理念與重大策略，中階層從事公共關係作業的規劃，低階層負責公共關係業務的執行。

管理學家孔茲（Harold Koontz）將規劃的程序分為八個步驟，茲分別說明如後：

1.認明機會

瞭解外界政治、經濟、社會大環境的情勢。本機構有關群眾，如：員工、顧客、鄰居、議會、政府、新聞媒體，以及股東等對本機構的態度、意見及行為。本機構的優點及缺點、有哪些現有的問題、哪些潛在的問題、整體形勢如何。本機構前述高、中、低各階層的機會及威脅各如何。

2.設定目標

第二步設定目標包括高、中、低三個階層的目標。所謂目標，就是期望於未來能夠達成的結果。公共關係高階層目標應與該機構總目標相一致。中層目標為了促使高層目標的實現，同時又控制低層目標。目標告訴我們應該做什麼，希望完成什麼。

3.確定前提

前述目標的設定，可能根據機構以往紀錄，也可能參考其他機構情形，但最大的可能是最高主管的主觀要求。這種主觀的目標，要在現實的條件之下實現，如果這些現實條件不允許上述主觀

目標實現，那就必須放棄這個目標，以符合前提條件。所謂前提，就是將來執行目標時，環境條件的假定，也就是上述的現實條件，這種條件弄得愈清楚愈好，所有條件都要與目標相符。在追求目標時，各條件全力與目標配合，則目標達成的希望愈大。

4.可能方案

目標提出之後，達成目標所必須的前提條件也已經過檢討，認為沒有阻礙，現在則進一步研究有哪些辦法可以達到目標。

5.分析方案

分析各個方案的因素，並寫加以衡量，也就是將各因素與前述「前提」的條件互相比較。

6.選定方案

方案經過分析衡量之後，最佳選擇已經浮現，最後可能有少數幾個方案優劣相當，難以取捨，送由主管做最後裁定。

7.分支方案

方案選定之後，其下尚有若干分支方案。例如：民進黨在第二屆立法委員選舉勝利之後，假設即確定塑造有執政能力政黨形象的方案，其分支方案如立法院問政改善計畫、新聞發布計畫、文宣計畫、徵求黨員計畫、發展人才計畫等；再如在徵求黨員與計畫之下，又有農民黨員徵求計畫、勞工黨員徵求計畫、學生黨員徵求計畫等分支計畫。

8.編製預算

最後一個步驟要為主計畫及分支計畫編列預算，以使計畫能夠推動。

二、公關企劃過程四個重要概念或元素

有關企業公關規劃的過程，包括：公關研究、行動規劃、溝通執行與評估等，說明如下：

1.「公關研究」包括研究目的與功能、公關問題的界定等。

2.行動規劃則介紹企劃書寫作的項目，包括：公關目標、目標對象、宣傳策略、評估方法、預算與人員等等。

3.溝通過程則包括成功溝通的要訣，與實際執行過程可能產生的困難。

4.評估部分則包含評估方法的種類，包括：科學性調查方法、主觀性評估和訊息的內容分析法等等。

公共關係策劃流程圖

確定策劃目標 → 分析公眾 → 設計主題 → 選擇媒介 → 經費預算 → 確定策劃方案

說明：由公共關係策劃的定義可知，公共關係策劃程序就是公共關係人員透過調查研究和綜合分析，確立公共關係目標、制定公共關係計畫方案的過程。公共關係策劃程序是一個科學的系統，其每一個步驟都存在有機的聯繫。公共關係策劃程序可分為如上圖的六個階段。

資料來源：秦勇，2014。

知識補充站

公關計畫程序

公關計畫完成後，通常會針對目標受眾作測試，以確保計畫的有效性。透過測試並修正後的企劃案，經過客戶或公司長官的審核、檢討、修正，如獲同意即可付諸實施。實施過程是否順利？是否產生計畫外的一些問題或困擾？受眾和媒體的反應如何？組織和目標受眾的關係是否改善或強化？這些效果的評估和分析，可以作為下一回合企劃的重要參考，也就是將這些訊息納入新的情報，企劃重回情報蒐集分析階段，組織藉以檢視原訂的目標、策略、創意是否有誤或不當？使公關企劃呈現出周而復始的循環過程。

瞭解公關企劃流程之後，應該如何呈現公關企劃案呢？這包含兩個問題：一、公關計畫書究竟應該包含哪些項目或大綱？二、如何讓企劃案更吸引人？

Unit **11-3**
公共關係企劃ELM模式與企劃事前研究

一、公關活動企劃ELM模式

另一個「態度改變」的研究，可以Petty與Cacioppo所提出的ELM模式（Elaboration Likelihood Model）為代表。ELM模式強調說服本質的重要變項，來自閱聽人對於訊息的認知處理和反應行動，它假設個人在思考或處理資訊的過程中會選擇兩種說服路徑：系統思考（或稱中央路徑）和認知路徑（或稱邊際路徑）。

將ELM模式運用到公關活動的企劃，我們可以發現，大部分公眾對於許多企業舉辦或贊助的公關活動，可能比較多以「邊際路徑」來處理公關訊息。因為在資訊爆炸的環境中，公關訊息往往要跟其他相關訊息做競爭，所以，低涉入的閱聽眾比例相當高，因此，公關活動就必須從活動代言人、活動包裝、活動是否吸引人等等方向去調整。

二、規劃公關方案前之研究

在正式規劃一個公關方案之前做研究，具有如下優點：(1)可以瞭解目標對象對於與企業相關問題的基本認知；(2)可以辨識哪些會影響目標對象的意見領袖（opinion leaders）；(3)可以降低成本；(4)便利雙向溝通；(5)暴露問題癥結，並且及早解決；(6)決定公關活動舉行的最佳時機；(7)取得管理階層的信賴。

三、公共關係活動主題之設計

主題是對活動內容的高度概括，它提綱挈領，對整個公共關係活動有著指導的作用。主題設計是否精采、恰當，對公共關係活動的成效影響很大。

要設計好一個公共關係主題，一般需考慮四個因素：

1.公共關係活動的主題必須與公共關係目標相一致，能充分表現目標，一句話點出活動目的。

2.公共關係活動主體的資訊要獨特新穎，有鮮明的個性，既區別於其他組織的活動，又要突顯本次活動的特色與以往的不同。

3.公共關係活動主題的設計要適應公眾心理的需求，既要富有激情，又貼切樸素；既反映組織的追求，又不脫離公眾，使人覺得可親可信。

4.公共關係活動主題的設計要注意審美情趣，詞句要形象、生動、優美、感人。同時要注意簡明扼要，便於記憶、朗朗上口，不能使人產生歧意理解與厭煩情緒。

四、公關活動草案大綱

公關人員取得研究結果時，就會開始列出公關草案的大綱，並開始界定公關問題的本質，例如：(1)調查結果顯示，企業或企業產品知名度不高。(2)調查結果顯示，一般民眾對該企業的作為印象不佳。(3)調查結果顯示，曾經參加過該企業主辦公關活動之消費者對該企業印象很好，但認為活動地點可以在更好的地方舉行。(4)調查結果顯示，都市地區消費者愈來愈關心垃圾回收的問題，但是對於垃圾應該如何分類、如何回收的方法表示不清楚。

公共關係企劃循環過程

我們是如何做的？	現在發生什麼事？
評估	**情境分析**
執行	**策略**
我們應該如何說與何時做？	我們要做什麼、說什麼以及又為什麼？

資料來源：Cutlip, Center, & Broom, 1994.

181

知識補充站

公共關係企劃

　　陳一香教授（2007）指出，有關公關企劃的第一步驟開始於蒐集情報資訊以診斷問題，而從中發展出來的訊息與情報，用來引導接下來的其他步驟。整個過程從問題診斷、計畫、執行到評估，在動態的環境中是持續且循環的。

Unit 11-4
公關活動的目標、對象與策劃要訣

一、公關活動的目標與對象

1.公關目標

公關「目標」有兩種解釋的方向，當我們指涉的是「大目標」時，公關人員必須能夠指出公關企劃案能夠為企業解決何種問題，或是帶來何種利益。當我們指涉的是「細部目標」時，公關人員必須將目標「量化」，也就是界定一個明確的數字範圍，並在執行過程中盡力完成這個可以測量的目標。

2.目標對象

公關活動的目標對象，可以依照公關活動性質與公關目標加以界定並分類。一般而言，有兩種界定目標對象的方式：第一種是依照人口學變項來分類，另外一種分類的方式是以心理變項來界定目標對象。通常我們是以生活型態與消費價值觀來界定目標對象。

3.媒體宣傳策略

媒體宣傳策略是一個範圍很大的概念，它包括了平面媒體、電子媒體與口語溝通（面對面）的溝通方式。平面媒體包含新聞稿、新聞信、公司簡介、公司刊物、專書出版等等。電子媒體包含電視新聞（雜誌）報導、電子媒體專訪、電子新聞稿、影帶介紹等等。口語溝通包含面對面溝通、演講、記者招待會、訪問、協調或座談會議等等。

4.評估方法

以較嚴格的尺度來說，若要評估公關活動效果，應該是依照公關細部目標所訂定的標準來決定成敗。然而，在活動的執行過程中，公關人員可能必須依照實際的需要而變動若干步驟，或是調整行動方案，以至於活動的細部目標也隨之更改。所以在公關活動企劃案裡，我們可以簡單列出可能使用的評估方法，並編列評估預算。

5.活動預算

對於企業主管來說，備有詳細類目的預算，且其預算額度在合理範圍之內，是核准公關活動重要的依據。

6.工作進度與人力配製表

在人力資源許可的條件之下，公關人員會成立一個工作小組，組長並分派不同的工作與責任給組員。充分掌握工作進度是公關活動成功與否的關鍵之一，因此，效率與責任是公關工作的重要精神，也是核心概念。

二、Tucker和Derelian策劃七個要訣

Tucker和Derelian在《公關寫作》（Public Relations Writing）一書中指出，一個成功的公關規劃案應該包含完整的「訊息／媒體大綱」。公關人員在策劃階段時，應當遵循七個要訣：

1.公關人員是否能充分掌握並界定公關目標？

2.公關人員是否能瞭解目標對象的人口特質與心理需求？

3.公關人員是否能辨識目標對象實際的需求／興趣／關心的話題？

4.公關人員是否有能力選擇最適當的公關訊息？

5.公關人員是否可以充分利用多元化的傳播管道以達成溝通效果？

6.公關人員是否可以選取最合適的人選擔任企業公關活動的發言人？

7.公關人員是否可以妥當包裝訊息，以符合目標對象的需求與興趣？

Tucker與Derelian特別強調，一則好的公關訊息應該符合目標對象興趣與需求，他們特別強調「包裝」的重要性，例如：公關人員是否能以視覺圖像輔佐文字，讓閱聽人可以輕易地將某些特定的象徵與企業產品或企業形象作連結。

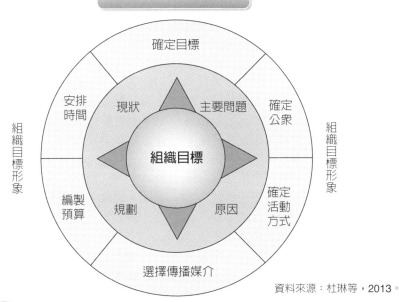

公共關係策劃程序

確定目標　主要問題　確定公眾　確定活動方式　選擇傳播媒介　編製預算　規劃　安排時間　現狀　原因　組織目標　組織目標形象　組織目標形象

資料來源：杜琳等，2013。

知識補充站

公共關係策劃的一般程序

公共關係策劃的內容從範圍上看，包括參與制定組織政策和規劃組織公關工作兩個方面；從過程上看，主要包括確定目標、確定公眾、確定活動方式、選擇傳播媒介、編製預算和安排時間等。

可在充分瞭解並分析這種公關現狀、明確公共關係存在的主要問題、組織公共關係問題的主要原因、組織公共關係形象的選擇和規劃前提下進行公共關係策劃。公共關係策劃主要經過確定公共關係目標，如全新塑造目標、形象矯正目標、形象優化目標或就組織現有公共關係問題解決與危機公關目標等。其次選擇並確定目標公眾，確定活動方式，選擇傳播媒介。主要回答做些什麼、怎麼做、誰來做、什麼時候做等。最後，編制公關預算，確定組織投入資源範圍和數量。公關預算包括基本費用，如人工費、辦公經費、器材費；其他活動費用，如招待費、慶典活動費、廣告費、交際應酬費等。

Unit **11-5**
策略性公共關係與公關基本理念

圖解民意與公共關係

184

一、策略性公共關係的定義

1.策略性公共關係（Strategic Public Relations）的定義

近年來，策略性公共關係受到重視並召開講習會，其主要內容有規劃、目標管理、成果評估，以及與企業總目標的整合。策略性公共關係的規劃具有領先性與普遍性。領先性是指一切公共關係活動在未採取行動之前，一定要經過規劃，也就是古人所說「思定而後動」的意思。思是指思考和規劃，動是指行動和執行。至於普遍性乃是指公共關係活動的各個層次都經過規劃，包括：問題的界定、目標、策略、政策、程序及辦法、回饋、行動日期、預算等。公共關係規劃的基礎是「公關理念」和「環境分析」。

2.策略性公關與目標管理

所謂目標管理（management by objective，簡稱MBO），或稱成果管理（management by result，簡稱MBR）。在計畫執行之前設定目標，在計畫執行之後，目標產生成果，將成果與目標互相比較，以確定計畫是成功還是失敗。這是目標管理的基本精神。目標管理的關鍵在明訂目標，以便將來與明確的成果作比較。問題在公共關係活動的目標比較抽象，難以明訂，而且最後成果也有欠明確。目標管理發展很遲，公共關係的目標管理更是最近的事。

二、公關基本理念：策略性公關管理的主要因素

1.所謂公關基本理念，是指公關是一

連串策略性活動，不是即興之作，也不是整天忙於救火的工作。

2.為什麼公關要強調策略性呢？因為公關過去一直重視傳播，重視許多技術性的工作，例如：撰寫新聞稿、製作新聞影片、設計宣傳單張、小冊子、招待記者、撰寫演講稿、草擬年度報告、遊說、辦理活動等。此時，公關人員不過是個精於宣傳技術的匠人，算不上是專業的職業人員。經過多年的發展，公關已建立起它的知識體系（knowledge body），它已是一門專業，不再是一項技術。因此，公關基本理念已列為策略性公關管理的主要因素。

三、缺少公關基本理念仍可推行公共關係？

如果一個公司缺少公關基本理念，最好推行公共關係的方法，就是先提出公共關係基本理念的建議，同時將外界環境的要求，帶到公司高層主管面前，作為他們擬定機構經營理念的參考。當機構的經營理念決定之後，接著是將其中有關本機構的品格、社會責任及對群眾的服務事項做成書面，對外公開宣布。這種陳述有兩種好處：一是達到傳播的目的，大家可以看到；二是責任的宣示，說明本機構對群眾的責任，以消除群眾的猜疑，爭取他人的好感。不過有一點，宣示之後要能執行，否則便毫無意義。

四、基本理念與企業文化

實施公共關係，首先應瞭解該機構

的企業文化背景，再將公共關係觀念融入企業之經營基本理念，再進一步形成該機構的企業文化，所以才說：「公共關係是一種文化。」例如：《聯合報》以「正派辦報」為其企業文化，這就是《聯合報》文化。相對地，對《聯合報》而言，其公共關係文化與該機構的「正派」有關。

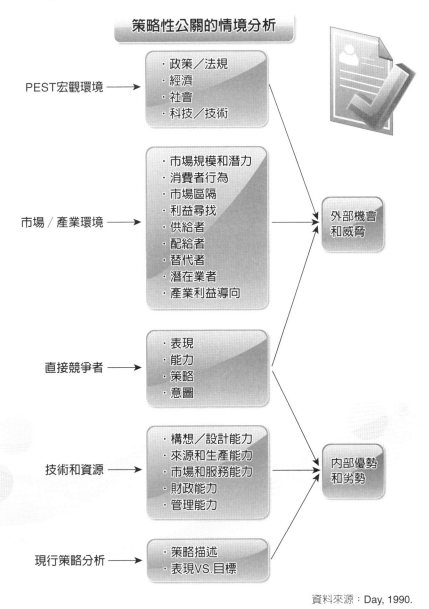

策略性公關的情境分析

PEST宏觀環境 →
- 政策／法規
- 經濟
- 社會
- 科技／技術

市場／產業環境 →
- 市場規模和潛力
- 消費者行為
- 市場區隔
- 利益尋找
- 供給者
- 配給者
- 替代者
- 潛在業者
- 產業利益導向

→ 外部機會和威脅

直接競爭者 →
- 表現
- 能力
- 策略
- 意圖

技術和資源 →
- 構想／設計能力
- 來源和生產能力
- 市場和服務能力
- 財政能力
- 管理能力

→ 內部優勢和劣勢

現行策略分析 →
- 策略描述
- 表現VS.目標

資料來源：Day, 1990.

Unit 11-6
公共基本理念思考矩陣與平面訊息規劃

一、公關基本理念思考矩陣之功能

為了讓企業機構在進行營運活動時能與群眾發生關係，需要有一個全盤思考的架構，於是「公共基本理念思考矩陣」便因應而生，它有橫向及縱向。橫向為企業主的生態環境，縱向為企業的營運活動，兩者都有細目，縱、橫兩向交叉關聯，進而分析各類群眾對機構營運活動發生的影響。再將這兩種影響與前面所說的高級主管對企業存在的看法互相結合，就變成了各類群眾的公關基本理念。公關基本理念思考矩陣的橫向即是企業的群眾，包括：員工、股東、顧客、供應商、社區民眾、金融界、政府（包括議會）、特殊利益團體、競爭者、媒體及一般民眾等，這是企業生存發展的根據地。它在此環境中獲取資源，創造價值，提供產品或利益，以使企業自身獲得生存發展的機會。由此可知，公共關係理念，一方面是出於人類的良知，是一種美德；另一方面，因為它可以為企業創造長期的利益，所以它仍舊有經濟上的誘因。

二、平面訊息規劃

公關人員在從事平面訊息規劃時，需要準備背景說明（backgrounder）、立場文件（position paper）和事實資料（fact sheets），應注意下列事項：

1.背景說明

背景說明最大的特色是以事實陳述為主，較不強調公司（組織）對於特定議題的立場。它扮演的主要功能是，提供公司主管與員工對外發言或是進行溝通工作時的資訊基礎。因為背景說明較不受長度的限制，它最大的長處是可以提供細節，特別是扮演歷史性總覽的功能，包括列出大事年表、組織的政策性改變，與外在社會情境改變對於該組織的影響。總之，背景說明旨在交代組織的演化過程，並說明當今處境的前因後果，對於需要該項資料的人有很好的引導作用。除此之外，背景說明還有人物介紹與背景說明的功能分開，不過它們所扮演的功能是非常類似的。人物介紹性質的背景說明包括該名人物的頭銜、工作性質、學歷與工作目標、工作成果與獲得獎項等等。公關人員可藉著提供資訊吸引媒體注意，並安排媒體記者進行人物採訪。

2.立場文件

撰寫立場文件的目的是要陳述公司或組織對於某一議題的立場與政策。一般而言，撰寫立場文件時，應注意以下事項：(1)清楚的陳述議題性質；(2)提供與議題相關的背景資料；(3)直接闡述公司對於議題的立場；(4)考慮以兩面俱陳的方式作說明；(5)考慮閱聽對象的不同而準備不同的立場文件版本；(6)針對立場文件中所列舉的問題提供解決方法。

如果是以外在公眾（媒體記者、消費者）為目標的背景說明或是立場文件，則文件的性質與公司／組織的名稱必須註明得更清楚。若是該公司／組織對於這些文件有大量需求，必須不斷地更新背景說明與立場文件，則公關人員

最好能夠使用活頁格式，便利文件的裝訂，並註明新版本與更新日期；有時候這些文件需有圖表輔佐說明，公關人員也必須注意圖文編排的視覺效果。

3.事實資料

事實資料是一種摘要性質的文件，它以簡短的文字說明關於公司／組織的基本資料，可以是單張或是以資料夾的形式呈現，主要置於新聞袋內，提供給媒體記者；或是於募款活動時，提供給可能的捐款人參考之用。事實資料的內容可包括公司／組織發展的大事年表、歷年來人事更迭名單、企業產品的經銷點，或是公司的業績成長總覽等。

撰寫事實資料時，首重簡潔、清楚明瞭，避免不必要的冗言贅字。它的寫作格式與背景說明或立場文件類似，在A4格式的信函頁首，公司的名稱、地址、聯絡電話與標誌之下，註明文件性質，例如：以畫線粗體字註明這是一份「事實資料」。

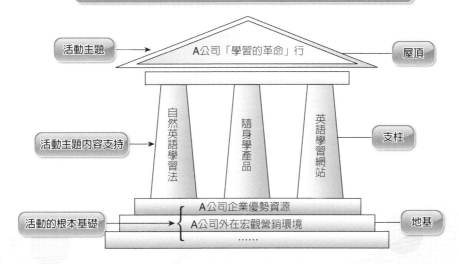

「A公司學習的革命A計畫」新聞公關策劃策略屋

活動主題 → A公司「學習的革命」行 ── 屋頂

活動主題內容支持 → 自然英語學習法／隨身學產品／英語學習網站 ── 支柱

活動的根本基礎 → A公司企業優勢資源／A公司外在宏觀營銷環境…… ── 地基

資料來源：易聖華，2013。

知識補充站

公關計畫策略屋

什麼叫做「新聞公關策略屋」？就是在新聞公關策劃中，像建築房屋和大廈，有屋頂、支柱和地基一樣，將整個活動的主題、內容、企業的事實等有機地構成一個整體，互為依托，互為支援。

Unit **11-7**
公共關係與整合行銷溝通及創新傳布

一、公共關係與整合行銷溝通

　　整合行銷溝通的概念被定義為具有相乘效果的計畫，它評估廣告、直銷、促銷、公共關係等溝通領域的策略性角色，並將之合併為功能更清楚、一致性更高的運作原則，並藉由成功的整合使傳播效果極大化。

　　然而，由於整合行銷溝通的目標在於產品銷售，因此，行銷扮演了支配性的角色，公共關係的功能則在支援行銷目標。這也就是說，在整合行銷溝通模式中，公關功能被矮化為輔助性角色，其工作性質則屬於較低層次之技術類，如：增加產品知名度、規劃公關活動、安排媒體訪問、一般媒體關係的建立等；至於企業總體形象的規劃、社區溝通、政治遊說、議題管理等管理層次的領域，則不在整合行銷溝通的範疇內。

　　反對將公共關係納入整合行銷最有力的是公關學者James Grunig。Grunig認為，公關的目標之一是促進組織與目標公眾之間的瞭解，培養共識，並與之建立良好的關係；而行銷的功用卻以滿足客戶和消費者的需求為主，最終的目標在獲取市場利潤。

　　從Grunig所主張的雙向對等溝通模式來看，如果僅是將公關視為行銷的一部分，它的運作模式比較類似於單向或是雙向不對等模式，因而無法達到理想的公關目標——組織與公眾之間充分的瞭解與互動。因此，Grunig主張不宜將公關的概念窄化為行銷工具，而是應該將其潛力極大化，可以不斷地擴充拓展其

服務的範圍，在溝通與培養共識的過程中，一一克服外在因素限制組織發展的因素，使組織在發展的過程中減輕各種障礙因素與危機的頻率。

　　不論是從學理基礎、運作原則、運作目標與效益評估等不同面向，Grunig與其他公關學者都強調公關在概念與實務操作面上的獨特性，不能與行銷功能混為一談。然而，不可諱言的是，對於公關實務人員而言，大部分的客戶或所屬的企業組織，仍將公關視為行銷工作的一環，其目標在於建立品牌形象或是刺激產品銷售。整合行銷溝通固然為大勢所趨，公關人員可以運用公關技巧支援行銷功能，卻不應該忽略公共關係功能的獨特性。因此，唯有將公關功能提升至管理層次，強化管理階層對於公關的正確認知，才能避免公關概念被曲解與窄化，並充分發揮其功能。

二、公共關係與創新傳布

　　在公關工作的企劃過程中，我們也可以運用Everett Rogers的「創新傳布」主要理論論據，分析公關活動的目標公眾在接受新事物或新理念時，必須經過知曉、興趣、評估（利弊）、試驗、決定是否採行等五個重要階段。

　　創新傳布理論對公關企劃有兩層意義：第一層意義是它提供了新事物（或新觀念）推廣的理論基礎，並且針對目標公眾的心理特質與採納新事物過程，提供了區隔公眾的理論基礎。Rogers依照新產品被採納的時間早晚，將一般大

眾分為五個類型：創新者、早知者、早期大眾、晚期大眾與遲緩不進者。他認為，創新事物終究會被社會大眾所接受，只是時間與使用率累積的成長快慢各有不同而已。

創新傳布理論對於公關企劃的第二層意義是，它協助公關人員推算新事物被接納的時間點，這與客戶在一定時間點，要求公關人員達成新事物推廣的目標是相關的。如今，公關人員面臨最大的挑戰是：社會大眾因其特質不同，接受新產品的速度也有快慢之分，公關人員應如何針對公眾的特質與需要做區隔，以成功地達成公關目標？

新事物擴散成長曲線圖

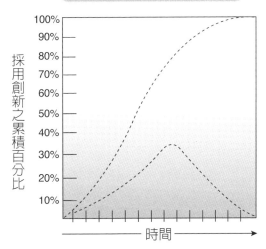

資料來源：McQuail & Windahl, 1981.

 知識補充站

創新傳布理論與公共關係

政大教授孫秀蕙（2009）指出，創新傳布理論對於公關人員的意義在於，公關案所企劃的活動，必須在特定的時間點之內，成功銷售某項產品或觀念，而公關人員面臨最大的挑戰是：社會大眾因其特質不同，接受新產品的速度也有快慢之分，公關人員應如何針對公眾的特質與需要做區隔，成功達成公關目標？

創新傳布理論最大的貢獻，在於提供了一個科技整合的理論典範，而又能兼顧實際需求，將基礎研究的發現加以推廣應用。此理論源於鄉村社會學家對於新產品／科技在鄉間傳布狀況的研究，在人口學的家庭計畫推廣、文化人類學研究與公關、廣告與行銷方面，都有卓越的貢獻。

第 12 章

公共關係與傳統媒體運用

章節體系架構 ▼

Unit 12-1
公共關係是開放系統

一、公共關係是開放系統

傳播是個開放系統，公關溝通流程圖最外層有一虛線框，這代表傳播的系統，框框內表示發出者與接收者有共同的經驗和知識。不過，這個傳播系統的運作不是在真空之中，它有外在環境，仍受外在環境的影響，所以，我們以虛線來表示。虛線雖設範圍，但內外仍舊聲息互通。

二、大眾傳播模式是開放系統

1920年代第一次世界大戰結束以後，傳播界發展出大眾傳播模式。它的假設如下：(1)接收傳播的大眾都是各自獨立、互不相關的個體，他們都樂意接受傳播。(2)傳播訊息都能發生直接而有力的刺激作用，並可立即獲得反應。(3)傳播的訊息與群眾的態度之間直接相關，也就是發出者如何呼求，接受者就如你所希望的作出反應。這些假設後來經過研究追查，證明並不是事實。

首先，人不是孤立的，人與人互相往返，互相影響。其次，傳播的訊息只有少數接受到，大部分都散失掉了。最後，訊息與群眾態度之間並不必然相關。研究影響傳播效果的變數有五：

　　1.群眾對傳播能否接觸、是否注意。

　　2.各種傳播媒體的特性。

　　3.訊息的內容——體裁、陳述及呼求。

　　4.接受者的性向，這種性向會影響他對訊息的接受、修正或拒絕。

　　5.接受者在團體中與他人的關係。

上述五個變數中，以第5點的影響最大。在1950年代發展出「兩步流程大眾

傳播理論」，以代替上述落伍的「大眾傳播模式」。

三、公共關係的傳播模式

公共關係傳播模式是根據新型控制論模式的理論設計的，並且包含了拉斯韋爾的「5W模式」中的基本要素。

公共關係的傳播模式表示：訊息來源是組織；傳播的內容是為了實現組織公共關係目標的資訊；傳播管道是人際傳播媒介、大眾傳播媒介等；傳播對象是組織所面臨的公眾；根據回饋的資訊，不斷調整、修改下一步的傳播計畫，目的是樹立良好的形象。

四、兩級傳播模式的定義與缺失

1.何謂「兩級傳播模式」（Two-Step Flow of Communication）？

Katz與Lazarsfeld等人將1940年的研究結果加以評估，並將模式修正，引入「兩級傳播」的觀念以及意見領袖的概念，他們發現大眾傳播的影響力比親身接觸要遜色許多。因此認為，「觀念通常從廣播或是印刷品流向意見領袖，又從意見領袖流向人群中較不主動的那些人。」繼這些認識之後，Katz與Lazarsfeld兩人於1955年合著《親身影響》（Personal Influence）一書，以實證觀點研究人際傳播經驗和溝通效果，發現人際溝通在資訊傳遞過程中扮演重要角色，而媒體只是加強輔助其效果，它可以幫助改變卻無法主導改變。

2.該模式在公關活動有哪些缺失？

(1)該模式以主動者和被動者的二分

法為基礎，但是，許多證據顯示，除了一些意見領袖的特徵外，某些主題上，這些人可能全變成跟隨者。

(2)領袖與跟隨者兩者可以被看作是具有某些相同類似的特性，而與第三種類型的人有所區別，但是，許多證據顯示，意見領袖也是資訊的接收者。

(3)後來Menzel和Katz研究顯示，影響的過程可能不只有兩個傳播階段，而是有多個階段的。

(4)媒介的影響仍舊可以直接從媒體傳達到個人，並不一定要經過意見領袖。

公共關係開放系統作業模式圖

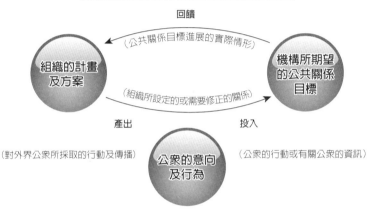

資料來源：中華民國全國中小企業總會，2013。

知識補充站

政府公關與開放系統

　　政府公共關係是在「尊重民意」、「強調公益」與「顧客至上」的前提下，以本身良好的政績、表現為基礎，善用各種溝通途徑或媒介，有計畫地將政府的理念、目標、政策與措施告知民眾，以爭取或維持民眾對政府的瞭解、信任與支持；同時將民意引入管理決策部門，以消除誤會、建立共識。

　　倘若將政府機關組織視為開放的政治系統，作為政府機關推廣公共關係的主要部門，如欲發揮上述功能，使政策能獲得廣大公眾支持，則應致力扮演下列角色：

1. 擔任政府機關與外部公眾間相互聯繫與居中協調的角色。

2. 藉由與外部公眾的互動溝通，得到外界環境對政府機關轉換輸出（政策、服務、法令等）之回饋（民眾的支持或反對），視為政治系統回饋活動的主要操作者，亦是回饋功能的中樞。

3. 擔負公共問題的認定與訴求、政策規劃相關資訊的蒐集分析、政策合法化的辯護與協商、政策執行的闡釋與倡導，以及政策評估的民意回應等角色功能。

Unit 12-2
人際傳播、組織傳播、大眾傳播及有效傳播原則

一、人際傳播、組織傳播、大眾傳播的定義

1.人際傳播

指的是個體與個體之間的溝通交流。它是最常見、最廣泛的一種傳播方式，其表現形式分為面對面傳播和非面對面傳播兩種。前者一般透過語言、動作和表情等媒介進行交流；後者則透過電話、電報和書信等媒介進行交流。

這種傳播的特點是個體性、私人性和資訊回饋的及時性。因此，在傳播過程中，雙方不斷地相互調整、相互適應，傳播效果也易於顯現。

2.組織傳播

指的是組織和其成員、組織和其所處的環境之間的溝通交流。組織和其成員之間的傳播有兩種形式：

(1)職能傳播，例如：廠長與部門主管、經理與員工之間的角色溝通，其溝通方向一般為下行和上行的垂直傳播。

(2)非職能傳播，例如：員工與員工、校長與師生之間的感情溝通，其溝通方向一般為平行的橫向傳播。

3.大眾傳播

指的是職業傳播者透過大眾傳播媒介，將大量複雜的資訊傳遞給分散的公眾的一種傳播活動。從媒體角度看，有兩大類型：(1)印刷類的大眾傳播媒體。(2)電子類的大眾傳播媒體。

這種傳播的特點是：傳播主體的高度組織化、專業化，傳播手段的現代化、技術化，傳播對象眾多，覆蓋面極廣，傳送者和接收者之間的「人際關係」不復存在，資訊回饋比較緩慢、間接等。

4.符號媒介

符號是資訊傳遞過程中的一種有意義並引起互動的載體。符號媒介是現代公共社會運用最廣泛的傳播媒介，也是公共關係傳播中最主要的媒介。

媒介的分類可以用「語言—非語言」和「有聲—無聲」兩個向度進行劃分。可分為以下四種：(1)有聲語言媒介。(2)無聲語言媒介。(3)有聲非語言媒介。(4)無聲非語言媒介。

5.實務媒介

指的是實物上包含有某種資訊，實物充當了訊息傳遞的載體。它包括產品、象徵物、公共關係禮品等。

6.人體媒介

是藉助人的行為、服飾、素質和社會影響來作為傳送訊息的載體。它包括組織成員的形象，社會名流、新聞人物，以及能夠影響社會輿論的其他公眾等。此媒介在公共關係傳播中有其獨特的形象影響力。

二、一個有效傳播的原則

1.信譽可靠：傳播者平時給人的印象信實可靠，根據以往經驗，他從不虛假，在此信任的基礎上，傳播才有效果。

2.言行一致：傳播計畫必須與實際環境相配合，傳播不過是日常言語行動的補充，傳播之事項將來要能以事實證明，言語行動要互相符合，不相牴觸。

3.內容為主：傳播的內容對聽者要有意義，要與聽眾的利益一致，說話切題，投其所好。一般而言，人只聽對他有益的話，因此，內容決定一切。

4.**簡單扼要**：講話要簡單明瞭，用字要使聽者瞭解你真正的意義。如果問題很複雜，那就把它濃縮成短句、口號，或形成一種口頭禪，愈是想傳播得遠，愈是要簡單明瞭。公司對外發言，要異口同聲，而不是異口異聲。

5.**繼續不斷**：傳播是件永遠做不完的工作，要一再重複，以便慢慢滲透。重複的意思是指用不同的方法，從不同的角度，加以敘述，一方面可以讓聽眾瞭解事實，一方面可以讓聽眾在態度上慢慢受到感染。儘管每次的方法不同，但主旨卻前後一貫。

6.**傳播線路**：傳播時必須利用現成的，即聽眾平時所利用的線路，要建立一條新線路至為不易。不同的線路產生相同的效果。同時，不同的階段，要利用不同的線路。

7.**瞭解能力**：傳播時應考慮聽眾的瞭解能力，凡屬聽眾不需要費力即可瞭解的傳播最為有效。所謂不需費力，應考慮聽眾的習慣、閱讀能力及知識程度等。

社會組織與公眾傳播方式的差異

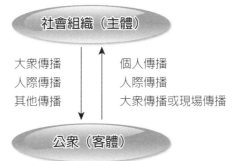

資料來源：蔣楠，2011。

195

Knowledge 知識補充站

人際／組織／大眾傳播

　　雖然社會組織與目標公眾均是透過傳播來實現溝通的，但具體傳播手段載運用時卻有很大差異。首先，社會組織往往選用大眾傳播媒介向公眾發出訊息；其次，社會組織會選擇恰當時機採用人際傳播方式與公眾進行直接的交流；最後，會利用其他傳播方式（如戶外廣告、社區告示版、海報傳單等方式）來與公眾進行一般性交流。而公眾對社會組織的回饋，則往往首選個人傳播，即對組織發出的訊息進行審慎地甄別與瞭解；其次，會透過人際傳播如聊天、電話、網路上聊天等方式在自己的社交圈內進行交流；最後，會透過大眾傳播媒介（主要是記者）反應自己的看法或問題（打電話或發簡訊）；同時也可能使用直接溝通的方式與組織進行對話交流。

Unit 12-3
公共關係的溝通原則與成功訊息具備的條件

196

一、公共關係的溝通原則

1.雙向溝通原則

是指溝通雙方互相傳遞、相互理解的資訊互動原則，包括：

(1)溝通的雙方互為角色。

(2)溝通不僅是一種資訊的交流，更是一種認識活動的反應。

(3)溝通的過程由兩個基本階段組成：傳遞階段和回饋階段。

2.平衡理論原則

資訊的發出者利用「相似性」的人際吸引為仲介，透過溝通，與接受者產生認同，達到協調的原則，包括：

(1)平衡理論：又叫作「A-B-X」模式。A是一個認識主體，B是另一個認識主體，X是一個對象、一種觀念或一則訊息。A與B是否協調，不僅決定於他們之間相互的認識程度和吸引程度，而且他們對X的態度是否一致並密切聯繫著，不一致就會引起緊張、不協調，而溝通能改變他們的態度，使緊張消除，求得平衡。

(2)平衡理論的基本思想：人與人之間的不平衡狀態是客觀存在的，也正因為如此，使得溝通不僅是可能的，而且是必要的。溝通的過程是由不平衡走向平衡的過程，而選擇途徑的原則，就是平衡理論的核心思想　　最小努力原則。

3.綜合原則

公共關係溝通的綜合原則，是指在整體規劃下，將溝通過程的各相關部分進行有效綜合的原則。包括：

(1)溝通具有系統的整體性特徵：系統的整體性，是指系統的整體具有其組成部分在孤立狀態下所沒有的性質。

(2)溝通作為一個系統，其內部各構成要素是相互依存的：所謂相互依存，是指系統內各要素之間的相互依賴和互為條件的關係。

4.有效原則

公共關係溝通的有效原則，是指透過傳授雙方的溝通行動取得預期效果的原則。包括：

(1)溝通的有效度：傳播者對受播者態度變化的影響程度。溝通的有效性，主要是看傳播者轉變受播者狀態及其程度。

(2)溝通的有效率：指溝通有效數與溝通資訊總數之比。

二、成功的公關訊息應具備的條件

1.**消息來源可信度高**：從說服理論來看，閱聽人比較容易接受一個可信賴的消息來源的意見，而傾向於否定一個可信度低的消息來源。

2.**企業主是否能配合活動訴求加以配合**：許多環保團體常常抱怨，企業為了提升形象，常常喊出「環保」或是「綠色」的口號。然而，在熱鬧的活動舉辦過後，企業往往恢復常態，並未在產品製造、包裝、輸送、內部管理或是垃圾處理過程中，有任何實際「綠色」舉動。

3.**是否有簡明易辨的視覺圖像與公關訊息相互配合**：「簡單、清楚」是成功的視覺形象的要訣。

三、公共關係的傳播工具運用

　　成功的公共傳播，能為組織機構傳遞適當的訊息，協助組織機構與利益關係人建立良好的聯繫與關係。公共關係的運用有賴各種傳播工具的使用與配合，包括訊息傳播的速度、溝通的範圍與效果，都與各種傳播工具的運用密切相關。這些傳播工具包括文字傳播、語言傳播、視聽影像傳播、實體傳播、網路及部落格傳播，以及一般的社會交往與聯繫方式。

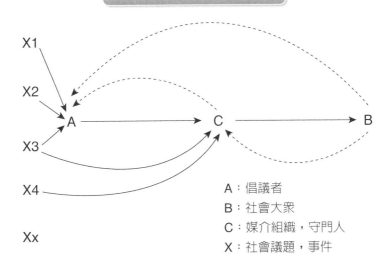

平衡理論（A-B-X模式）

A：倡議者
B：社會大眾
C：媒介組織，守門人
X：社會議題，事件

資料來源：McQuail & Windahl, 1981.

Knowledge 知識補充站

平衡理論（A-B-X模式）

　　根據Westley和MacLean對Newcomb提出的ABX模式之修正（1957），在一個以大眾傳播為主的社會情境中，公眾的回饋出現的比較少，也比較慢。假設B代表單一的閱聽人，A代表消息來源（公關人員），同時也是某個社會議題的倡導者，X代表訊息或議題，C是通道的觀念，代表媒體守門人概念，負責篩選、過濾資訊等，則我們就可以清楚地勾勒出「媒體—議題倡導者—閱聽人（公眾）」之間的權力關係，在這個傳播模式之中，倡議者是最有目的性的傳播者，他將關於議題X的意見，透過大眾媒體，傳遞給閱聽眾。

Unit 12-4
媒體策略及運用媒體時的注意事項

一、策略與媒體策略的定義

1.何謂「策略」？

一般來說，「策略」大都運用於企業管理，它是組織為了達到某項目標而採取的計畫和行動方案，企業組織將「策略」視為長期發展與運作的最高指導原則。策略的定義包含目標和方法兩個面向，意指藉由行動的方案和資源的配置，以達成企業的整體目標。

2.何謂「媒體策略」？

將「策略」應用在媒體上，就成為「媒體策略」。所謂「媒體策略」（media strategy），泛指消息來源「為了能上媒體版面所發展出來的所有文字或行動的策略，文字包括背景資料、新聞發布等；行動包括集會、公聽會、遊行示威等。」媒體策略其實是公關策略的一環，許多政府機關、企業組織或民間團體等，漸漸意識到透過傳播管道散播消息以影響輿論的重要性，開始積極的聯絡媒體記者、發布新聞資訊或召開記者會等，以爭取媒體曝光與公眾的支持。因此，新興的社團或組織中，也仿照政府單位設有發言人室或公關部門，由他們來負責與新聞媒體的溝通工作，因而有所謂公關策略的產生。

公關策略一方面要善用媒體關係，另一方面要妥協的設計訊息，運用媒體報導的影響力，達成有效溝通與說服的目的。同時，如何透過媒體的議題操作，控制負面資訊，或是中和負面的證據或批評意見，也是說服過程中媒體策略研究重要的一環。

二、運用媒體策略應注意事項

公關人員在運用媒體策略、增加訊息被報導的機會與提高訊息說服力的作法上，以下幾點要特別注意：

1.跨媒體的策略性合作

新聞媒體報導的取向，一般是以具有時效性的新聞為主，而對於沒有新聞時效性的座談會或文章，策略上可單獨與各媒體合作，讓媒體各自擁有專題報導的內容，以確保報導的意願。

2.大小媒體一視同仁

不管媒體的大小或重要性，他們的報導對企業的形象均有一定程度的影響。如果因為某媒體較不重要，而忽略提供相同的資訊，很容易在該媒體缺乏正面資訊，以及在企業不重視的狀況下，導致負面報導出現。

3.運用第三者立場發言

第三者的客觀觀點，在報導中扮演了重要角色。例如：IBM在台灣慶祝四十週年的酒會中，邀請主管資訊工業與經濟發展的政府主管與會，並頒獎給李國鼎先生，以表彰他過去對台灣資訊業的貢獻。由第三者的立場發言，對媒體更有說服力。

4.置入式報導

公關新聞稿雖然具有某種程度的新聞性，藉以吸引新聞媒體的報導，但因大多屬於特定企業組織出自商業考量的自我宣傳，未必能如願地被新聞媒體所採納。為了確保公關新聞稿能有效確實的被報導，企業主近來選擇另一種保證新聞露出的做法，即「置入式報導」，

業界又稱之為專題報導，是一種付費的新聞置入。近年有些產業或政府部門也會邀請學者專家、業界人士或政府官員等，以座談會形式來進行產業或政策宣傳，再以「專輯」或「專題」方式，在報紙上大幅報導。

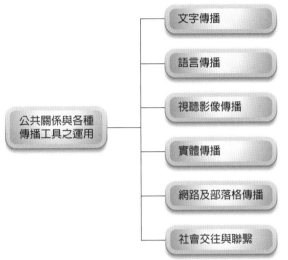

資料來源：杜琳等，2013。

 知識補充站

公共關係策劃的一般程序

1. 視聽媒介：公關人員透過拍攝電視新聞或製作錄音帶、錄影帶，向廣大公眾介紹本組織的新人、新事和新產品。
2. 報刊、期刊等公開發行的印刷品：透過公關人員自己投稿或記者親臨參觀、採訪、發新聞稿的形式，宣傳組織。
3. 宣傳印刷品：公關人員把組織一切值得宣傳的資料，以小冊子、掛曆、明信片、張貼畫等形式散發出去。
4. 贊助活動：透過捐款賑災或贊助社會公益事業，提高組織的知名度和美譽度。
5. 公關廣告。
6. 公益宣傳品：組織自己出資為社會製作一些公益用品，如路牌、路燈、燈箱、垃圾箱、建築物上的大時鐘，然後在這些用品的右下方寫上「○○公司製作」，這可以為組織樹立良好的形象。
7. 郵寄書信、函件和印刷品：能增進目標公眾對組織的瞭解。
8. 演講。
9. 企業風格和標誌：確定企業獨有的著裝特色，構思巧妙的企業形象口號，設計新穎別致的企業形象標誌，這些既有利於形成本企業員工團結向上的共同心理，也有利於引起外界的注意。

Unit 12-5
專題報導與深度報導

一、公關人員在媒體專題報導方面扮演的角色

公關人員在媒體專題報導方面，可能扮演三種角色：第一種是以發布純淨性新聞的方式，引發媒體規劃專題報導的興趣，此時，公關人員處於較為被動的角色。第二種是主動找媒體合作，為媒體規劃新聞重點並提供新聞採訪上的支援，例如：提供圖文等相關資料等等，此時，公關人員處於較為主動的角色。第三種是媒體主動邀請企業主管、學者、專家或相關人員撰寫專稿，或是由公關人員撰寫專題報導供媒體刊登。

二、深度報導的優點

專題報導與純淨性新聞最大的不同，在於文稿的長度與報導的深度。深度報導具有如下優點：

1.補充純淨性新聞難以表達的資訊，包括新聞背景分析、事件因果性說明、預測未來趨勢發展等等。

2.所蒐集的新聞素材與資料較為完整。因為專題報導常常需要較多的時間規劃，相對而言，它所把握的資料也較為周全、正確與真實，同時也容易表現新聞撰寫者的敏銳感觸與細緻的文筆。

3.可信度較高。資訊的完整度高，讀者從中得到的也較多。許多雜誌強調其資訊的專業性，因此這些特別規劃的深度報導，刊登在專業媒體上的可信度也較高。

4.專題報導容易觸動閱聽人的情感。純淨性新聞強調新聞報導的客觀平衡態度，記者不能過分融入事件當中而影響新聞的中立性，但是專題報導則允許記者寫作的主觀性與個人情感的融入。許多專題報導強調事件與人物的人情趣味性，常常打動讀者的心弦，引起社會大眾的共鳴。

三、平面媒體版面可提供深度報導的題目

一般而言，企業公關人員會依據公關目標的需要與活動屬性，接觸適當的媒體，共同規劃專題報導。不同的報紙版面對於專題報導的需求可能都不一樣，所以，平常建立媒體資料庫，並規律地更新媒體資料是很重要的。我們可以列舉不同的平面媒體版面為例，並提供可能的深度報導題目如下：

1.報紙版面

(1)社團公益版：社會問題的系列報導，並舉出企業贊助／推動公益活動的實例。

(2)地方新聞版：社區問題報導系列，並指出企業在社區關係上所作之努力。

(3)藝文版或副刊：深入報導企業所贊助之藝文活動。

(4)流行資訊版：介紹當季流行產品，並與企業為配合趨勢所舉行之活動報導相結合。

2.雜誌

(1)人物專訪：人物專訪是專題報導的一部分，讀者可以從人物專訪，例如：報導人物的奮鬥成功史等，對該企業產生正面形象，或是從人物專訪中進一步瞭解該企業的產品與服務等等。

200

(2)每月主題：為了配合雜誌較早的截稿時間，及早與雜誌洽談合作事宜是必要的。通常雜誌的讀者多為中產階級知識分子，消費能力與對於事物的興趣也較為專注，因此，公關人員應當考量雜誌的專業基礎，把握雜誌的定位與特性，配合雜誌每週（月）所規劃的主題，積極爭取企業新聞被刊登的機會。

(3)產品評鑑與推薦：許多專業雜誌的發行量與閱讀率可能比不上綜合性的媒體，但是他的專業基礎與可信度卻比較高。許多企業產品一旦獲得專業雜誌的背書，立即成為市場上的銷售冠軍。企業公關人員也應該好好把握專業雜誌的「第三者證言」式的推薦，積極爭取產品被測試與評鑑的機會。

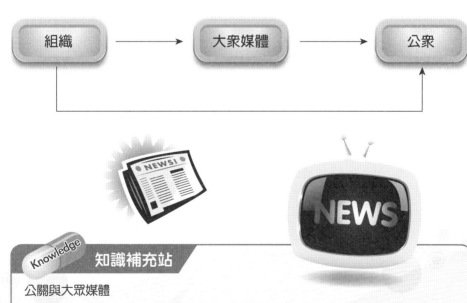

大眾媒體在公關之角色

組織 → 大眾媒體 → 公眾

Knowledge 知識補充站

公關與大眾媒體

　　民眾資訊來源主要來自媒體報導，良好的媒體關係是與選民溝通的基礎。絕大部分的民眾認識企業、政治人物或候選人，都是透過媒體，公關也常使用「新聞」來呈現，因此爭取新聞報導就成為公關重要任務之一，由其公關組織與公眾對象（如消費大眾）的溝通，更需要透過媒體來進行。

　　然而，前政大教授鄭自隆指出，新聞有其專業倫理，即客觀、公正、平衡、合適，因此進行公關活動時，也應尊重媒體的專業倫理，不宜以「廣告」介入「新聞」呈現，如在新聞報導或新聞節目置入組織訊息。

Unit 12-6
公關人員或企業配合公共事務進行媒體宣傳

一、公關人員媒體宣傳之作法

1.公關人員為何要做媒體宣傳？

媒體公關是距離企業較遙遠但龐大的群體，是企業在面臨重大危機事件或平日形象維護時，主要的溝通對象。企業往往是經由傳媒的報導，才能接觸到龐大的社會群眾。在企業無法或沒有機會與大眾直接接觸的情況下，幾乎都是透過傳媒的報導與形塑，才能在大眾心中建立起模糊的形象。因此當企業與社會溝通時，本質上等於是在與傳媒這個中間的溝通管道做溝通。當傳媒對企業的成立動機、形象、意欲傳達的訊息不清楚時，容易妄加揣測，致使企業產生危機；加上今日傳播媒體的發達，一分鐘不當言詞的報導即可能引爆企業存亡的危機。

2.公關人員如何做媒體宣傳？

平日媒體關係的建立，有助於企業與媒體記者之間相互的溝通與瞭解，包括瞭解媒體定位、媒體工作，以及其截稿時間、作業流程等。公關人員要能掌握各媒體的節奏與取向，才能「對症下藥」，找到各媒體所感興趣的、喜歡的新聞面向；同時，溝通前提能以大多數受眾——讀者、觀眾、聽眾的需求為出發點，適切地抓到重要的目標公眾，而非純粹從企業主觀的認知或需求出發，如此才能避免過度商業化、廣告化、長篇大論及缺乏適時根據的溝通內容。在溝通態度上，企業公關人員與媒體的關係應該保持誠懇、相互尊重，對不同媒體不可有偏心、大小眼的情況出現，應該公平對待、彬彬有禮。

二、企業配合公共事務做宣傳之作法

1.何謂公共事務（Public Affairs）？

「公共事務」一詞，在現實世界中常被視為是公共關係、政府關係或是社區關係的同義詞。基本上，企業組織處理其外部一切非商業性活動，均可稱為公共事務。企業公共事務主要集中在政治、政府關係，以及公共政策領域，與一般對公共關係較趨向於傳播事務的印象是有區別的。隨著企業社會責任概念的發展，企業在社會中所扮演的角色，已從單純的產品提供者，演變為參與社會事務的一分子，為順應社會大眾對企業的期望，企業也開始積極參與各種公共事務。

2.企業如何配合公共事務做宣傳？

P＆G寶僑家品在台灣推動的「六分鐘護一生」婦癌防治公益活動，即是典型的成功案例。P&G寶僑家品在1985年正式進入台灣市場後，延續全球的企業理念，也陸續投入各項公益活動。由於P&G在台灣的產品多與女性相關，因此，公益活動也以女性為主要考量，而這也醞釀出了從1995年展開並推廣至今的「六分鐘護一生」子宮頸抹片檢查的公益活動。P&G寶僑家品在行政院衛生署與婦癌基金會的協助下，藉由公益宣導短片的強大宣傳，在全省各級衛生醫療機構廣泛散發活動海報、DM，並於各地進行全省走透透的免費子宮頸抹片檢查義診活動，以及健康講座的深度宣導，獲得各界的熱烈響應與支持，得以整合資源，用更大的力量擴大關懷婦女的效果。

公關事件布局的十種典型方式

典型名稱	可再細分的方式
1.直言型	發言式、撰稿式、開會式
2.推薦型	（1）依虛實而分：真人式、虛擬式 （2）依經驗而分：代言式、證言式
3.裸露型	略
4.模仿型	仿真式、反串式、體驗式
5.應景型	略
6.競賽型	競標式、比賽式
7.街頭型	理念式、招搖式
8.盛會型	獨秀式、合秀式
9.數據型	略
10.贊助型	略

資料來源：易聖華，2013。

203

 知識補充站

公關事件與報導

　　傳播學者賴祥蔚指出，公關事件的布局雖然五花八門，但是歸納起來，主要布局無非就是以上表格所述的十種類型。公共關係的門外漢或初學者，在看到這許許多多精彩熱鬧的公關活動時，往往嘆為觀止，卻不知道萬變不離其宗，所有花招全都離不開這十種類型。許多公關業者雖然能夠有樣學樣，舉辦一些類似的公關活動，但是對於這些公關活動的典型布局，還未能完全掌握。

Unit 12-7
弱勢團體近用媒體的策略

　　Goldenberg將弱勢團體近用媒介的策略分為：

一、組織本身條件

　　Goldenberg認為，所謂的組織「資源」，可能包含了捐款、組織的信用、對於資訊的控制權、對於某問題的專業知識與判斷、受歡迎的程度、合法性、組織成員的規模、在媒體上的知名度與顯著性（visibility）、組織向心力，以及對於政策制定者的選票壓力等等。

　　作為議題管理／事件行動者，弱勢團體所擁有的資源通常都不具有實質性。通常弱勢團體可能在財力與人力方面不足，但是他們卻有其他的替代性資源可以使用。這些替代性資源包括：組織成員的社會地位與聲望、團體的向心力，以及組織領導者的技巧等。

　　Goldenberg認為，任何一個弱勢團體成員都應該對組織未來的發展有信心，因為組織的活動力來自於組織成員的承諾（commitment）和對於改變現狀的能效（efficacy）。組織應該讓其溝通對象知道，它具有無限的發展潛力，而且目前的士氣高昂，成員十分團結。因為組織的財力有限，無法透過廣告媒體，所以，新聞媒體的運用就顯得格外重要。

　　組織近用媒體的條件，也包括了組織成員所能提供的象徵性資源：社會地位與社會聲望，與「文化資本」的概念相呼應。一個有身分地位的組織成員（如：學者專家或是知識分子等），在媒體上所從事的資訊生產方式，對於弱勢組織的媒體曝光機會，影響甚大。

二、與媒介之間的互動關係

　　消息來源與媒體之間，存在著共生的關係。對於弱勢團體來說，透過新聞媒體可以達成：(1)取得合法性地位；(2)建立形象；(3)傳遞組織的重要訊息；(4)弱化競爭對手等目的。Goldenberg特別強調，資源較少的團體，每一次的媒體曝光，都在為下一次的成長與茁壯建立基礎。這個假設的前提是，弱勢團體近用媒體的目的在於爭取「第三者」（the third party），也就是閱聽人的認同。新聞媒體對弱勢團體而言，是一種符合成本效益的資源，因此，弱勢團體應該對媒體主動出擊，扮演一個可靠且合作的消息來源角色。

三、媒體的需求

　　弱式組織公關與宣傳活動的企劃，不能不考慮新聞媒體對於新聞資訊的需求。因此，弱勢團體在進行策略規劃工作時，應該瞭解新聞價值的重要性。Goldenberg提出幾點新聞價值的原則，可以提供給弱勢團體參考：

　　1.組織的行動訴求愈是背離社會約定俗成的規範，強調衝突與不和諧，媒體曝光的機會愈高。但是Goldenberg也警告，一味追求媒體曝光而使造勢活動偏離組織原先的訴求，所引起的反效果會更大。

　　2.組織「管理」的社會議題對大眾的影響層面愈大，其新聞價值就更高。這是因為不同的社會議題對閱聽人的影響不一樣，但是如果一個社會議題牽涉的

利益層面愈廣，引起的注意力愈高，參與的人數愈多，新聞價值也就愈高。

3.組織「管理」的議題其發展潛力愈高，新聞價值也愈高。例如：一個組織可以將一個議題包裝為多元化的新聞角度，使該議題可以同時具備軟性與硬性新聞的特色，如一個新聞議題可以事關於人情趣味或是個人的英雄事蹟，也可以關於政治經濟的影響層面，它所包容的話題性愈大，被媒體報導的機會也愈大。

4.組織如何在媒體上將一個複雜的議題，以通俗的訴求與語言解釋它的意義與重要性，並適時駁斥競爭者的發言內容，也影響了該議題的曝光機會。

5.組織對於重要議題的看法是否明確，訴求與行動是否一致，都影響到它在媒體上被報導的可能性。

綜合以上所述，我們主張，對於消息來源近用媒體的策略之研究，不應該再拘泥於「媒體霸權」的「操縱模式」和「言論多元」的「市場模式」之間孰對孰錯的無謂爭論，而是以更務實的態度，瞭解社會的權力體系，包括媒體，存在著互相矛盾的價值體系與利益關係。弱勢團體唯有利用這些矛盾式的關係，瞭解新聞記者對於資訊的需求，妥善發揮公關功能，並在媒體場域中求得合法性地位，如此才能免於被媒體刻意忽略或是予以負面報導的命運。唯獨握有新聞議題意義的解釋權，才能幫助弱勢團體在議題管理的過程中，獲得優勢地位，完成組織的使命。

知識補充站

弱勢社群的媒介近用策略

胡晉翔（1994）認為大眾傳播與社會運動之間，存在一種競爭性共生的權力關係運用，消息來源可利用此一權力觀念作為本身的媒介策略。

1.長期策略：公共關係的觀點

根據Grunig & Hunt（1984）研究，認為公共關係溝通有四種模式，也就是公關策略的四種選擇：新聞代理、公共資訊、雙向不對等、雙向對等。（吳宜蓁，1998）

2.短期策略

(1)框架的觀點：從框架觀點來看，弱勢社群近用媒介的策略，在呈現框架方面又有三種途徑，第一是「創造事件」，第二種途徑為「直接針對議題表示意見」，第三種途徑是「說自己的故事」。

(2)媒體包裹的觀點：Gamson（1989）提出媒體包裹概念，必須掌握三個因素：①此包裹能引起文化上的共鳴。②有積極的贊助人，為議題積極呼籲奔走，甚至形成社會運動。③扭轉媒體內部的作業方式，平衡報導上的陷阱。

Unit 12-8
廣電媒體的宣傳策略

除了一般性質的記者會與參考新聞稿發布之外，公關人員必須掌握廣電媒體的特性，以規劃合適的媒體策略。以下五點是基礎的廣電媒體宣傳策略：

一、安排媒體訪問

以企業體為例，當企業有新產品上市或是在推展公關活動時，適度地安排企業主管或相關對象接受媒體訪問，為重要的宣傳策略之一。由於廣電媒體的訊息有極強的娛樂休閒價值，許多唱片或電影公司常以電台為主要的宣傳媒體。有時，企業遇到重大的人事改組，或是社會議題與該企業密切相關，公關人員也會與節目製作人或新聞主管接洽，以接受訪問方式取得發言機會。只是，企業必須接觸的媒體可能包括全國大大小小的媒體有數百家之多，企業主管不可能一一接受媒體的訪問。在美國，公關公司會替客戶錄製訪談帶以供電台使用，稱之為「公關訪談帶」或是「公關錄音稿」。廣電媒體的記者可以去函索取，或是以撥接電話的方式，直接由電話撥接系統中轉錄訪談內容。

二、公益廣告

公益廣告是「用來解決社會問題，敦促一般大眾自動自發，以個人（或組織）行動配合宣傳主題的重要傳播工具之一。」公益廣告常常結合公共議題，製作符合社會公益標準的訊息，並傳遞給一般大眾。對公關人員來說，製作公益廣告是建立企業形象相當有效的方法。目前台灣大企業常採取與公益團體合作的方式，贊助公益廣告的拍攝與廣告時段的購買。遺憾的是，台灣目前並沒有像西方國家有相關規定，要求電視媒體必須提撥一定的時段，免費供公益廣告刊播，所以在台灣刊登公益廣告必須耗費可觀的宣傳經費，這是美中不足之處。

三、與廣電媒體聯合宣傳

有些企業會直接與媒體合作，以利益條件交換的方式（如：刊登廣告、提供媒體促銷贈品等）換取媒體的積極宣傳。這種聯合宣傳的策略有愈來愈普遍的趨勢。目前不同類型的媒體（例如：報紙與電台）也會進行跨媒體的合作，而許多企業也會基於成本效益的考量因素，彼此聯合縱橫，在不削弱雙方競爭力的基礎下合辦活動。

四、公共論壇節目

有時候，企業扮演的是社會公民的角色，企業也會全力在許多公共事務上表達意見。公關人員應當主動接觸媒體製作人，爭取上電視發言辯論的機會。參與公共論壇節目的好處，是企業可以在較長的節目時間內，充分發揮其觀點，傳遞之訊息也較為完整。

五、社區電台活動預告

公關人員在發布活動消息時，不要忘了社區電台的動員功能。社區電台有時會扮演行事曆的功能，提醒聽眾一週的活動紀要，並鼓勵社區民眾參與。當公關活動與社區關心話題相結合時，不可低估電台活動預告的宣傳功能。

五大傳播媒體特性之比較

媒體特性	電 視	廣 播	報 紙	雜 誌	網 路
物理性					
傳播速度	快;可以即時或同步播出		隔日或下午	慢	即時
訊息的恆久性	播出即消失;除非錄製否則不能保存		一天或半天	視刊期而定	使用者可下載複製保存
訊息量	小		大		可經超聯結而無限延伸
閱聽人可否控制暴露	除非錄製,否則不能控制暴露的時間		閱聽人可自行控制暴露的時間地點,自行選擇訊息,並可重複暴露		
訊息深度	適合處理花俏的議題		適合處理艱澀題材		花俏與艱澀題材均可
社會性					
涵蓋面	硬體的普及率最高	硬體的普及率雖高,但收聽率不高	大報發行量高	視媒體別而定	電腦硬體普及率雖高,但個別網站、網頁未必
媒體威望	高	普通	高	視媒體別而定	
閱聽人行為					
閱聽人再製訊息能力	否				可(Kuso化);透過網路再傳送
暴露時的專心程度	尚可	低,暴露時常伴隨其他行為	高		
使用行為	線性,必須循序接觸訊息		跳躍式,不必循序接觸訊息,可跳躍式閱讀		點閱式,閱聽人須主動點選
訊息製作					
訊息素材製作時間	慢	普通	快	慢	快
製作技藝	隨電腦科技進步,廣告表現也隨之創新	進化空間小			隨電腦與網路科技進步,廣告表現也隨之不斷創新
廣告運用	感性媒體		理性媒體		是好的資訊工具,但不是好的廣告工具

資料來源:鄭自隆,2013。

第 **13** 章

公共關係與新興媒體的應用

Unit **13-1**
善用社群網路平台，加強網路溝通施政

一、善用社群網路平台及網路互動多元參與管道

1.網路公關如虎添翼

(1)網路公關的個性化：網路的特徵在公關中所產生的一項重要作用，是使公關客體這個角色在整個公關過程中的地位更為提高。網路互動的特徵，使得網友可以真正參與整個公關過程，網友不僅參與的主動性增強，並且選擇主動性也得到加強。同時，網路資訊的異常豐富，使公關對象的選擇機會變得非常大。隨著網路技術迅速向寬頻化、智慧化、個人化方向發展，用戶可以在更廣闊的領域內實現聲、圖、像、文整合的多媒體共用的人機互動功能。互動性和個人化把「公關到群體」推向了「公關到個人」。

(2)網路公關的便利性：在傳統的新聞傳播中，編輯、記者等新聞工作者充當訊息「守門人」的角色。網路為企業的公關活動提供了巨大的機會。網路使公眾可以線上直接查詢企業資料庫；而企業也可直接針對消費發布新聞，或者是透過查詢相關的新聞組、網路論壇來發現新的顧客群體，研究市場態勢。

(3)網路公關的親和性：在網路上，企業與公眾是一對一的關係，採用的是「面對面」的消費，由於減少了營銷中的環節（如：免除產品新聞發布會、樣品展覽會、商品廣告費等），節省了時間、通訊成本、人工成本，降低了價格，營造了企業和公眾雙贏的互動關係。

(4)網路公關有利危機管理：網路危機處理可以在事件伊始，就能在網路上蒐集到各方的各種回饋資訊（傳統媒體的資訊發布和傳播速度都比網路慢半拍，資訊回饋就更慢了），據此可以在前期作出正確的應對策略。利用網路傳播速度快、範圍廣、受眾群體多的特點，展開公關溝通工作，將負面影響控制到最小。

2.負面新聞透過網路傳播，散播得更快

(1)網路傳播速度快：網路在傳播速度上有無與媲美的優勢。這為企業危機事件的傳播提供了病毒觸媒，快速擴散。

(2)網路熱衷負面新聞的報導：人性最陰暗的一點就是「偷窺慾」，所以，網路媒體的頭版頭條往往是一些「壞消息」。

(3)負面新聞的高頻率性：傳統媒體如果報導一家企業負面新聞的時候，最多說兩次，首先因為要有素材，第二是把它的新聞點挖掘出來。但是網路媒體只要有任何傳統媒體發了這個負面報導，它都可以轉載，所以它的發表頻率特別高。

(4)網路新聞缺乏查證機制：網路報導不需要很嚴謹，甚至可以造謠。一方面因為網路沒有中心控制系統，沒有網路的責任機構，除傳統媒體自建的網站外，許多網路尤其是商業網站，不像傳統媒體一樣有自己的新聞採編專業團隊。

(5)網路閱聽人參與傳播：有時候事件雖小，但如果危機事件得不到妥善處

理，就可能引發公眾對公司整體的不信任，公司多年苦心經營的公眾形象就毀於一旦。

二、行政院加強網路溝通施政

根據《工商時報》2014年12月19日A4版的報導，行政院昨天（2014.12.18）射出網路三箭，將透過資料公開及大數據（big data）概念，加強網路溝通施政，首波選定創新創業，未來包括銀髮族再就業等也可利用網路規劃方案。行政院宣示成立創新創業政策會報，將整合政府與民間資源，由政府補民間之不足，金管會副主委黃天牧表示，明年初將提出「Crowd Funding」（群眾募資）方案，提供青年創業多元選擇的籌資管道。

網路輿情的形成過程

突發事件發生

引發網路圍觀、熱議並進一步爆料

網路與情緒形成

引起社會及有關部門注意，傳統媒體跟進報導

影響事件的進程及結果

Unit 13-2
新媒體輿論的特性

一、豐富性與多元性

新媒體輿論的豐富性是指新媒體輿論內容無所不包、無所不及。新媒體所具有的虛擬性、匿名性、無邊界和即時互動等特性，使網上輿情在價值傳遞、利益訴求等方面呈現多元化、非主流的特點。

二、開放、自由與互動性

現實社會中，人們處於特定的群體，個人行為往往會受到各種社會習俗與制度的制約，很多人戴著「面具」。而在虛擬的網路世界中，虛擬的身分與匿名的形式給了人們一種前所未有的平等，人們感受到空前的安全感。正是這種安全感增加了人們對自我意志的認同，並激發了人們表達與表現的慾望。

新媒體輿論的主體是成千上萬分布在不同區域的鄉民，這些鄉民通常在網路上匿名表達自己的觀點與意見，具有很強的虛擬性。鄉民的匿名性特點，決定了新媒體輿論具有開放性與自由性的特點。

三、速成性

媒體輿論的迅速形成得益於新媒體傳播的優勢。網路打破了時間和空間的界限，新媒體輿論的速成性主要表現在新媒體輿論形成時間的縮短與空間的縮小。

由於新媒體傳播的優勢，資訊發布速度迅速，並且能夠借助新媒體進行快速傳播。言論一旦引起鄉民的關注，就會被反覆轉載，以驚人的速度擴散。

新媒體的即時互動性使交流成為一個動態的系統，鄉民能夠對網路意見迅速做出反應。這種互動的過程可以迅速使新聞事件成為大眾普遍關注的焦點，很快引發並形成輿論。

四、匿名性

「在網路上，沒有人知道你是條狗。」由於網路的匿名性，使得鄉民的發言容易無所顧忌，這一方面可以反映真實的民意，另一方面也為此鄉民發表不負責任的言論提供可乘之機，導致網路侵權事件頻仍。

新媒體輿論活動中，由於輿論主體的匿名性，他們更樂於表達自己的意見，而且這些意見更為真實、可靠。因而，主體的匿名性促使新媒體輿論以更大的數量、更快的速度生成。新媒體輿論主體的這種匿名性，使其可以少受外界因素的影響，大多數人都能得到充分釋放，在這個虛擬、自由的空間裡大膽地發表意見和評論。但這往往會導致有些人不負責任地隨意發表虛假性言論，使新媒體輿論資訊呈現出良莠不齊的局面，加大了監管的難度。但是另一方面，很多時候由於這種匿名性，民意得以在網路上得到真實、充分的表達。

五、非理性和理性因素並存

新媒體作為民意表達的重要平台，在社會中的作用和影響力愈來愈不可小覷，新媒體輿情也日益成為政府執政所必須參照的「晴雨錶」。由於新媒體的匿名性、開放性等特徵，有人會把新媒體作為發洩情緒的場所，形成一種情緒型輿論。這種輿論包括政治情緒型、社會情緒型、文化情緒型和生活情緒型等。

新媒體情緒型輿論在網路上出現，有助於黨和政府瞭解真實民意，新媒體日益成為公共民主生活「推進器」。

但是情緒型輿論也存在著非理性、消極性、感染性、擴散性的特點。新媒體的匿名性和互動性加劇了新媒體輿論在感性上的膨脹和理性上的匱乏，使新媒體輿論呈現出一定的盲目、衝動、偏激、缺乏理智等特點。

六、難控性

新媒體輿論的難控性是指，在新媒體上要對輿論進行控制是比較困難的。對於傳統大眾傳播媒體的輿論控制，各國政府可以透過規定大眾傳播體制，制定有關法律、法規和政策，分配傳播資源，對創辦新的媒體審核登記，限制或禁止某些訊息內容的傳播等予以規範。

政府、公眾、媒體議題關係圖

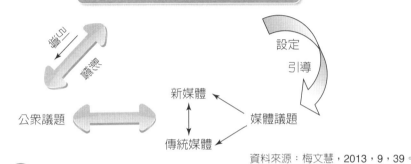

資料來源：梅文慧，2013，9，39。

Knowledge　知識補充站

把握議題設定的程度

如上圖所示，政府議程設置是必要的，政府應使媒體自動圍繞政策議題及相關新聞事件進行跟蹤報導，塑造輿論民意，但對於媒體這個社會「公器」，必須慎用輿論引導，引導必須建立在客觀報導的基礎上，使政府的權威性、公眾的民主性與媒體影響力相結合。強行引導與宣傳色彩濃厚的議題設置，容易引起公眾的排斥與逆反，要深入瞭解轉型社會心理，尤其公眾對政府宣傳的接受程度，把握議題設定的程度。

第一，轉變宣傳報導方式，合理設置議程。輿論民情要求媒體根據議程設置，選擇不同程度、不同方式的報導。但要注意媒體發展下背景的變化：傳統主流媒體的作用正在被各種新媒體所消解，守門人的作用弱化。新媒體幾乎成為了公眾的主流媒體，在手機媒體等各種媒體平台上，傳播與收受訊息都不再需要經過層層審核。

第二，樹立典型案例，增加報導可信度。當突發性事件，尤其是災難事件發生後，政府部門在救援的同時也在蒐集一些正面典型案例，並且盡快地透過新聞媒體向社會傳播，這也是應對救援的重要組成部分。

新媒體輿論存在的問題

圖解民意與公共關係

214

一、新媒體輿論存在的問題

新媒體輿論的巨大影響力，導致新媒體輿論的巨大「殺傷力」，甚至演變為網路暴力。網路傳播，少了「守門人」把關，導致輿論失控。從近年來的情況看，新媒體輿論存在的不良現象主要表現在以下各方面：

1.謾罵與攻擊

網路的匿名性及隱藏性使鄉民對於他人的攻擊和謾罵成為一種常見現象，特別是在個人網站的新聞貼文、論壇裡，對新聞報導的主角或者特定的當事人、單位進行辱罵指責的現象司空見慣，很多是情緒性的發洩。

2.發布虛假資訊

由於網路資訊發布的便利性，以及網路資訊審查與傳統媒體的資訊審查存在差異，導致網路上虛假資訊發布非常容易。

3.侵權

新媒體輿論侵權，既有侵犯人身權的，也有侵犯財產權的，如：侵犯名譽權、匿名、電話、位址等個人資訊，如一些明星電話、位址大公開，干擾了當事人的生活安寧並侵犯了其隱私權。在網路傳播權等，在網路隨便公布他人照片，甚至進行惡搞，則侵犯了他人的肖像權。未經同意，大量轉載文章，侵犯他人著作權的現象更是隨處可見。

二、新媒體輿論研究的蝴蝶效應模型

1.網路輿論蝴蝶效應的定義

瓦特・李普曼（Walter Lippmann）在1922年出版的《民意》（Public Opinion）中，最早提出「民意」的概念，但其定義卻呈現多樣化的意義，其中較被普遍認同的定義如下：所謂「民意」是指，在一定社會範圍內，一方面個人意見上的差異性被消除，另一方面則反映了社會的集合意識與多數人的共同意見。這裡的主體是「意見」，所謂民意的傳播，也就是意見的流動過程。

2.新媒體輿論演化的模型與變數

網路輿論蝴蝶效應是非線性系統。在非線性方程式中，一個變數的微小變化，可能會對其他變數有不成比例的、甚至傾覆性的影響。各要素之間的相關性可以在很大範圍內保持相對不變，但在某些臨界點則會發生分裂，系統進入新的狀態。同樣地，在輿論演進的不同階段，某個變數的微小變化會對其他變數產生影響，造成輿論傳播效果的指數級放大，模型的設立具有一定難度。

同時，模型不僅要反映網路與外部世界的複雜聯繫，還要重現傳播過程中各種因素在各個階段的作用及相互影響，將整體與局部、要素與因素、內在結構與外在關係等有機結合起來。最重要的是，網路與外界環境進行交流的方式是複合式的，是點對點的、多對多的、雙向的、水準散布的網狀模式都在這種網路模式。

網路輿論蝴蝶效應＝網路參與度×傳統媒體參與度／相關方正回饋度

一是傳者。網路輿論中，傳者的特點主要是每種傳者，包括鄉民在內，都具有自我議程設置功能，擺脫了原來紙質媒體的權威地位，擺脫了失語狀態。在網路輿論蝴蝶效應中，傳者同樣可以

決定傳播的時間內容和形式，但少了資訊的把關和過濾。

二是受眾，即資訊的接收者。在網路傳播中，受眾（網路使用者）由隱匿走向公開，由接收者變為發布者。

三是傳播媒體。隨著技術的進步和日益廣泛的應用，媒體大規模融合。傳播媒體不僅融合了傳統媒體和網路媒體，而且在網路媒體內部，又有微博、部落客等新形式。

四是傳播內容。通常，在蝴蝶效應發生過程中，不僅包括原創微內容，也包括紙媒內容，兩者交替出現，呈現乘數效應。從數量上看，原創微內容具有小體積、大容量的特點，在短期內集中出現，並且在資訊和觀點交換的過程中碰撞出新的觀點，發現資訊的新線索，增長速度驚人。

五是傳播方向。網絡輿論蝴蝶效應的傳播方向，最為明顯的特點是多向互動性。網路媒體與傳統媒體之間，鄉民與鄉民之間，普通鄉民與意見領袖之間，網路虛擬世界與線下實體社會之間，時刻保持著活躍的互動狀態。

六是傳播效果。網路輿論蝴蝶效應在傳播效果方面，最大的特點是指數級放大，突出體現在初始條件與最後結果之間在等級、數量、影響範圍等方面的巨大反差，也體現在影響人群數量之龐大、觀點衝擊力之強等方面。由於蝴蝶效應中資訊傳播呈現短期集中爆發等特點，因此資訊噪音突出。資訊噪音的處理過程也是傳者與受眾、線上與線下、網路媒體與傳統媒體交相互動的過程。傳統媒體的介入、實體社會的回饋，皆擴大了傳播效果。

新媒體的外延

資料來源：匡文波，2014。

Unit **13-4**
現代公共關係與網路公關

一、網路傳播在公關的應用

公共關係在網際網路上的應用，有以下幾個方面：

1.員工關係

透過內部網路可加強內部員工和部門間的溝通，組織可以利用這種工具加強對員工傳遞有關企業文化、公司目標、經營方向等相關資訊，亦可藉此發出即時資訊，用以解釋誤會，澄清與消除公司謠言。

2.媒體關係

在網站設置媒體專區，提供媒體需要的新聞稿及相關資訊。公司可以透過網路對新聞媒體發布新聞，並且可以直接在網路上公開公司新聞。前者是由新聞媒體採用後再為披露，後者則不必經過新聞媒體編輯刪改，而直接放在網路上提供給社會大眾，公司可握有訊息的主導權。公司在處理危機事務時，利用網路立即發布新聞也是一個相當迅速的方法。

3.顧客關係

隨著網路媒體的進化，企業與顧客之間的互動和交流愈來愈頻繁，除可作為推銷產品的通路外，並可藉由網路的方便性，迅速與消費者及主要客戶溝通，提供企業網站與服務信箱等，解除客戶或消費者的疑慮與問題。在Web1.0的時代，企業網站所呈現的資料，基本上都是由企業單方面決定，更新的速度也非常緩慢，網路族群主要還是處於資訊的消耗者。隨著網路社群數量的增加

與成熟，言論的主控權已經由企業轉移到消費者手中，以往企業網站久不更新，高高在上的單向式溝通姿態，已經宣告結束。在Web2.0的時代，取而代之的是員工、顧客、股東、周邊社區居民等利益關係人發生的權利，社會公眾開始參與資訊的創造過程，代表的是一種資訊共享的精神，而不只是使用科技所創造的結果。

二、企業公司運用網路公關的作法

公關是企業公司展開營銷活動的重要內容。網路是一種大眾媒體，自然也存在著公關。網路公關主要涉及兩個方面，一是對公司訊息的主動傳播，二是對網路輿論的分析與監控。傳統媒體和網路媒體的結合，將是現代公司發展的新趨勢。

企業公司如何做好網路公關，分述如下：

1.網路新聞公告

網路新聞公告在拓展公關方面可以發揮重要作用。企業公司在網路上發布新聞公告時，應注意以下幾點：

(1)新聞的即時性：網路媒體較傳統媒體的一大優勢，就是網路媒體的即時性。如果公司希望以最快的速度傳播某一事件，最好的方式就是將新聞公告，不僅在Web上發布，還要投遞到新聞界去，這樣才能達到應有的效果。

(2)傳統媒體和網路媒體相結合：如果人們能同時在傳統媒體和網路媒體上

都看到同一條新聞，將會大大加深企業公司在大眾中的印象。所以，企業公司網站上的新聞公告，應該易於搜尋。例如：企業公司可在網站設置一個明顯的索引，然後把新聞發布到相關的網頁。

(3)建立廣泛的網路媒體聯絡：當公司有新產品或新服務出現時，最好能及時發送一些消息給那些希望發布此訊息的網路媒體。企業公司可建立用戶郵件列表，或透過網站郵件列表蒐集對本公司產品感興趣的用戶的郵件地址，並及時向其發布公司的最新動態。

(4)加入其他公司的介紹：企業公司的網路新聞公告中，應該包括商業夥伴、客戶等訊息，還可在公告中加入指向他們的連結。雖然這可能會轉移一部分瀏覽者的注意力，但它也會從一定程度上提升公司品牌。

2.網路輿論

現代社會生活中，輿論具有很重要的地位。企業公關工作的一個基本方面就是分析輿論，有目的地推行自己的公關計畫，去創造良好的社會輿論氣氛，使公司在大眾中建立良好的品牌。

網路輿論也是企業拓展公關時不可忽略的重要方面。網路為輿論的傳播提供了便利的途徑。藉助網路，輿論可以突破時間和空間上的障礙，使得各方面的意見及時、廣泛、深入地進行交換。尤其網路科技與時俱進，日新月異，現有部落格及臉書更是社交網路社群最有利的工具。

網路謠言傳播模式圖

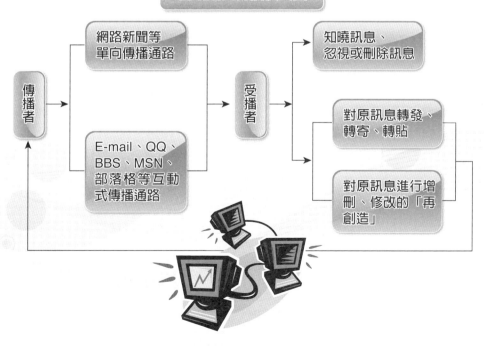

Unit 13-5
公關運用電視新聞與部落格的作法

一、公關人員與電視新聞工作人員的溝通原則

1.注意視覺效果的重要性：一則硬性新聞（hard news）如果沒有視覺效果加以襯托，常會流於制式枯燥。有時候以較軟性的新聞角度去包裝新聞，反而能夠爭取到更長的播報時間。

2.對於報紙新聞保持高度敏銳性：有時候，一則出現於報紙的全國性新聞可以轉換角度，變成地方電台當天晚上的熱門新聞話題。公關人員應該勤於閱讀不同的報刊雜誌，以保持對新聞的敏銳度。

3.擬定組織的發言人名單與可供記者採訪的主管名單：電視新聞的製作時間非常短促，公關人員平常就應該為所屬組織建立消息來源的資料庫，依照主管的權責與專長編列媒體的採訪對象名單。有時候，有些企業的公關部門也會安排發言人等，接受口語溝通與面對攝影機的發言訓練。

4.如果公關活動是以電子媒體為主要宣傳工具，則規劃公關活動執行的時間表時，應該儘量配合該媒體的節目製作流程與新聞採訪時間。

5.通常，電子媒體並不需要公關人員提供太多文字性的資料，他們需要的是畫面與事件過程的摘要（甚至結論），所以，我們可以省略慣常提供給平面媒體的新聞資料袋，而改以提供其他宣傳資料（如：電子新聞稿）給電視台。

二、公共關係有關部落格的應用

1.建立一個企業上層個人的專屬部落格，營造企業人性化、可親的一面：企業除建立自己的官方網站，形塑本身的形象外，現在更可添加企業人性化的一面。吸引人的部落格寫作應該可以更個人化一點、更靠近公司一點。在人潮密集的部落格上，為企業上層開出一個專屬的部落格，暢談個人對企業的描述與想法，以個人代表企業，來表達企業希望與大眾溝通的話題與想表達的訊息。

2.利用人潮密集的部落格首頁作企業形象、產品宣傳：聰明的公關人早已想到該如何利用這一股網路的新興勢力。過去市場調查多半靠問卷與街頭訪問，部落格則提供新的市場調查管道，可先行試探市場，如果市場對某一話題有興趣，再藉此發展出相關產品。利用置入性行銷的概念，公關人以個人名義開出一個部落格，在個人網誌中大談企業產品的使用心得、服務態度等等，以如此方式推展企業的形象與產品知名度，是一個極有效的方式。

3.提供部落格的建置工具，影響使用者對企業或企業產品的觀感：由於部落格的流行，許多人也開始建置專屬於自己獨特風格的部落格。部落格的背景布置、資料夾管理等等，都能讓每個人做出屬於自己的部落格。

4.瞭解社會各角落的發聲：部落格有趣的地方是，涵蓋了相當廣大的年齡層，使得部落格成為一個眾聲喧嘩的地帶。例如：虛擬社群雖然分散各地，卻可構成一個具有主題的目標市場，企業雖不能在部落格中確實建立可掌握的目標公眾，卻能在各個部落格的對話與發聲中找到當前社會各角落的心聲，更深

入瞭解社會議題、時代脈動。例如：有許多新聞記者即在網站中建立自己的專屬部落格，在此發掘許多有價值的新聞素材。

部落格與新聞業之比較

部落格（Blog）的發展概況：BBS → 電子報 → 個人新聞台 → 部落格（Blog）

- 電子布告欄（BBS）：就像是討論區一樣，最大的特色就是可以共同討論事情，發表一個議題讓大家可以共同的去討論。像是PPT。
- 電子報：一個網頁當中大部分都是新聞為主，簡潔的設計讓人一目了然，明確的知道各種新聞。
- 個人新聞台：綜合BBS和電子報的功能，但多了分類的功能。
- 另外，這兩年來影音部落格的出現，像是Vlog、Youtube也造成不小的衝擊，大家開始拍攝影片上傳分享，文字的內容有些改成影片的方式呈現。

部落格（Blog）對傳統新聞業的衝擊

- 新聞業門檻降低。
- 閱聽人角色的轉變。
- 監視新聞記者。
- 更多消息四散。
- 即時性與深入性。

　　以前從事新聞的人有限，現在人人都可以當一個記者，只要現場發生狀況，有手機拍攝功能的人馬上就可以錄下來，交給電視台播放，不用再出動SNG連線車了。

部落格（Blog）對報業媒體從業者的影響

- 避掉媒體組織的限制與檢查。
- 公開的發表一些原本不被大眾注意，或是有人故意隱匿的新聞。
- 透過網路集結，對傳統媒體組織錯誤或漏失重要錯誤訊息時，進行反擊。

　　部落格的興起，讓人人都可以成為一個訊息散布者，也因為這樣，導致沒有一套規範的法規去控制、限制訊息的內容，所以部落格的內容是不會被公權力檢查的，這樣有時候一些比較隱私或是不得公開的訊息都可能會在網路上發布出來，這樣的狀況是有好有壞，好的部分就是可以監督那些遺漏的重要訊息，然後透過網路的召集，對一些權威的人、媒體進行攻擊！

資料來源：林廷宇，2014。

Unit 13-6
資訊運動成功原則與日本AIDEES格式

一、資訊運動的定義與該運動成功原則

1.資訊運動的定義

「資訊運動」（information campaigns）指的是有目的性的傳播行為（purposive communication behavior），它的目標在於透過大規模且有系統的資訊散布方式，加強或改變公眾的態度或行為。在「資訊運動」中，透過各種溝通管道散布的公共資訊被假設是有利於社會大眾的。例如：近年來因反菸、反愛滋、尋找失蹤兒童等議題而衍生的資訊運動，被認為是有助公共利益的傳播行為。由於規模龐大的緣故，資訊運動往往由政府機構或非營利性機構主導，前者可以運用公共資源宣導資訊，後者則尋求企業聯合贊助。

2.資訊運動要能成功所必須具備的原則

隨著社會變遷與電子媒體的發達，Hyman與Sheatsley的看法逐漸受到挑戰。Mendelsohn在＜為什麼資訊運動會成功的幾點理由＞（Some Reasons Why Information Campaign Can Succeed）一文中指出，先前的資訊運動會失敗，是因為所宣導的主題不符合閱聽人的興趣與需求，而且運動目標設得過高，短時間之內無法達成，因此，Mendelsohn認為，資訊運動要能成功，必須具備五項基本原則：

(1)資訊運動要能符合閱聽大眾的需求，並評估他們接受這項運動中訴求的可能性。

(2)資訊運動的企劃案要有系統，按部就班。

(3)在執行資訊運動的過程中，傳播者必須針對運動成效做持續的評估，如遇問題或錯誤馬上修正解決。

(4)大眾媒體與人際傳播是兩個彼此互補的溝通方式，只要運用得宜，彼此之間並不會有互相抵銷之嫌。

(5)注意公眾的異質性，並且針對不同公眾的特色選擇妥當的媒體策略。

自Mendelsohn的文章問世以來，資訊運動的文獻研究日漸累積，許多傳播、政治、社會、心理、甚至人口學者，都開始體認到資訊運動對民主社會的重要影響。許多傳播者從「社會控制者」（agent of social control）的角色轉變成「社會變遷者」（agent of social change）。舊時代的宣傳技術，已經漸漸無法滿足處於當今資訊爆炸的社會大眾，我們需要更具前瞻性的理論，幫助我們規劃並且評估資訊運動的成效。

二、日本AIDEES格式如何取代傳統的AIDA模式

從行銷公關的角度而言，過去大眾傳播媒體對於吸引消費者的注意、誘發消費者的興趣，進一步讓消費者產生欲求與採取購買行動有較大的影響力，因此，企業在大眾傳播媒體上，投入大量的廣告經費，以利產品的銷售與推廣，企業的行銷模式認為促成消費者的購

買，就是行銷的終點。然而，隨著網路媒體的進化，企業與顧客之間的互動與交流愈來愈頻繁，企業與顧客之間的關係維持，也得以在網路世界中實現，顧客購買成為行銷循環的另一個起點，從賣出商品或提供服務的那一刻開始，就是下一次購買行為的開端。顧客可以將個人對商品購買與使用的實際經驗、熱情與著迷的情緒，在實體生活中與虛擬網路上，與他人分享其體驗與感受，發揮口碑行銷的影響力。同時，分享本身又成為引起另一個人注意的開始，這些經驗的分享與傳散又會像循環一般，導入下一個注意、興趣與欲求的循環，這就是日本經濟學者片平秀貴（Hidetaka Katahira）所謂的AIDEES行銷模式，取代了傳統的AIDA（Attention-Interest-Desire-Action）模式。

AIDEES行銷循環模式圖

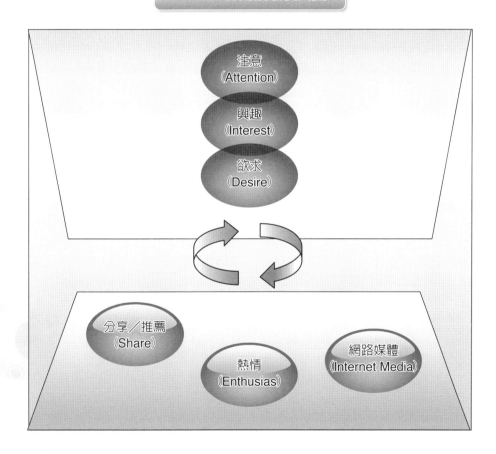

Unit 13-7
部落客與公共關係

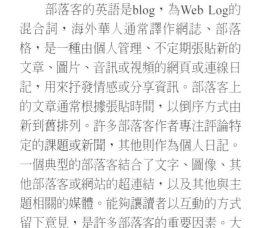

圖解民意與公共關係

222

一、部落客與公民新聞

部落客的英語是blog，為Web Log的混合詞，海外華人通常譯作網誌、部落格，是一種由個人管理、不定期張貼新的文章、圖片、音訊或視頻的網頁或連線日記，用來抒發情感或分享資訊。部落客上的文章通常根據張貼時間，以倒序方式由新到舊排列。許多部落客作者專注評論特定的課題或新聞，其他則作為個人日記。一個典型的部落客結合了文字、圖像、其他部落客或網站的超連結，以及其他與主題相關的媒體。能夠讓讀者以互動的方式留下意見，是許多部落客的重要因素。大部分的部落客內容以文字為主，也有一些部落客專注在藝術、攝影、視頻、音樂、播客等各種主題。

微博的英語是microblogging或microblog，又稱微部落客，是一種允許使用者及時更新簡短文本（通常少於140字），並可以公開發布的微型部落客形式。它允許任何人閱讀或者由用戶選擇的群組閱讀。微部落客的代表性網站是Twitter和新浪微博。微博與傳統的部落客不同，其檔案（如：文本、音訊或者視頻）容量通常比傳統的部落客小。許多微博在一個界面上提供短的評論或者關於公司的新聞：產品和服務。

由於新媒體的匿名性，人們可以自由地在網路上發布自己認為有用的訊息，這些資訊可以是傳統媒體未予披露的新聞內幕，也可以是傳統媒體眾多訊息的集納、甚至個人生活的所見所聞等，這使得過去大眾傳媒組織所特有的「把關」特權，開始為廣大的公眾享

有。因此在網路時代，「守門人」機制出現了缺失。尤其是近些年來部落客和微博的大量湧現，更是如此。

傳統的大眾傳播媒介的傳播者，無論是特定的社會集團還是媒體組織或媒體工作者，都是傳播的主體，是傳播行為的發起者，是透過發出的資訊主動作用於他人的人。他們始終處於傳播過程的前端，對資訊的內容、流向、流量以及受傳者的反應，有重要的控制作用，是傳播特權的擁有者，也就是所謂的「菁英」階層。對於「菁英」們傳達的資訊，廣大的公眾只能被動地接受。

部落客的零技術門檻，使得每一個人都可以自由、隨意地參與到新聞生產中。雖然部落客無法和大眾傳媒的力量相比，但是他們作為新聞資訊的補充來源，作為新聞資訊的再加工者、整合者以及解讀者，已經愈來愈顯現出在新聞生產環節中的獨特價值。這就使草根部落客可以不受「把關人」的限制而大規模迅速普及。因此，有人提出了「市民新聞學」或「公民新聞學」的概念。

「公民新聞」一詞產生於二十世紀90年代的美國，伴隨著今天Web2.0時代的到來而興盛。我們可以把它理解為公民（非專業新聞傳播者）透過人眾媒體、個人通信工具，向社會發布自己在特殊時空中得到或掌握的新近發生的特殊的、重要的資訊。簡單地說，「公民新聞」是指從新聞的採訪、寫作到最後的編輯發布，都不假手於專業記者或編輯，是完全由「讀者」自己採寫的新聞，而這些讀者則被稱為公民記者。

二、部落客存在的問題

從新聞傳播的角度看，部落客仍存在很大侷限性，無法替代傳統主流媒體。這主要表現在以下幾點：

1.部落客仍然需要主流媒體，其提供的資訊需要核實

部落客的發展離不開主流媒體。不少部落客內容並非原創，而是把傳統媒體的消息轉發或連結在部落客空間裡。傳統媒體還為部落客提供了批判的靶子，離開了報紙和廣播電視，部落客便失去了其批判對象，很多以挑戰傳統媒體為己任的部落客將不復存在。

2.受眾（用戶）面仍有侷限

儘管部落客增長迅速，但若與已經發展數十年的傳統媒體相比，其數量仍然較小。即使是最有影響的部落格日誌，閱讀的人數仍然相對很少。在美國，曾有調查顯示，排名最前面的部落客也只占網路瀏覽量的0.0051 %。因此，部落客只適合較小的群體互動，數量在幾百人最適宜。部落格的點擊瀏覽量一旦很大，就不可能與上萬人或數十萬人同時對話互動了，那麼，那麼部落客就喪失了它的優勢，而與廣播、電視無異。

總之，部落客與專業媒體是互補關係。

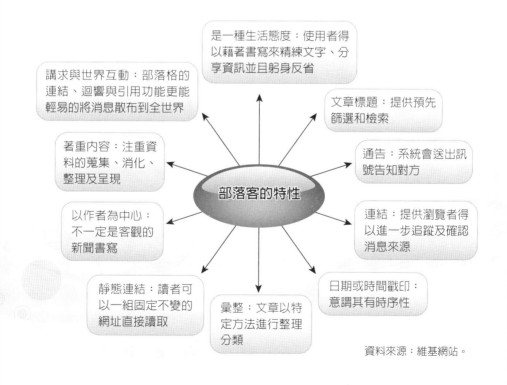

是一種生活態度：使用者得以藉著書寫來精練文字、分享資訊並且躬身反省

講求與世界互動：部落格的連結、迴響與引用功能更能輕易的將消息散布到全世界

文章標題：提供預先篩選和檢索

著重內容：注重資料的蒐集、消化、整理及呈現

通告：系統會送出訊號告知對方

部落客的特性

以作者為中心：不一定是客觀的新聞書寫

連結：提供瀏覽者得以進一步追蹤及確認消息來源

靜態連結：讀者可以一組固定不變的網址直接讀取

彙整：文章以特定方法進行整理分類

日期或時間戳印：意謂其有時序性

資料來源：維基網站。

223

Unit **13-8**
微博、推特與公共關係

一、推特的發展

第一家提供移動社交網站和微博服務的公司，是創建於2000年的美國公司Twitter（中文稱為「推特」）。

Twitter是一個社交網路和一個微部落客伺服器，它可以讓用戶更新不超過140個字元的消息，這些消息也被稱作「推文」（Tweet）。Twitter是網路上訪問量最大的十個網站之一。截至2012年3月，Twitter共有1.4億活躍用戶，這些用戶每天會發表約3.4億條推文。Twitter每天還會處理約16億的網路搜索請求。

Twitter的創建理念源於從事播客服務的Odeo公司的一次頭腦風暴會議，會中，傑克·多爾西（首任Twitter董事長）受短信群發服務「TXTMob」的啟發，提出將短信群發服務引入到網路中的構想，增加傳統部落客的移動性，讓人們可以在任何地點更新部落客。

在英文字典中，Twitter的釋義有二：一為「簡短、細瑣、突然迸發的資訊」；二為「小鳥的啁啾」，進而形象化展現了Twitter的特性，並同時賦予產品美好的視覺想像。Twitter的成功，與其巧妙的營銷技巧分不開。2007年的「南方音樂節」（South by Southwest Festival，簡稱SXSW）是Twitter的成功觸點。SXSW是在美國鄉村音樂的中心——德州首府奧斯汀每年春天舉辦的音樂節，這是美國最大的音樂節。在這一年的音樂節上，Twitter將兩塊60英吋的等離子顯示螢幕放置在音樂大廳的走廊，上面展示的是Twitter的短訊息。來參加音樂節的人們用Twitter記錄彼此的聯繫方式，有些人還在部落客上對其進行介紹和讚賞。在主題小組討論會上，發言者們也提到這項新服務，認為這項服務「既像即時通信，又像部落客，甚至還有點發送一連串電報的感覺」。在這次慶祝活動上，人們對Twitter的反應大都叫好，僅節日期間，Twitter的日發量就從2萬劇增至6萬。

Twitter的成功，較大部分有賴於其開放API。網站提供開放平台的API後，可以吸引一些協力廠商的開發人員在該平台上開發商業應用，平台提供商可以獲得更多的流量與市場占有率，協力廠商開發者不需要龐大的硬體與技術投資就可以輕鬆快捷的創業，達到雙贏的目的。協力廠商應用擴大Twitter原有的功能，讓Twitter更好用，進一步豐富了Twitter平台自身的功用和樂趣。現在，Twitter有超過一半的流量都是來自協力廠商API。

隨著Twitter的OpenAPI發布數量不斷增加，運營過程中也開始暴露出一些問題——開放API的巨大訪問量引起了Twitter種種性能問題，使得Twitter的穩定性大為降低，為了支持大量的外部API，Twitter當機頻繁，是幾乎所有Twitter用戶都遇到過的現象。

截至2012年7月1日，Twitter網站的註冊用戶已經達到5.17億，而且70%以上的流量來自於美國以外的地區。在Alexa的全球網站排名中，Twitter也穩定在前十名的位置（2013年3月資料）。

二、微博的優勢

1.簡單易用

微博的內容組成只是由簡單的隻言片語組成，對用戶的技術要求門檻很低，使用者可以透過手機、PC等方式來即時更新自己的個人資訊。

2.及時性強

如同台灣Line用戶一樣，在中國大陸，微博網站即時通訊功能強，可以透過微信（WeChat）直接書寫，即使在沒有電腦的地方，只要有手機也可以即時更新內容。一些重大的突發事件或引起全球關注的大事，則可以利用各種方式在微博網站上發表，其即時性、現場感及快捷性高。由於移動終端提供的便利性和多媒體化，使得微博用戶的使用意願愈來愈強。

3.主動性強

只要輕點「follow」，即表示用戶願意接受某位使用者的即時更新資訊；對於商業推廣、明星效應的傳播更有價值；亦可維護人際關係。

4.發布平台的開放性與多樣性

使用者可以透過手機、IM軟體（gtalk、QQ、Skype）和外部API介面等途徑向微博發布消息。

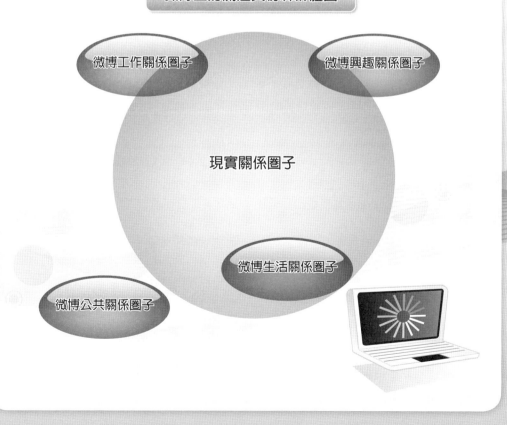

微博上的關注與粉絲群體圖

微博工作關係圈子

微博興趣關係圈子

現實關係圈子

微博生活關係圈子

微博公共關係圈子

Unit **13-9**
微博、推特的影響力及其與新媒體的關係

一、微博在一定程度上影響重大新聞事件發展

在重大新聞事件中，微博也扮演了愈來愈重要的角色，新聞工作者對這股力量也不應忽視。

在2008年的美國總統選舉中，誕生了美國歷史上首位黑人總統——歐巴馬。與此同時，他也被稱為首位「網路總統」。歐巴馬十分重視網路，他自己在大選中就是網路和社會化媒體（如：Twitter）的受益者。他的競選團隊創建了一個社交網路來增進歐巴馬在網路的影響力，並充分利用 Twitter、Facebook、YouTube等社會化新媒體，充分塑造了歐巴馬的形象，為他拉得不少選票。善於學習的歐巴馬則透過自己在網路上的行銷，鮮明地樹立起清新、年輕、銳意進取的候選人形象，拉近了他與選民的距離，使他更具親和力和競爭力。

在競選中，歐巴馬非常重視網路的溝通交流功能。其實，歐巴馬的競爭對手希拉蕊也在Twitter上建立了個人主頁，但是希拉蕊僅僅把Twitter當作單向資訊發布平台，而不是交流工具。

歐巴馬的Twitter有專人維護，並不會主動追隨任何人，而一旦有人加為歐巴馬的追隨者，他就會把那位追隨者加為好友。當這些好友發表一些關於歐巴馬的言論時，歐巴馬的Twitter會主動回覆，這拉近了他與普通選民的距離。

不過，歐巴馬本人並不使用Twitter。2009年11月，歐巴馬在上海與中國青年的對話中，在回答一個關於在中國使用Twitter的問題時，歐巴馬說：「我從來沒有使用過Twitter，但我是新技術的宣導者。」

據美國有線電視新聞網（CNN）2012年12月12日報導，在谷歌（Google）公布2012年度全球熱門搜索關鍵字排行榜後，Twitter也公布了2012年關注熱點的排行榜，歐巴馬贏得總統大選勝利後，在Twitter上發布的「再幹4年」言論被評為最熱推文。

由此可見，微博使名人與普通人的零距離、感性接觸成為現實。傳統的網路傳播方式，如：電郵、部落客等，雖然也提供了便捷的溝通方式，但是，電郵私人性較強，而且這種資訊回饋方式往往嚴肅有餘而活潑不足。部落客裡，受眾的回饋意見只能跟在部落客寫作者更新的內容之後，而且部落客主人在自己的部落客裡享有控制權，比如，他可以決定保留或刪除哪些回覆、回答哪些回覆，這種控制權導致部落客主人與其回覆者間存在著較大的地位落差。

作為一種社交網路，微博圍繞著追隨者的理念進化發展，某一用戶選擇了他所追隨的微博作者，該作者的更新就會以逆時序出現在該用戶的主頁上。追隨者追隨一個人並不需要雙方的相互確認，而且追隨者可以透過各種方式，如：手機等，即時獲知被追隨者的更新情況。從系統論的觀點來看，一個追隨者和被追隨者之間可以看作一個系統。

在這個系統裡，資訊得以從微博支援的各種溝通管道傳遞。從資訊數量看，微博使得從被追隨者流向追隨者的訊息量增加；從資訊內容看，微博上名人的資訊更加日常化，更能滿足追隨者對名人全方位瞭解的慾望，甚至滿足他們一定程度的「偷窺慾」；從資訊流向看，微博裡，訊息的傳遞方式是互動的、雙向性的。

二、微博是媒體組織傳播產品的新方式

短小精悍的特點，使得微博也成為即時新聞的重要來源。新聞機構開始使用微博發送重大新聞的連結，發布頭條，以及簡短網址（URL）。

新聞媒體組織還可以利用微博發現潛在受眾。在微博裡，如果一組節點相互聯繫，要比與節點外的聯繫明顯密切得多，那麼，我們可以籠統地把它稱作一個觸媒，這些群落常常是因共同的興趣而形成。用戶在某一群落的行為，可能與其他另一群落的行為很不相同。比如在某一群落裡，他可能是活躍的資訊源；在另一個群落裡，他扮演的卻是資訊搜尋者的角色。

2009年4月30日，Twitter對其介面進行改版，增加了搜索欄以及熱門話題，是人們在推文裡討論最多的短語，短語會進行即時更新。由此，微博的另外一個重要功能是：除了讓人們得到關於自己社交圈或者所關注的圈子的消息之外，還可以向人們展示整個網路最受人關注的焦點。網路和手機的無縫連接，使人們得以及時感知外部世界的整體狀況。

227

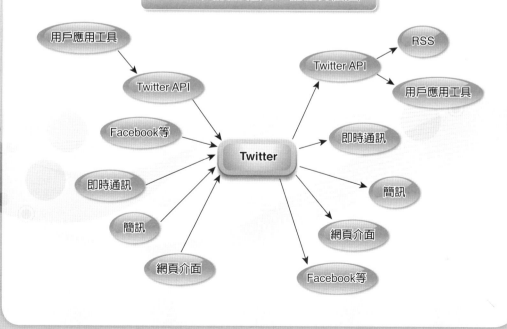

Twitter支援的輸入、輸出界面圖

用戶應用工具 → Twitter API → Twitter
Facebook等 → Twitter
即時通訊 → Twitter
簡訊 → Twitter
網頁介面 → Twitter

Twitter → Twitter API → RSS
Twitter API → 用戶應用工具
Twitter → 即時通訊
Twitter → 簡訊
Twitter → 網頁介面
Twitter → Facebook等

Unit 13-10
微博輿論的優點與生成機制

一、微博輿論的特點

1. 微博輿論建構速度快。
2. 微博輿論議程設置的自主性。
3. 微博輿論的草根性和廣泛性。
4. 微博輿論中的意見領袖與蒲公英效應。
5. 微博輿論中，理性與非理性並存。
6. 微博輿論傳播具有自淨化的特點。
7. 微博輿論事件中，屢現「塔西佗陷阱」。
8. 微博輿論傳播具有「群體極化」的效應。

二、微博的輿論生成機制

1.第一階段：輿論形成

輿論事件曝光，微博讓碎片化的資訊傳遞出去，微內容會根據事件對社會的影響程度進行疊加，一些對社會有重大影響力的微內容，其擴展度特別大。任何人都可以透過註冊成為微博使用者，根據自身的選擇發布資訊。在這一階段，傳播者提供有關事件的微內容，事件來源可以是用戶的所見所聞，也可以是其他媒體的訊息。傳播者發布原創資訊後，一方面，由於微博資訊的繁雜、多樣等問題，資訊可能被其他大量資訊所掩蓋，無法廣泛傳播開來；另一方面，資訊傳遞出去後，引起大量粉絲關注、評論並轉發，事件資訊經過粉絲的評論、整合加工，裂變式地向外傳播，其傳播速度取決於粉絲量和對事件的關注度。在使用者的資訊轉發、評論中，網路輿論開始形成。

2.第二階段：輿論爆發

隨著事件的發展，微博輿論形態多元化，輿論的聚合力隨著事件的發展而不斷增強，鄉民紛紛透過論壇、部落客、SNS、QQ等即時通訊工具轉載消息，輿論開始疊加，討論和辯論隨即展開。意見領袖就事件本身發表意見、看法並轉發，傳統媒體間互動協作，透過線上和線下活動，尋找並採訪事件的當事人，根據事件的線索，調查事件相關人員，並邀請各界專家進行評議，盡可能地讓更多的受眾關注事件的進展，瞭解事件背後的真相，更深層次地探討大眾的態度和意見，將輿論推向一個新的層面。由於傳播主體巨大，個體對事件的認知存在差異，形成觀點交鋒和碰撞，各方力量匯合起來，推動事件的升溫，輿論爆發。

3.第三階段：輿論波峰

在微博輿論爆發後，依據事件的典型性和重大性的不同，會在或長或短的時間內達到輿論傳播浪潮的波峰。一般而言，事件愈重大、愈複雜，波峰到達的時間距事件發生的時間就相對愈遠一些。

4.第四階段：輿論緩解

有關部門就事件本身和輿論資訊回饋，作出輿情應對措施，輿論由此得以緩解。隨著事件處理的推進，公眾對事件的認知趨於理性，情緒開始平復，加上層出不窮的新焦點、新事件的發生，轉移了部分公眾的視線，輿論由最高點

漸漸下落,進入事件的緩解期。

在這個過程中,意見領袖的作用增強,公眾在跟進事件發展的過程中,關注意見領袖和網路媒體發表的對事件處理的看法。在這個階段,輿論會對政府部門產生自下而上的監督作用,如果事件處置不當,輿論就會出現反彈,引發第二輪的輿論高潮。

議題出現、議題存活、輿論整合與消散模型

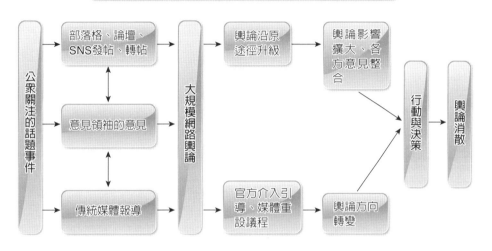

資料來源:匡文波,2014,p.52。

知識補充站

網路輿論的議題出現

網路輿論的議題出現、議題存活、輿論整合與消散這四個階段在時間上概括了網路輿論形成的整個過程,以下略述每個時期的形成特點及影響因素。

一個議題在網路上出現,其必然是社會大眾所關注的話題或事件,那麼什麼樣的話題和事件能夠引起網友的關注呢?例如以這二年的網路輿論事件為例:太陽花學運事件、台北市長選舉、柯文哲槓上大財團等,分析這些網友曾經熱烈討論的事件就會發現,議題本身的性質和議題的來源,是影響議題關注度的兩個重要原因。

網路媒體時代,訊息的公開性和透明性更為強烈,傳統地位徹底改變,網民不但是訊息的接受者,也是訊息的發布者,「守門人」的地位被弱化了,網路監管的範圍較傳統媒體更為寬鬆。因此,網路輿論的興起在某種程度上具有自發性,也就是說,網友對議題的自發討論以及在此基礎上的意見集中成了主要的輿論興起模式。

Unit 13-11
九合一選舉——網路主導的選戰

一、這是一場網路主導的選戰

根據《聯合報》2014年11月30日在六合一選舉的報導，社群媒體發達，催生「人人都是媒體」的環境。柯文哲之前曾表示，「網路技術的出現，讓政治出現新面貌，有一個新的世界在我們面前。」昨天（11月29日）柯文哲發表當選感言時也直言，「這是一場網路主導的選戰。」社會觀察家曾柏文表示，從海選助理、野生官網開放對話、設置遴選委員會等安排，都看得出柯文哲的決策過程符合網路世代的「共做」精神。他說，柯文哲根本不必動員，網民就會主動去「酸連」，沒有中心號召，而是「全民皆兵」，選戰的主體性回到網民、選民身上，這讓柯陣營選戰打得寫意。在網路時代仍採傳統打法的國民黨台北市長候選人連勝文，等於是與時代潮流逆勢而行，無論出什麼招，在網路上幾乎都會形成反效果。文化大學廣告學系副教授鈕則勳說，柯文哲在網路言論呈現優勢，也形成主流意見，導致支持連勝文的人不敢在網路上有所言論，形成「沉默螺旋效應」，強者恆強、弱者恆弱。「當網友支持柯P，整個臉書都是柯P的文宣部。」

二、大數據分析與社群行銷

《聯合報》2014年12月16日A7版的報導，九合一選舉，數位新世代崛起，造成藍綠地方執政翻盤。「這是一場網路主導的選戰。」台北市長當選人柯文哲勝選當晚，把改變台北市的榮耀歸給庶民、鄉民、公民。柯文哲團隊「網路操盤手」透過分析大數據（Big Data）滾動修正選戰策略，不僅危機處理得當，還主動出擊引「讚」，讓網路讚聲變實質選票，大贏連勝文二十四萬票。近年社群網站發達，網路成為候選人的新戰場。分析臉書數據，可觀察到網路族群對柯文哲好感度遠高於連勝文。投票前夕，柯文哲臉書粉絲人數高達五十八萬多人，連勝文僅二十三萬多人，「柯粉」比「連粉」多出一倍之多。據「網路溫度計」（DailyView）、「林克傳說」等網站統計，連勝文臉書雖然網路聲量、討論量都較高，但「高人氣」不等於高支持度，反對連勝文的聲音反而是網路主流。「林克傳說」蒐集7月1日至選前一天的臉書數據，分析出連勝文反對度高達70%，柯文哲反對度僅22.42%。「網路溫度計」則搜尋關鍵字進行「語意情緒判斷」，計算「網友酸度」。從9月30日到選前一天，連勝文的「酸度」達21.91%，遠高於柯文哲的9.59%，讓連勝文不得不感嘆遭「網路霸凌」。

三、網路操盤，蒐集輿情

為打贏這場「網路選戰」，柯文哲聘請「Richi里斯特資訊媒體」創辦人戴季全擔任科技顧問。戴季全透露，他除監控柯文哲臉書粉絲專頁按讚、分享、討論數外，包括官網點擊率、YouTube關鍵字、網路捐款者身分、所在地等，「只要能量化分析的數字，我都全面掌握。」戴

季全說，網路捐款要開收據，捐款者需填寫戶籍地址，「從中可篩選出有投票權的支持者有多少。」戴季全表示，選戰初期，捐款者中大約只有20%是台北市民，團隊非常擔心另外80%支持者是外地民眾，沒實質投票權。且因網路無法區分台北、非台北「戰場」，他們只好把台北的選戰，「當全台灣的選戰在打」。選戰後期，台北市民捐款比率逐漸提高到50%，戴季全才放下心中大石。「網路數據是重要的輿情資料。」戴季全說，2008年歐巴馬選美國總統時，早已運用社群網站打選戰；此次台北市長選戰，是台灣選舉文化重要分水嶺，政治人物如果不擁抱、理解網路，就是賭上政治生命，「一隻腳已在棺材裡。」

唯有理解「網路」這個全新的政治場域，不把網路視為「惡意媒體」，而是當作「接觸選民的觸媒」，才能真正拉攏網路族群。

衛生福利部國民健康署
2012-2013年年輕族群參與反菸主題活動

	Facebook活動網頁		
主題	以2013年活動主題「群力創意」發揮「We are Cool, NO SMOKING」更新既有Facebook粉絲網頁。		
目的	除活動官網外，藉由青年族群自行創造資訊與分享，將「反菸創意募集」活動多方宣揚，延續2012、2013年累積粉絲團的豐富資源再配合活動主題更新，創造話題性。		
維護			
廣宣	年輕族群主動邀請分享FB內容，也透過FB版面有效購買，強化年輕族群的觸達率。		
粉絲團人數統計	（統計至2014年11月25日）		
	1	Facebook官方粉絲團人數	37,866
	2	Facebook世新大學粉絲團人數	519
	3	Facebook銘傳大學粉絲團人數	208
	4	Facebook弘光科技大學粉絲團人數	413
	5	Facebook崑山科技大學粉絲團人數	238
		合計	39,244
粉絲結構	粉絲結構（人口統計變項）（資料區間：2013年6月13日至11月25日）女性55%，男性45%；年齡區間以18-24歲為最多有55%，而13-17歲次之有23%，與本計畫預計對象相符。		

第 **14** 章

公關寫作：
有效公關模式及訊息設計與規則

章節體系架構

Unit 14-1
公共關係的運作模式

一、四種模式的內容

美國學者James Grunig提出公共關係的實務運作四種模式，分別是新聞代理（媒體宣傳）模式、公共資訊模式、雙向不對等模式，以及雙向對等模式。以下分別說明這四種運作模式的特性與意涵：

1.新聞代理（媒體宣傳）模式（Press Agency / Publicity）

這個模式以宣傳和爭取媒體曝光為最大目的，利用符合新聞價值的造勢活動吸引媒體報導，獲得媒體注意，以取得傳播效果，達到知名度提升或產品銷售之目的。這種模式的傳播特性是單向與非對等性的，最主要的目的在於利用不完整、扭曲、不完全真實的傳播方式，創造假事件，登上媒體版面，促銷個人或企業商品。它視傳播為「說」而非「聽」的過程，完全站在組織立場，企圖改變或說服大眾的態度和行為。

2.公共資訊模式（Public Information）

此模式與新聞代理模式不同的地方在於資訊的性質。前者的資訊強調的是傳遞有關組織營運的正確訊息，而非虛擬或誇大的訊息。其傳播特性仍屬單向的傳播方式，由組織流向公眾，主要目的在於傳遞資訊，不見得具有說服的意圖，公共關係人員以運用宣導手冊、傳單、形象廣告等方式，經由媒體傳播，企圖改變公眾的行為，而不是組織的行為，以達到組織訊息傳播的目的。

3.雙向不對等模式
（Two-way Asymmetric）

蒐集或調查公眾的意見或態度，作為擬定溝通訊息的基礎，進而提出有效的說服策略，使公眾接受或採納組織的立場，是雙向不對等模式的主要特色。組織利用科學性的調查方法或進行效果評估研究，不但傳播訊息給公眾，也從公眾處得到回饋，其用意在於說服公眾，強化說服效果，而非反求諸己，改變組織既定目標。因此雖然傳播的性質是雙向的，但其資訊卻是非對等的，訊息溝通與活動的目的仍在說服。

4.雙向對等模式（Two-way Symmetric）

此模式適合運用在衝突情境下與行動公眾的談判與協商過程，協助高層主管瞭解公眾需求，作為公司改進參考，促進組織與公眾的相互瞭解，以達成共識，化解衝突。採用雙向對等的組織，在溝通過程中願意為了消弭衝突而改變組織立場，使雙方達到利益上的妥協。其溝通的性質是雙向的，且利益與資訊的考量是對等的，最符合企業公關的道德標準與長期的溝通效益。

二、最常被採用的公關模式

前述四種公關模式，最常被採用的公關模式當中，仍以「公共資訊」和「雙向不對等」為主。Dozier也發現，公關實務界人士仍以「公共資訊」模式為主要的工作重心，例如：資訊的準備與散布、準備記者說明會或採訪事宜等等。

公關運作模式

特　性	新聞發布	公共資訊	單向不對稱	雙向對稱
目的	宣傳	傳遞資訊	科學性說服	相互瞭解
傳播方向	單向；不完全真實	單向；真實	雙向：不平衡的效果	雙向：平衡的效果
傳播模式	來源→受者	來源→受者	來源←→受者回饋	團體←→團體回饋
傳播性質	很少作研究；若有，通常為統計性質的研究	很少作研究；若有，通常為可讀性調查	態度之形成與評估	調查、評估公眾的瞭解程度
應用地方	運動、戲院產品促銷	政府、非營利機構、企業	競爭的企業代理商	管制的企業代理商
美國組織採行比例	15%	50%	20%	15%

資料來源：Grunig and Hunt（1984），p.22.

 知識補充站

公共關係原理

　　公共關係是指組織與個人為改善與社會公眾的關係，促進公眾對組織的認識、理解及支持，達到樹立良好品牌形象、促進商品銷售及危機管理等目的之一系列傳播活動，在傳播過程中，廣告重在「廣而告之」，公關強調的則是「目標受眾」；廣告多採用的是「單向傳播」方式，公關則重在「雙向溝通」；廣告考察的是「到達率」，公關關心的則是「有效性」。有人把廣告稱作「硬性傳播」，把公共關係稱作「軟性傳播」。公共關係的這些傳播特點，對於我們研究在新媒體環境下公共關係的發展是十分重要的。

Unit **14-2**
James Grunig「對等性」替代（修正）理論模式

一、對等式窒礙難行的理由

有關James Grunig 提出的溝通過程中的「對等性」，在實際公共關係運作中窒礙難行的理由，他認為舊典範「不對等性」的觀念，使許多的公關工作徒勞無功，因為目標公眾並沒有得到溝通之後的均等利益，即使有了暫時性的態度或行為的改變，卻不能保持公關效果長期的穩定性。他認為，公關人員的「不對等性」概念反映在許多陳舊的「世界觀」裡，這些「世界觀」包括：

1.內在導向：公關人員有本位主義的傾向，常只能從組織內部的觀點，而不是以超然客觀的態度，來看待問題。

2.處處考量效益性：公關人員常以是否符合成本效益為出發點來看待問題，容易限制具創意或啟發性的策略。

3.菁英主義：公關人員處處以組織的領導人意見為依歸，他們常認為組織的高級主管對於該問題有最佳的判斷與最好的解決辦法。

4.保守主義：公關人員常常守成重過於創新，不樂於見到任何創舉或改變，這在老化的企業特別容易出現。

5.傳統的穩定性：組織中的「優良傳統」不容挑戰。公關人員將「傳統」當成組織文化的特色，而不思考「傳統」有時候也會限制了組織的發展。

6.中央集權：組織中的權力集中在少數管理者手中，使得員工相對的自主性大為降低。

二、替代（修正）的理論模式

1.互相依賴：公關人員所代表的組織不能孤立於外部環境而活存。Grunig 認為，組成社會的每個次系統（sub-system）都是彼此相依的。組織與它的公眾之間也是一種相互依賴的關係。

2.開放系統：公關人員所代表的組織與其他的系統（如：新聞媒體）之間的資訊交流是開放的。

3.互相調適所達成的平衡點：公關人員所代表的組織與公眾以相互合作為基礎，在溝通的過程中互相調適對方的要求，以達成利益的平衡點。

4.相對性的平等地位：每個人在溝通的過程中都被賦予平等的地位，不論其位階高低，對於公關人員所代表的組織來說，每個人的意見都具有同樣重要的意義。

5.自主權：一個組織能夠尊重個人的創意、獨立行事與自行統合的能力。

6.創新：一個組織具有創意的想法勝過於對成本效益的考量。

7.管理方式的去中心化：在一個組織裡，集體式的討論溝通優於指導式的分派工作，給予每一個人充分參與討論的機會，尊重他們的想法。

8.責任：一個組織必須要為本身的作為付出責任，如果因為本身的疏失而造成任何負面效果，也應該馬上負起解決問題的責任。

9.解決衝突的方式：一個組織應該採用溝通、協商，而不是欺騙、操弄、流於口惠的方式來解決問題。

10.尊重公益團體自由主義態度：一個組織應避免與消費者團體等公益組織形成對立狀態，以共同利益為出發點來一起解決問題。

三、James Grunig「雙向對等」溝通是優越的公關條件

1.傳統的不對等溝通模式以操控閱聽大眾為目的，無法產生卓越的效果。

2.對等溝通模式尊重對方的權益，不以功利動機為出發點，而目標在增進彼此的瞭解，維持公關效果的穩定性。

3.以道德性的觀點來看，雙向對等溝通模式不以說服為目的，不蓄意操控閱聽人，最符合公關的道德標準。

James Grunig「對等性」替代（修正）理論模式

概　念	理論模式
世界觀	1.內在導向：應改以超然客觀態度
	2.處處考量效益性：應符合成本效益
	3.菁英主義：應以領導人意見為依歸
	4.保守主義：應勇於創新改變
	5.傳統：應挑戰傳統
	6.中央集權：應讓員工有自主性
替代（修正）理論	1.互相依賴
	2.開放系統
	3.互相調適所達成的平衡點
	4.相對性的平等地位
	5.自主權
	6.創新
	7.管理方式的去中心化
	8.責任
	9.解決衝突
	10.尊重公益團體自由主義態度

知識補充站

公關扮演「拓展邊界」的角色

美國的公關學者Jame Grunig主張應該將公關看成是「拓展邊界」（boundary-spanning role）的角色，在溝通與培養共識的過程中一一克服限制組織發展的外在因素，使組織在發展的過程中減少各種障礙因素與公關危機發生的頻次。從這個概念出發，公關操作是不應該侷限在整合行銷範圍的。那麼，針對以上問題應該如何解決呢？

比較理想的方式，是將公關的角色界定為「強制性諮詢」功能，這意味著公關功能進入管理階層，它影響了組織決策制定的過程，也意味著公司全體皆必須配合政策，落實公關工作。因此，公關不再僅限於技術層次的工作，當組織管理階層意識到公關重要性時，許多決策思考與公關策略結合，將可使公關功能得到做最大發揮。

資料來源：馮丙奇、陳先紅，2013。

237

Unit **14-3**
對等式溝通公關模式實施困難的補救之道

「博奕理論」與「權力關係」（power relations）可以彌補James Grunig理論觀點的適用性問題，其有如下的觀點：

一、博奕理論的觀點

Murphy認為，博奕理論在公關實務界的運用，較Grunig的雙向溝通模式來得常見且實際許多。Murphy指出，在現實生活中，組織與公眾之間的衝突是必不可免的，因此，一味地強調溝通的和諧性不見得有利於溝通的雙方。博奕理論注重溝通談判過程中的「循環反應」（reflexivity），意即談判的一方隨著對方的期望或條件，加上對於自身利益的考量計算，時時修正談判的立場以達成雙贏的目標。

Murphy和Dee曾以博奕理論為分析架構，解釋美國杜邦（Du Pont）公司與環保組織之間的衝突一直未能解決，就是因為反對杜邦的環保組織一直不願妥協，堅持採取零和（zero-sum）的博奕方式，而杜邦公司也一直採取以牙還牙（tit for tat）的策略，使得雙方的溝通陷入僵局。

Murphy等人在引用博奕理論時，並不考慮公關人的「世界觀」或是道德因素。他認為，溝通之前利益計算，及其對於溝通結果（降低不協調感或衝突）是否有益？Murphy認為，如果現實生活中利益衝突不可免，那麼溝通的雙方，永遠無法達成所謂充分合作、充分協調，以共同利益為依歸的目標。比較可行的辦法是，以博奕理論去預測雙贏策略的可行性，並在有限的條件之下，使談判的雙方達成利益的平衡點（equilibrium），也許雙方並無法獲得100%的利益（最佳效果），但卻是降低再度衝突的最佳策略。

二、權力關係的觀點

主張權力關係論者認為，組織與公眾的互動過程中，影響溝通策略與溝通結果的關鍵性因素，不在於溝通雙方是否願意採取對等性溝通模式，而是雙方是否能增加且鞏固有限的社會資源，並據此展現談判的實力與籌碼。因此，問題的重心，也不在於建立「有效且符合道德標準」的溝通方式，而在於溝通策略的設計是否有助於（實質與象徵）資源的競逐，以達成有利於己的公關目標。權力關係論者特別注重組織（消息來源）與新聞媒體之間的互動關係，並且將大眾媒體當成社會重要的資訊之一，也是不同組織競逐象徵性資源（知名度、相關報導）的場域。

根據權力關係論者的說法，有效公關的先決條件，不是組織與公眾之間的對等溝通，而是作為消息來源的組織，必須充分利用資源，與不同的公眾發展完善的互動行為。在互動行為中，公關人員與公眾擁有某種「社會權力」，而大眾媒體正是公關人員（消息來源）、公眾與新聞工作者之間的角力場所。

就新聞製造過程而言，媒體與公關人員（消息來源）可說是工作夥伴，彼此的實際表現與對方的配合程度相關。喻靖媛與臧國仁指出，在新聞蒐集的過程中，記者與消息來源必須彼此仰賴對方，與對方充分配合，才能獲取新聞資訊，因此，兩者的職業角色在工作需求的前提下，發展成一種例行性的關係。

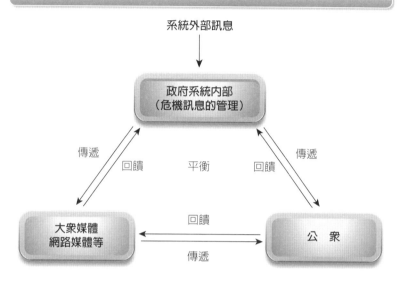

公共危機訊息批露機制中政府、媒體、公眾互助關係圖

系統外部訊息

政府系統內部
（危機訊息的管理）

傳遞　回饋　平衡　回饋　傳遞

大眾媒體
網路媒體等

回饋

公　眾

傳遞

資料來源：廖為建，2011。

239

知識補充站
Knowledge

建構有效的訊息批露機制

　　危機訊息管理系統的核心就是要建構有效的訊息批露機制。這包括：政府從外界監測和蒐集各種公共危機訊息，並及時在政府管理體系內部傳遞、溝通、消化和盡快作出決策；透過政府有關部門、大眾媒體或其他管道將相關訊息傳遞給公眾並積極引導輿論；公眾意見及時、有效的回饋給政府，政府據此試時推出和調整有關措施。整個訊息傳播都處於一個循環往復的過程中，使政府系統內部和外部透過不斷的互動達到平衡。

　　在危機期間，政府訊息傳播往往表現出動力機制的嚴重不足，缺少公布政府訊息的強制措施和利益驅動，政府官員傳遞危機訊息的風險大於收益，因此，透過制度性的安排來推動公共訊息的公開是最為關鍵的環節。

Unit **14-4**
訊息設計與溝通過程的原則

在規劃與設計訊息的過程中，如何讓訊息發揮對目標公眾的影響力，是溝通是否有效的重要關鍵。溝通有三種基本要素：消息來源、訊息，以及溝通對象。溝通要有效，需有充分適切的訊息，消息來源需具較高的信譽，而且被傳送的訊息，必須在溝通對象的理解能力範圍內，利用管道將訊息傳送給接收者。Cutlip、Center和Broom提出了訊息設計與溝通過程的7Cs原則，說明如下：

一、消息來源可信度（Credibility）

消息來源必須值得信任，例如：蓋洛普的調查報告是全世界公認可靠的資訊來源。溝通應從信任的氣氛中開始，訊息接收者必須對訊息來源有信心，並且高度相信訊息傳達者有能力解決問題，才能進一步相信消息來源所提供的資訊內容。

二、社會情境（Context）的支持

儘管媒體具有建構議題與設定議題的能力，但是訊息的有效傳播需要有支持性的情境。溝通方案需與環境現實相一致，大眾媒體創造或供應影響日常生活行為舉止的說服性訊息，而環境脈絡則提供參考和回饋，訊息必須得到社會情境的支持與確認，而不是與之相互矛盾。

三、內容（Content）

訊息內容對接收者而言需具有意義，必須相容於接收者原有價值觀，也需與訊

息接收者所處的環境相關。人們樂於接收與他們原有認知或態度相一致的訊息，而迴避或不接受與其原有認知或態度相矛盾的訊息。一般來說，傳播的內容要符合接收者的利益，人們只接受那些能承諾給他們帶來更大酬賞的資訊。

四、清晰明瞭（Clarity）

訊息需用簡明言詞來表達，並且對訊息傳達者與訊息接收者來說，都代表相同意義。複雜議題可以用簡單的比喻、生動的實例，或使用象徵性的符碼或意象使其明確與簡化。尤其當訊息需傳遞的距離愈遠，愈需要簡單明確。

五、持續且一致（Continuity and Consistency）

溝通是個沒有終點的過程，訊息必須重複循環，才能滲透進去。但重複中也要有變化，這樣才有助於說服。不過，傳送的訊息必須一致，尤其是組織的對外發言，必須要保持同一口徑，避免前後矛盾。

六、通路的選擇（Channels）

要建立新的溝通管道是困難的，不但昂貴也耗費時間。溝通者應利用現實社會已存在，並且是被訊息接收者使用且尊重的訊息傳送管道。人們的社會地位及背景不同，對各種通路選擇都有自己的評價和認識。不同通路在訊息傳散過程的不同階段，會產生不同程度的效

果與影響力,所以,應該慎選適合的溝通管道向目標公眾傳遞訊息。

七、閱聽眾的能力(Capability of the Audience)

閱聽眾必須能正確理解傳播的內容,且閱聽眾有能力,在智力或體力上實現訊息所提出的要求。因此,進行溝通時必須考慮閱聽眾的接收能力,而閱聽眾的接收能力,包括他們的媒體使用習慣、閱讀能力、網路使用能力與先前知識水準等因素。當訊息接收者在接收時愈不費力,傳播的效果便愈大。

訊息設計與溝通過程的原則

項　目	原則與內容
影響因素	1.組織制度化的程度
	2.財務基礎
	3.文化資本
訊息設計與溝通的原則	1.消息來源可信度
	2.社會情況
	3.內容
	4.清晰明瞭
	5.持續且一致
	6.通路的選擇
	7.閱聽眾的能力

 知識補充站

健康傳播訊息設計

衛生福利部國民健康署指出,在肥胖防制上,「台灣102邀您愛健康」健康體重管理計畫,共減重1,089噸,落實飲食健康化、運動生活化的健康生活習慣。某家傳播公司也提出「預防三高,健康減重」之宣導訊息(key message)設計及策略試作。第一,健康減重:聰明吃,快樂動。第二,世界高血壓日為5月7日,宣導主體為「Healthy Lifestyle Healthy Blood Pressure」(健康生活形態,健康血壓)。國民健康署也同步呼籲國人一起以「二減二多─減重、減鹽、多運動、多量血壓」之四項健康生活守則來遠離高血壓。

資料來源:衛生福利部國民健康署。

Unit **14-5**
消息來源與記者互動類型及其影響因素

一、消息來源與記者互動類型

有關消息來源與記者互動關係的研究，Gieber & Johnson是最早建立記者與消息來源互動模式的學者，這兩位學者曾依雙方在職業角色上的互動與交往方式，區分為對立、共生、同化三種類型。

1.對立關係

對立關係可謂各自獨立，兩者對新聞價值的認知不同，彼此處於對立抗衡的狀態。根據民主報業理論的主張以及媒體第四權的發揮，媒體與社會統治機構應該維持對立的關係，記者需扮演監督政府、挑戰政府決策的角色。因此，記者在採訪過程中，應仔細推敲消息來源的行為與言語，避免被消息來源建構的表面真實所矇蔽。

2.共生關係

第二種關係是共生或稱為利益合作，記者和消息來源為了彼此的利益相互合作，以完成其傳播角色或公關功能。從實務運作的角度來看，記者與消息來源之間存在著利益合作關係，雖然記者與消息來源的參考架構不同，消息來源仍希望能用勸服或社交的方式「同化」記者，將記者納入他們的參考架構；而記者則希望與消息來源保持距離，維護獨立自主的角色。

3.同化關係

第三種關係則是同化，即兩者中有一方被對方同化，兩者的參考架構已經完全合而為一，不再各自獨立，雙方的角色認知及價值已無差別。同化關係的產生，緣於記者為了獲取新聞資訊，經常主動與消息來源培養私人關係，透過雙方互相幫助及合作，使得兩者關係愈趨密切。久而久之，記者的參考架構、工作方式及個人的認知，都受到了消息來源期望的影響；長期互動的結果，使得記者不願意批評消息來源，而為了獲取更多的資訊，記者會認同消息來源的利益，接納他所說的一切並忠實的報導，價值觀幾乎已被消息來源所同化。

二、影響消息來源與記者互動的因素

就組織層次而言，影響消息來源與記者互動的因素有以下六點：

1.消息來源組織與媒體間的共生程度：消息來源組織與不同媒體的共生程度愈高，愈能與記者在互動關係上，維持較高的主動性。

2.消息來源的組織型態與業務工作性質：消息來源所屬組織為公部門或私部門，以及所執行的業務工作屬於公共或非公共議題，都會影響其選擇記者的主動性。一般而言，公共部門與處理公共議題的組織，有提供公共資訊的義務，選擇記者的主動性較低。

3.消息來源組織的資訊補貼策略：具有資訊補貼策略的組織，因常主動發布消息，提供資訊，而具有較高的記者選擇權。

4.消息來源組織利益與公共利益間的衝突程度：衝突程度愈高，消息來源的選擇權愈少，較容易處於被動狀況。

5.消息來源組織的公關運作型態：消息來源組織內部資訊流通與對外溝通型態的不同，會影響公關人員與記者之間的互動關係。

6.組織內的公關工作角色：具「規劃者」身分的公關人員，較「執行者」角色的公關人員更能主動選擇記者，在互動關係上維持較高的主動性。

記者與消息來源的對立關係

（A：記者　B：消息來源）

記者與消息來源的共生關係

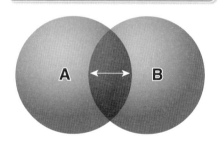

（A：記者　B：消息來源）

記者與消息來源的同化關係

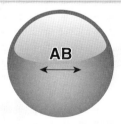

（A：記者　B：消息來源）

Unit **14-6**
新聞稿的類型與公關人員策劃新聞事件
應遵守原則

圖解民意與公共關係

244

一、參考新聞稿的類型

由於不同的組織，其公關目標也各不同，因此，參考新聞稿又可出於公關需求，將參考新聞稿分為幾種類型：

1.活動（事件）通知式的參考新聞稿（announcement releases）：這類新聞稿的內容可包括：新產品的行銷、新建築落成、公司最新的營運狀況，或是公司新政策之宣布。這類新聞稿強調新聞的及時性，由公司主動向媒體發布，篇幅通常不會太長，是極為常見的新聞稿類型。

2.製造新聞式的參考新聞稿（「created new」releases）：純粹以活動通知式的參考新聞稿聯絡媒體，有時並不太容易吸引媒體的注意力。一般而言，為了吸引記者採訪，公關人員會透過製造新聞的方式將事件略做點綴。

3.臨危應變式的參考新聞稿（spot news releases）：大部分的參考新聞稿都是公關人員有計畫的公關工作之一環，然而許多事件，特別是意外的發生，常不在公關企劃案預先設想的範圍之內。

4.回應式的參考新聞稿（response releases）：有時新聞媒體會報導公司／組織的某些作為，但消息來源卻另有他人。

5.特別報導（feature releases）：並非所有的新聞都必須具有及時性，或是針對最新發生的新聞做出回應。新聞媒體有時候會另闢空間，刊出篇幅較長的特別報導。公關人員可以與媒體編輯事先規劃新聞主題，獲得媒體同意後，由公關人員扮演記者的角色撰寫特別報導。

6.壞消息式的參考新聞稿（bad-news release）：公關人員有時必須面對如何向媒體發布壞消息的難題。當公司面臨危機，例如：營運上的困難時，大部分的企業可能會選擇緘默，盡量不讓新聞上報；然而，當媒體從其他消息管道獲知壞消息並予以報導時，選擇不與媒體接觸所付出的代價，恐怕比發布壞消息還高。與回應式參考新聞稿最大的不同是，壞消息式的參考新聞稿，由企業體主動發布，其優點是可以減少壞消息被聳動處理的可能性，並促使媒體注重企業本身的觀點。通常公關人員會希望在這類新聞稿中強調企業解決問題的誠心，並提出解決方法，以減輕壞消息所帶來的負面宣傳。

二、公關人員策劃新聞事件應遵守原則

1.「製造新聞」的定義

所謂「製造新聞」，也可稱之為「策劃新聞事件」，它的大前提是案件是真實的，不損害公眾利益。「製造新聞」便是在此前提下，公共關係人員得以有計畫地策劃、組織、舉辦有新聞價值的活動，製造新聞話題，吸引新聞媒體和公眾的注意力與興趣，爭取被報導的機會，並使組織成為新聞報導中的主角，以達到高知名度和形象，擴大社會影響力的目的。因此，策劃新聞事件是一項主動積極的媒體公關活動。同時，在公關宣傳中，製造新聞是最積極、最有成效的傳播方式。

2.策劃新聞事件的三原則

(1)新：新聞的「新」是決定它的

第一原則。策劃新聞事件，必須要從最近發生的、很少人知道的，甚至最好是世界上獨一無二、空前絕後的事情，這是吸引傳媒和公眾的基本原則。(2)奇：「奇」是指策劃新聞事件的作法，因超越常規而吸引公眾注意力，這是製造新聞的外在形式原則。(3)好：「好」的原則包含兩層涵義：第一層是指新聞事件本身具有一定的社會意義，並不是單純地追求新、奇；第二層是指事件的報導能夠引起良好的社會效果。

3.策劃新聞發布時機

策劃新聞事件還有一個技巧性的問題。因為製造一件新聞，如果不把握好時機，也不可能產生好的效果。所以，這裡還有一個如何使這些新聞發揮最大影響作用的問題，即是說，一定要把握好新聞發布時機，而這個時機應該能夠充分地發揮新聞最大的效益。

4.實例

美國聯合碳化鈣公司製造「鴿子新聞」，曾經成為名噪一時的公關典型案例，至今，公關界仍對此津津樂道。有一天，一大群鴿子飛進該公司剛竣工高達52層的高樓，該公司立即下令關閉房間所有的窗子，然後報告動物保護委員會，並請他們來保護，而動物保護委員會鄭重其事地帶著網兜，爬上高樓，一隻一隻地捕捉。這些作法都有些超越常軌，必定引起公眾的極大興趣，並且捕捉這些鴿子竟然花去整整三天時間，這也出乎人們意料。捕捉鴿子的新聞效果十分良好，公司在各種媒體中頻頻出現，這樣不僅擴大了公司的影響力，發布了總部大樓完工的消息，而且使人們對公司產生了極好的印象，因為該公司對小動物是如此的關心，進而提高公司的聲譽。美國聯合碳化鈣公司製造的這件新聞，就是很巧妙地遵循了「新、奇、好」三原則而設計的。此外，該公司公關人員策劃前述新聞事件時，在時間的把握上也要注意到其藝術性的運用。

公關與新聞報導

特　質	公　關	新　聞
付費	新聞發布不必付費	新聞不能收費
功能	組織宣傳	媒體社會責任與第四權角色
新聞價值	不必考慮新聞性、包裝為「假事件」	必須有新聞性
立場與觀點	呈現組織立場與觀點	媒體扮演中立觀察者角色
真實性	在「真實」基礎上作適當的包裝	完全「真實」

資料來源：鄭自隆，2013。

Unit 14-7
新聞價值與左右新聞的變數

圖解民意與公共關係

246

一、公認的新聞價值

　　究竟媒體是如何看待公關人員的參考新聞稿（公關訊息）呢？一般而言，基本的新聞價值需求是很重要的。新聞價值是記者或編輯選取企業發布的參考新聞稿重要標準。公認的新聞價值標準包括：

　　1.時宜性：所有的閱聽人都想知道最新的消息。電子媒體的發達，已經使閱聽人對新聞的需求不再以「日」為單位，而改以「分秒」為單位。公關人員必須瞭解媒體對事件與新聞議題新鮮度的要求，並改善新聞發生與傳達之速度。

　　2.接近性：除了極端少數之例外，在媒體訊息流通之區域所發生的事情，遠比外地所發生的事情重要。「只有一條最重要的國際新聞，才能擠掉一條次要的地方新聞」，閱聽人關切的是那些他們所熟知的人物、地方與事件，這些人、事、物，也是他們最感興趣的重點。

　　3.顯著性：有人說「名字製造新聞」。如果新聞中出現一個眾所皆知的名字，則名字本身已經具備了新聞價值。通常，我們常常會選擇一位學有專長或是知名度高的人物，作為公關活動或企業組織的代言人，而他／她所發表的意見出現於媒體的機會就會大為增加。

　　4.影響性：企業政策的宣布，如調整產品價格或是人事重組，對許多人而言意義重大，因為這些改變可能直接影響到他們的生活。閱聽人基於生存的需求，常常必須密切注意新聞中對個人有直接影響的新聞。

　　5.人情趣味：許多軟性新聞版面的編輯，喜歡採用富有人情趣味的新聞消息，並非因為該則新聞有名人參與，也非該則新聞具有時效性，而是因為該則新聞有幽默趣味性，可以滿足閱聽人使用媒體的休閒娛樂性需求。

二、左右新聞的變數

　　新聞是講求新鮮、速度，並與時間賽跑的產物，時效性是判斷新聞價值高低的重要依據。同時，訊息本身的嚴重性，如：傷亡人數與影響層面、事件之間彼此的關聯性，不論是地理上的接近性或事件性質之間的相關性，都是新聞價值的重要判準。至於不尋常的事件，或者公眾人物的一言一行，更是容易成為家喻戶曉的新聞。

　　以下，我們將一個事件是否能夠發展成為一條新聞的變數，區分為幾種狀況，分別是：異常性、時效性、距離遠近、嚴重性、衝突性、是否為公眾人物，以及是否有採訪路線的配置等七種。再根據這些變數，舉例說明能夠成為新聞或無法成為新聞的事件性質。

　　至於其他左右新聞的變數還包括：(1)新聞工作者的偏好；(2)截稿時間的壓力；(3)資料提供的完整性；(4)新聞媒體本身的特性，例如：電視新聞需要畫面呈現、平面新聞需要較佳的文字表達；(5)新聞來源的可信度；(6)獨家報導的競爭；(7)政治考量等因素。新聞內容

的產製，遵循的是一套生產準則（如：新聞價值）和運作程序（如：採訪路線配置），大多數的新聞記者必須承受截稿壓力和應付不同的報導主題，不免有偏見或是專業能力不足之處，應盡力協助，視媒體為重要的服務對象，他們的需要和請求應該迅速有效的回應，以減少他們的錯誤。

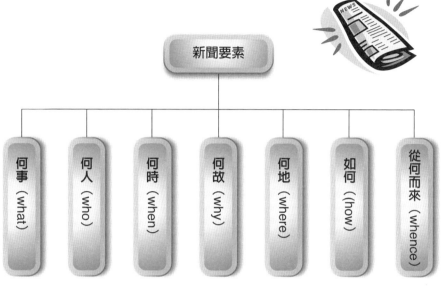

左右新聞發展的變數

非新聞	新 聞	變 數
狗咬人	人咬狗	異常性
昨天發布的新聞	明天將公布的消息	時效性
菲律賓的大水災	台北市區的酒醉撞車意外	距離遠近
台北車禍，一人死亡	南亞大海嘯，數十萬人死亡	嚴重性
雇主遣散資深員工	Microsoft推出新作業軟體Vista	採訪路線
立法院議事報告	立法院打架風波	衝突性
小販街頭被毆	黛安娜王妃車禍喪生	公眾人物

Unit 14-8
公關新聞稿的意義及其種類

一、公關新聞稿的意義

「公關新聞稿」（PR Release）通常是指由政府、影視娛樂界、企業、各種社會利益團體或非營利事業組織，主動提供給新聞媒體的消息稿，並希望透過媒體的報導，達到訊息告知或自我宣傳的目的。這些經由媒體的報導把企業的訊息公諸大眾的新聞，包括：產品訊息、創新發明、公司成就、業績表現、營運狀況、業務拓展、行銷新觀念、澄清疑點、表明立場或人事異動等狀況。它很容易撰寫與分發，可應用於不同狀況，達成不同目標，是一種多功能的手段。

二、公關新聞稿的種類

公關新聞稿可分為下列七種：

1.產品新聞稿

顧名思義，產品新聞稿是宣告新產品或是新服務項目的一段文字，它描述產品特色、優點、用途、市場、開發過程與領導地位。產品新聞稿通常有一定的格式，以一個簡短標題開始，內容在說明產品的特色和優點。文章最後通常賦予公司名稱、聯絡電話或是產品訂購索取資料的方法。

2.信用稿

信用稿的主題在於出售信用，換句話說就是建立公司信譽，著重公司營運、管理的層面。在這裡，我們可以運用主管談話說明稿，它與產品消息稿的不同處在於，內容以主管的聲明或轉載主管的談話為主，在刊物中刊出的位置也和產品新聞稿不同。主管談話通常出現於新聞版面，可讓言論本身更具有分量。

3.特寫

特寫是由公關人員提供編輯相關背景資料（列舉報導的角度或重點，以信件探詢特定記者或編輯的意願，或指明寫給特定編輯或記者），由雜誌社或報社記者掛名撰寫。

4.讀者投書

報紙的讀者投書旨在反映民意，並體現與落實公民的媒體近用權。有些報社除了刊登讀者來函之外，也偏好採用學者專家或民意代表的投書文章。因此，組織機構若想近用媒體發言，可由具有文化資本的公關人員或請學者、專家撰寫，以投稿民意論壇的方式刊出。

5.訪問

許多編輯或是記者收到公司新聞稿時，可能會想知道多一點，那麼，他們就可能會索取補充資料或進一步詢問，這就可能會成為額外的公關機會。但是記者或編輯的訪問不一定都會事先通知，可能一收到新聞稿，就會直接打電話給主管，因此，公關人員在發新聞稿前，應就敏感問題的回覆作補充研究。另外，受訪者的層次與重要性愈高，他對敏感問題的答覆就愈有意義，因此，公關人員最好盡一切力量，就可能問題替他作充分的說明，並安排最好的答覆。

6.綜合報導

在時間、內容或主題方面，都無法由公關人員或是主管直接控制，這就是綜合

報導。這可能是替公司樹立領導者地位與形象效用最好的工具。它通常是由媒體策劃，這類特稿的主題在於引述業界的重要主管或大公司的談話，包羅範圍很廣，像是公司現況展望、公司歷史等。綜合報導的公關價值就在於編者必須證明他在文中的議論。

7.專題座談

各行各業都會舉辦這類活動，有些行業一年舉辦一次，有些則是全年不斷地在全國各地區舉行座談會。有些座談會允許參加的人有機會作專題演講，被選出的演講人大多被視為業界的權威。一個公司如果可以主動爭取主辦座談會，或派員參加，或應邀出席座談會，並安排媒體訪問公司出席代表，提供專業或權威訊息，可藉此培養個人聲望，連帶提高所代表組織的能見度。

公關新聞稿的意義及其種類

新聞價值	1.時宜性：新聞議題新鮮度 2.接近性：熟知的人物、地方與事件 3.顯著性：名號製造新聞 4.影響性：有直接影響的新聞 5.人情趣味：有幽默趣味性的新聞
新聞稿類型	1.活動（事件）通知式的參考新聞稿 2.製造新聞式的參考新聞稿 3.臨危應變式的參考新聞稿 4.回應式的參考新聞稿 5.特別報導 6.壞消息式的參考新聞稿
不受青睞原因	1.自我宣傳味道太濃 2.對新聞認知有所差異 3.舊聞與老套 4.缺乏對新聞寫作要領的認識
寫作禁忌	1.使用太多技術性的字眼 2.重點交代不清楚 3.帶有太多冗言贅字 4.內容空洞

Unit **14-9**
新聞稿基本格式及公關人員撰寫新聞稿的寫作原則

一、公關參考新聞稿的基本格式

1.新聞稿以A4大小的紙張為主，打字為宜，左右兩邊應留至少一吋半寬之空白，便利媒體編輯。

2.通常企業公關人員應以企業專屬信紙撰寫（作電腦輸出）新聞稿；如果沒有企業專屬信紙，則應在新聞稿左上角註明企業名、住址、電話與企業標誌等。

3.企業公關人員如果要傳真參考新聞稿給媒體，而新聞稿的長度又超過一頁，最好在傳真之前於新聞稿的每一頁，都寫上收文者（記者）的姓名，以免媒體在處理大量新聞稿時分錯稿。

4.公關人員必須決定該則新聞是否應該立即發布。如果是的話，需在左上角，新聞稿內文正式開始的上方註明「請立即發布」（for immediate release），並於下一行註明發稿日期。如果希望媒體等到特定日期再正式發布消息，也應該註明「請於Ｘ月Ｘ日發布」，並註明發稿日期與刊登日期。

5.新聞聯絡人的名字與電話號碼可置於右上角，或是放在新聞末段之後。

6.公關人員應該避免參考新聞稿的長度太長，除非該則新聞稿是一篇特寫（feature stories，指深度報導）。如果新聞稿字數超過一頁，我們可以在首頁頁碼處註明「more」，表示新聞稿內文尚未結束，而次頁頁碼處則註明「增加一頁」（add one），第三頁則註明「增加二頁」（add two）。此時，公關人員應該注意每一頁的新聞稿內文段落是否完整，如果段落因為分頁的緣故而不

完整，公關人員應該考慮將整段移往次頁，或是縮短段落，使該段能恰好於換頁時結束，這是顧及到編輯作業時新聞改寫的方便之緣故。

7.依照格式規定，公關人員應以撰寫（電腦輸出）新聞稿於單頁上。

8.公關人員在新聞稿內文開始時應製作簡單扼要的新聞標題，並以畫線或加粗字體的方式強調新聞標題。

9.參考新聞稿結束時，公關人員應於段落結束之下註明「＃＃＃」或是「完」，以表明該則新聞已經結束。

二、公關人員撰寫新聞稿的寫作原則

使用「倒金字塔式」寫作方式最重要的理由，是為了便利讀者閱讀。在資訊爆炸的今天，簡單、扼要、直接切入主題的新聞，遠比長篇大論、枝蕪龐雜的報導來得容易消化吸收。一般而言，台灣報紙讀者每天花在閱報的時間大約是半小時，電視觀眾看電視新聞的平均時間也大約是半小時左右，因此，新聞記者寫作時若不能直接切入故事重點，使讀者一目了然，就會浪費讀者的閱讀時間。

對於公關人員來說，使用「倒金字塔式」的寫作格式，除了便利閱讀之外，也有方便媒體編輯與作標題的功用。媒體的編輯常常為了排版或處理新聞的便利而剪新聞的長度，如果公關人員採取高潮式寫法，將重點放在新聞最後面，則重要部分可能就會被編輯刪除，反而保留了較不重要的首段部分。

另外，媒體編輯常常以首段重點中的主要字眼來製作標題，如果公關人員在寫作時能稍加注意，在新聞前幾段清楚地交代新聞重點，則編輯只需要看完一遍，便可依據第一段下標題，而不需要費心思量新聞重點，就等於是幫編輯省力了。

倒金字塔新聞結構

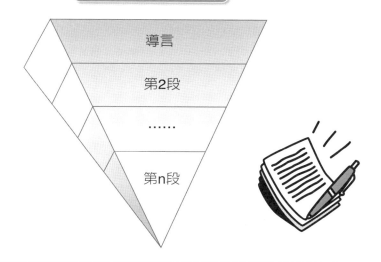

導言

第2段

……

第n段

知識補充站

倒金字塔新聞結構

　　倒金字塔新聞的第一段「導言」（lead）呈現新聞全貌，是最重要的，看完第一段的導言就知道新聞輪廓，而第二段以後則依重要性逐段呈現，第二段是補充第一段的，此外，第三段、第四段、第五段……都是補充第一段的，在重要性方面，第一段導言最重要，第二段次之，第三段又次之，愈後面的段落就愈不重要。

　　前政大教授鄭自隆認為，倒金字塔新聞結構會被使用百餘年，當然有它的不可取代性的優點，優點之一在於方便編輯作業：

1. 便於分稿、選稿：大報館核稿人員每天收到數百則新聞，只要略看前面的一、二段就知道要不要用，或分到哪一版處理，不用一段段細看。
2. 便於製作標題：各版編輯可以依第一段導言製作標題，也就是依撰稿記者的思維去處理新聞，不會有編採脫節的現象。
3. 便於拼版：當拼版發現稿量超過預定版位時，編輯只要從每則新聞的最後一段起逐段刪除之，就可拼出完整的版面，不需要逐字刪除，事實上，由於上版時間緊迫，也不可能逐字刪除。

Unit **14-10**
公關參考新聞稿的寫作禁忌

一、公關參考新聞稿的寫作禁忌

1.使用太多技術性的字眼

有一些科技導向的企業公關聯絡人，慣常在新聞稿中大量使用技術專有名詞，這對大部分的閱聽人（甚至記者），會產生理解上的困擾。例如：某個製造工作站的廠商，向媒體宣稱其系統創下關聯資料庫有史以來最佳性能紀錄，「Sybase SQL server 11的測試性能達到SQL server 10先前紀錄的3.5倍。」除非公關人員已經預設了新聞稿的閱讀對象為專業技術人員，或是該篇新聞稿發稿對象為專業雜誌，否則在新聞稿中，應該避免使用英文與其他難以理解的專業術語。

2.重點交代不清的新聞稿

通常企業公關人員在撰寫新聞稿時，應該很明確地知道新聞稿的溝通目標是什麼？例如：新產品上市時，發布參考新聞稿的溝通目標，就是增加新產品的知名度，製造目標對象對新產品的好感。有時候，公關人員可能會為了增加新聞的「賣點」而舉辦一些活動來增強知名度，這麼做的好處是，若是活動規劃得宜，活動舉行與新產品的推出，可以達到相乘的宣傳效果。相反地，公關人員有時候會因為多種公關工作同時進行（如：新產品說明會或發表會、其他配合產品推出的特別活動、企業董事長接受媒體訪問等等），而無法確切地掌握新聞重點。例如：新聞稿原本應該以介紹新產品為主，相關配合的公關活動為輔，卻變成公關活動為主，新產品介紹為輔，甚至有通篇文稿以人物介紹（例如：總裁專訪）為主，卻忽略了原始溝通目標是要介紹新產品。

3.新聞稿裡帶有太多的冗言贅字

有時候，公關人員往往忽略了新聞稿的簡潔原則，而喜歡將所有相關的資訊全部放入新聞稿中，這是很要不得的。例如：百貨公司的企劃部門要發布週年慶折扣特賣活動訊息，這固然是一則消費者會關心的新聞，但是許多撰寫新聞稿的人往往急於推銷活動，而將百貨公司大大小小的折扣，以及不同產品的折扣方式，鉅細靡遺地放入新聞中，不僅造成閱讀上的困難，也給新聞編輯增添不便。

4.內容空洞，沒有新聞價值的文稿

有些企業喜歡用密集的方式，以大量的新聞稿「轟炸」媒體，即使是一些雞毛蒜皮的小事，也當成大新聞來宣揚。在新聞淡季時，此類新聞或可填補報紙版面，但是在編輯繁忙時，這類新聞徒增媒體過濾新聞的負擔。公關人員平常有空時應當與媒體多做聯繫，瞭解媒體對新聞的實際需要，以撰寫合乎專業需求的新聞。

二、參考新聞稿不能獲得媒體青睞

許多資深的公關人員指出，許多參考新聞稿不能獲得媒體青睞，是因為它們存在如下缺點：

1.自我宣傳味道太濃。

2.公關人員與媒體對於新聞認知有所差異。

3.舊聞與老套。

4.缺乏對新聞寫作要領的認識。

企業發布公關新聞稿雖然很普遍，但是這些公關的宣傳材料，被採用的比例仍然有限，許多參考新聞稿可說毫無重點可言，甚至流於對企業的歌功頌德，或是冗文贅字充斥於新聞稿中，「精簡扼要」是媒體對於新聞稿的基本要求。因此，公關人員除了抓住新聞走向、掌握社會話題之外，還應該特別注意新聞稿中的文字寫作品質。切忌在稿中列出難以理解的專業術語、或是洋洋灑灑的流水帳、甚至使用公文式的寫作方式來寫新聞稿。

衛生福利部國民健康署　新聞稿

更新時間：2014/11/19

年輕學子飆創意　秀出時尚無菸態度
2014年「無菸生活 設計大賞」11月19日起在松菸展出

「Be cool, NO SMOKING!」為了推廣菸害防制觀念給臺灣年輕學子，國民健康署舉辦第4屆「無菸生活　設計大賞」活動，徵求「平面設計／海報」與「創意貼圖」（Line貼圖）等，經過評選，將於11月19日在松山文化創意園區北向製菸工廠1樓舉辦得獎作品暨開展典禮，大聲宣誓「無菸才時尚」的反菸決心。

國民健康署於102年度調查發現，國中生校園二手菸暴露率為7.8%（男性9.4%，女性6.0%），高中職生校園二手菸暴露率更高達17.4%（男性22.5%，女性11.9%），顯示年輕族群置身於菸害環境的情況不容忽視。

為了讓台灣菸害防制觀念往下扎根，國民健康署舉辦第4屆「無菸生活　設計大賞」，參賽作品創歷年新高，高達2,755件，作品充滿創意，其中還不乏國中生參賽，代表台灣年輕族群愈來愈關注公共議題。評審團一致表示，本屆作品的質量均佳且成熟度高，顛覆傳統以恐懼訴求表達反菸訊息的刻板印象，改從正面表述，建構光明溫馨的無菸生活。

本屆組別除了「平面設計／海報」、「創意短片」、「創意標語」外，還新增了年輕人常用的「創意貼圖」（Line貼圖），創意貼圖金獎作品是「拒菸小護士」，作者描繪活潑的小護士，運用各種可愛的表情，傳達拒菸與反菸的訴求，親民且實用性高。

「影像組」金獎作品「Poor smoker 抽菸抽大獎」，以趣味輕鬆的「促銷廣告」形式，反諷吸菸可能會得到許多疾病大獎，藉以暗喻吸菸將危害健康危害；「平面組」金獎作品「大拇指讚起來」，則是透過點火機的隱喻動作與「讚」的手勢呈現對比關係，利用金黃色來代表不吸菸才有璀璨光明的人生，創意精簡，訊息明確。

本次展出特別以「無菸生活時光廊」的概念，回顧3年間的得獎作品，及國民健康署後續推廣成果，活動展期自11月19日至11月23日，讓「Be cool, NO SMOKING!無菸生活」的主張成為年輕族群的新生活運動，也歡迎更多民眾參與。所有參賽作品皆可於「無菸生活設計大賞」官網的雲端藝廊網頁觀看，網址：http://good.hpa.gov.tw/。

資料來源：國民健康署。

Unit 14-11
新聞袋及其所包含的宣傳資料

一、新聞資料袋（Press Kits或Media Kits）的定義

「新聞資料袋」是為媒體而準備的公關宣傳文件與相關資料組合，它針對不同的媒體特質（像是平面媒體與電視媒體）、記者對於該新聞的需求、公關事件的類型（如：新品發表、促銷、危機宣布等），提供各種類型的資訊。公關人員可以致贈活動錄影帶、光碟片等給電視媒體，可以提供錄音帶或是CD等給廣電媒體，或是提供新聞照片與新聞稿給平面記者。

二、宣傳資料

一般而言，新聞袋包含各式宣傳文件，茲說明如下：

1.**事實資料**：事實資料提供了關於公司／組織的基本資訊，包括總公司與分公司的住址、電話、簡單的人事與營運狀況資料等等。有時候，公關人員會針對不同的新聞角度與媒體記者的興趣，準備不同的事實資料，例如：新產品的基本資訊、銷售成績與市場競爭情形等等。

2.**關於公司主管的介紹**：如果公關人員將新聞重點定位於新主管上任（人事異動），或是重量級的外商公司主管級人物訪台，則媒體記者可能希望探知這名主管的背景，包括其學經歷與重要成就等等，並希望公關人員安排專訪。公關人員除了撰寫人物介紹之外，有時也必須提供人物照片給媒體。

3.**背景說明**：背景說明可以提供公司、產品、人物、活動介紹等更詳細的資訊。

4.**立場文件**：當企業遇到爭議性問題時，公關人員會在新聞袋中置入該企業對於該問題的看法與解決方案之說明，又稱之為立場文件。然而，並非所有的新聞袋都有立場文件，只有企業在面臨爭議時，才會對外發布此類資訊。

5.**刊物**：公司內部刊物或新聞信，除了可凝聚內部共識、促進員工交流之外，對外也具備宣傳與形象建立的功能。媒體可從公司的內部刊物找出若干新聞點，並據以發揮，公關人員自不應該放棄這樣的機會。

6.**參考新聞稿**：參考新聞稿是新聞袋必備的公關文件，為了方便媒體挖掘採訪重點，參考新聞稿即使不會獲得媒體全盤採用，仍然有其重要功能。

7.**贈品或樣品**：新產品推出時，公關人員會提供免費的試用券、產品樣品，或是與產品相關的紀念品（如：印有產品標誌的棒球帽、馬克杯、紀念手錶等等）給媒體記者。通常這些贈品會隨著新聞袋一起附送。

8.**新聞照片**：一般而言，媒體版面主編會派遣攝影記者在活動場地拍照，除非媒體因為特殊緣故，無法取得新聞照片，否則由公關人員提供的新聞照片使用率並不太高。這並非意味著新聞照片毫無價值，因為媒體仍有可能限於人力而無法拍攝照片。再者，新聞照片雖然不為媒體採用，新聞記者仍有可能因新聞照片（如：產品的造形）而對於該則新聞產生興趣，加以報導。

除了上述的宣傳文件之外，公關人員仍需視新聞或活動性質調整新聞袋的內容。例如：專為某項公關活動而設計的新聞袋，可包括活動流程與時間表、參加來賓的完整名單與贊助單位的資料。當新聞袋涉及危機處理功能時，公關人員應在新聞袋中詳述與危機相關的資訊，包括起因、影響層面、目前控制情況與未來發展之預估。當危機牽涉到傷亡時，公關人員更應適時更新資訊，並提供完整且正確的傷亡名單給媒體。

小型記者會現場準備事項

（事先與客戶溝通確認）

(一) 招待處	數量	執行
1.場地指標	×3	_____
2.桌上指示牌	×2	_____
3.桌子	×1	_____
4.椅子	×2	_____
5.簽名簿、簽名筆	×2	_____
6.銀盤	×1	_____
7.記者禮物	×50	_____
8.記者資料袋	×50	_____
9.記者名單	×1	_____
10.備用文具		_____
11.花卉	×1	_____

(二) 會場	執行
1.主題背板	_____
2.硬體設備	_____
麥克風	_____
電視、攝影機、 筆記型電腦	_____
投影機、幻燈機	_____
銀幕	_____
音響、CD	_____
3.桌椅	_____
4.茶點	_____
5.布置道具、氣球、胸花、花卉	_____
產品擺設、主桌名牌	_____
6.司儀	_____
7.協力廠商電話	_____
8.攝影師或照相機	_____

資料來源：吳錦屏，2000。

第 15 章

公共關係的研究與調查

●●●●●●●●●●●●●●●●●●●●●●●●●● 章節體系架構 ▼

Unit 15-1
企業執行公共關係研究導論

一、企業執行公共關係研究的目的與優點

企業組織執行公關研究，具有以下八個目的與優點：

1. 可確定組織的公共關係問題：就政治、經濟、社會、法律層面，發覺組織現有及潛在的問題，以便向管理階層報告，具預警作用，並作為擬定解決方案之根據。

2. 可以瞭解目標對象對於企業相關問題的基本認知：瞭解民眾對某議題的基本態度、參與意願是什麼。

3. 暴露問題癥結，並且及早解決：公關問題有時並非突發性，它可能是從小問題開始，隨著時間演變成大問題，因此，適度做研究可幫助遏止問題繼續惡化。

4. 可辨識影響目標對象的意見領袖（opinion leader）：若與公眾處於緊張狀態，可以透過研究方法先找出領導或代表公眾的意見領袖，列為優先溝通對象。

5. 便利雙向溝通：在執行研究調查過程中的互動，可幫助瞄準宣傳管道和對象。

6. 決定公關活動舉行的最佳時機：若事先掌握目標對象關心的議題、興趣，與可能參與活動的意願，就可以選擇最適當的時機舉辦公關活動。

7. 取得管理階層的信賴：讓企劃案建立在事實證據上，而非臆測結果。

8. 可降低成本：若事先透過調查結果精確掌握目標對象的話，公關人員就不需要「散彈式」或無效率地將大筆金錢投注在效果可能不佳的廣告與宣傳費用上。

二、企業執行公共關係研究的理由

1. 研究企業組織本身：例如：企業組織的結構、歷史、文化、任務、與決策等，藉以尋找有關企業組織的問題。

2. 研究群眾的態度、意見或行為：公共關係工作人員被假定為群眾專家，應隨時瞭解群眾的動向，掌握社會脈動。

3. 找出民意領袖及關鍵群眾：查出他們是什麼人，並瞭解他們真正的企圖。

4. 研究公共關係計畫的目標、政策、行動方案等：一方面根據外界環境之需要，一方面顧及本機構整體經營之方針及政策。

5. 研究傳播：媒體之選擇、策略之擬定、訊息之選擇等。

6. 工作日程及預算之擬定。

7. 回饋成果之評估：就上述1.至6.各點，進行全面評估，並提出建議，做成報告。

三、企業公關人員可使用研究方法與區別

企業公關人員可以從許多不同的管道，認識並界定公關問題。我們可以將研究方法分為「非正式方法」（informal methods）與「正式方法」（formal methods）兩種。這兩種方法最大的區別是：正式方法以隨機取樣（random sampling）的方式來驗證研究結果的代表性，如一般的社會科學調查方法（面訪、電訪、郵訪等等）。而非正式研究方法旨在以較低廉的成本，獲得對問題進一步的認知，採行此一方法者可以忍受調查對象可能不具普遍代表性的缺點。

定量研究與定性研究的區別

	定性研究	定量研究
目的	對潛在的理由和動機求得一個定性的理解	將資料定量表示，並將結果從樣本推廣到所研究的整體
樣本	由無代表性的個案組成的小樣本	由有代表性的個案組成的大樣本
調查形式	討論提綱或指南	固定形成的問卷
資訊蒐集	無結構的	有結構的
資訊分析	非統計的方法	統計的方法
結果	獲取一個初步的理解	建議最後的行動路線

資料來源：程秀花等，2011。

知識補充站

定性調查與定量調查的區別

　　定性調查結合了社會學、人類學、心理學等方法，只關注性質並且被訪人數少，調查人員自己就能蒐集很多數據資料。定性調查的長處之一在於，可以使經驗豐富、訓練有素的專業人員深入主題，提升資料，將之轉化為創造性的調查成果。但是定性調查也有缺點：一個被訪人提到的某個單純想法被某個定性調查人員採納可以產生出什麼，這在某種程度上依賴於專業人員的技能。

　　定性調查和定量調查之間沒有樣本大小的硬性、嚴格的區分標準。大多數調查人員同意，被訪者不超過30個肯定為定性工作；另一些人爭辯說任何比200個被訪者少很多的樣本就接近於定性，因為這樣少的數目產生的結果有很大的誤差範圍。

　　按Goodyear（1990）的觀點，區分定性調查與定量調查有四種重要方式：

1.按每種調查可解決問題的類型。

2.按抽樣方法。

3.按蒐集訊息的方法與方式。

4.按分析的方法與技術。

Unit 15-2
公共關係問題的正式研究方法
與非正式研究方法

一、公共關係問題的正式研究方法

公共關係問題的正式研究方法主要有以下三種：

1.次級分析與線上資料庫：在公共關係中，最快速協助資料蒐集的途徑是訂閱線上資料庫，透過這種線上資料庫服務，從新聞、商業資訊服務、市場研究、財務報告、政府調查中來接近、尋找所需的資料。另外，主要的商業調查公司，例如：A. C. Nielsen、George Gallup等進行的民意趨勢與行銷研究，以及主要報紙、電視台與其他新聞組織進行的報導調查，以這些調查數據進行次級資料分析，也可以得到符合研究者需要的資料。

2.內容分析：以系統化的分析方式，客觀地測定媒體報導了哪些東西。報刊簡報和廣播監控報告被用作內容分析的基礎已經很久了。有愈來愈多的公關公司藉由議題追蹤（issue tracking）服務，或是執行媒體內容分析，來幫助客戶預先處理議題。有一點很重要，這些媒體內容分析採用系統化的正式分析方法，而不是用非正式的取向來監控媒體。關鍵的差異點在於選擇分析樣本的代表性，以及在測量與內容編碼時的客觀性。

3.調查法：郵寄問卷、親身面訪及電話訪談，是調查研究的主要方式。這些方式的適當與否，取決於抽樣過程的操作、問了哪些問題，以及如何問這些問題。

二、公共關係研究的非正式方法

非正式的意思是，利用簡單的手續就可以獲得所需的資料。非正式的並不表示是不正確的，也不表示是不合用的。例如：可能是問別人一個問題、打一通電話，或去圖書館查一個資料。研究是時時刻刻都在進行的。

這種非正式資料有很多來源：

1.機構現成的資料：所有手邊已有的資料均應蒐集齊全，以便隨時利用，包括：內部的各種會議紀錄、行銷研究報告、政策說明書、機構的目標說明、市場計畫、財務年報、主管演講稿、公共關係工作紀錄、各種小冊子、通訊，以及新聞發布稿等。

2.剪報、報紙、新聞性雜誌，及其他印刷品中本機構發布，或與本機構有關之新聞、評論、專欄、特寫等之剪報，以及對該資訊之分析報告彙總裝訂成冊，存檔備查。此外，廣播、電視中涉及本機構之報導，亦應予以錄製影帶及錄音帶，或以書面記錄存檔備用。

3.人員接觸：人與人非正式談話可以獲得很多資訊。公共關係人員應經常有機會與員工、社區民眾、顧客、代銷商、民意領袖、記者等接觸，以瞭解群眾中所發生之問題及對本機構的風評。春江水暖鴨先知，社會的脈動，公共關係人員必須先知道。日本人有一種習慣，在與人談話時，會馬上拿出小冊子做記錄，目的在蒐集資訊，公共關係人員亦當如斯。

4.利用現成的民意測驗結果：民主愈進步，民意測驗愈普遍，1993年台灣縣市長選舉，國民黨擬採用民意測驗的辦

法，選擇候選人。近年來報紙上經常公布民意測驗報告，所以有許多報告結果可以利用。但需對於測驗主辦單位、經費來源、調查技術、報告之客觀性加以評估，以確保此項資料之可靠性。

5.圖書資料：有關之書籍、學術性刊物、年鑑、各機構之簡介、政府普查統計資料等，均可利用。此外，美國現有兩百家資料供應公司，採用服務收費辦法，為全世界連線，台灣亦可利用。

6.顧問小組：很多機構成立顧問小組，以謀集思廣益，對機構目前所面對的問題，提出解決構想。例如：台灣電力公司可在貢寮地區、石油公司可在後

勁地區成立地方建設顧問小組，機構與社區對當地問題共同進行。平時在這種小組內可聽到很多資訊。

7.來信及電話分析：在顧客、社區民眾或其他人士打來電話或信件中，對機構的產品、服務、公害或其他問題提出抱怨、抗議、建議或忠告，應予以蒐集並加以分析，都是非常有用的資訊。

8.焦點小組（focus groups）：這本來是廣告界常用的辦法，如今也逐漸引用到公共關係上。公共關係部門或顧問公司可邀請典型的顧客或群眾對象十至十五人，討論機構的產品、機構形象或廣告主題的印象等。

探索性、描述性及因果性調查的實地調查方法選擇

調查類型	調查方法	定性定量研究
探索性調查	深度訪談法	定性調查採用的方法
	小組（焦點）訪談法	
	投射法	
	觀察調查法	定量調查採用的方法
描述性調查	問卷調查法	
因果性調查	實驗調查法	

資料來源：程秀花、姜東旭，2011，p.94。

知識補充站

三種實地調查

　　探索性調查、描述性調查及因果性調查，這三種調查類型均可使用實地調查法中的觀察調查法、問卷調查法和實驗調查法，但各自最適宜的調查方法分別是：探索性調查宜用觀察調查法，調查性調查宜用問卷調查法，因果性調查宜用實驗調查法。另外，探索性調查還可以使用實地調查法中的三種定性調查方法：深度訪談法、小組（焦點）訪談法、投射法。

Unit 15-3
公共關係策略性思考的定義與情境及目標公眾分析

一、公共關係的策略性思考

很多困難的公共關係問題是因為之前毫無準備，計畫制定者在狀況不明的情況下作出決策，或是沒有考慮到計畫的非意圖結果。因此，在企劃流程的研究階段，策略性思考（strategic thinking）十分重要，它包括針對組織內外部所作的情境分析，以及目標公眾分析。公關人員必須預測或建立所預期的未來狀態目標，確定什麼力量會促成或阻礙目標實現，並且為企圖達到的狀態制定計畫。

二、公共關係的策略性思考之外部情境分析（SWOT）

優勢與劣勢是企業的內部因素。優勢通常來自於優於其他競爭者的技術與資源，它們能為商業活動帶來更多或是更好的機會。而劣勢是一種不足或限制，它會限制一個商業活動致使無法超越其他競爭者，或是根本無法與其他競爭者處於平等的態勢。一個廣泛綜合性的優勢與劣勢分析，應該包括企業所有的因素，如下列所示（George S. Day, 1990）：

1.**構思與設計**：包括行銷和技術研究能力、專利權，以及用來支持創新的資金、構想。

2.**原料**：確保能夠得到原料、處理供應網絡的能力，以及達到低輸入成本。

3.**生產**：關於成本、品質、生產力、能力、服務便利性，以及製造的靈活性與適應性。

4.**市場**：包含所服務市場的涵蓋範圍、顧客的認識、生產線的幅度、對顧客的回應、促銷能力、有效廣告，以及提供服務和資金給顧客。

5.**資金**：指資金的來源和數量、企業生產利潤的能力、母公司資助成長的意願。

6.**管理**：包括領導能力、在商業的經驗深度、制定計畫能力、員工忠誠與流動率、團隊合作的能力，以及系統和控制的效率。

機會與威脅是企業的外部因素。所謂機會，就是企業外部被預料到的事件（event）或是趨勢（trend），如果好好利用，將會開啟進一步表現的可能性。相對地，威脅可能會阻礙策略的實行，增加風險和所需的資源，當目前利益的存續性被減損時，其成果表現也會受到影響。評估每個威脅或機會、短期以及長期的影響，將特別重要的部分找出來，仔細監控那些可能會成為雙面刀的趨勢，例如：新技術會威脅到基本產品，但是會創造出低成本和市場擴充的機會。通常管理團隊常犯的錯，就是很容易在可能的威脅上思索太久，進而大傷腦筋於可能會犯錯的複雜事務上，而沒有把精神放在思考企業成長的機會。

三、公共關係的策略性思考的目標公眾分析

在企劃研究中的要務之一是，必須確認關鍵公眾、選擇最佳策略、集中資源進行有效溝通。有關目標公眾的研

究，不但要有系統地定義利益關係人，同時也需決定優先順序。公共關係研究的公眾分析，包括蒐集相關利益關係人的資訊，也就是在關於特定議題上，相關利益關係人知道什麼？如何感覺？他們做什麼？其次要為不同公眾設立溝通目標，以便發展具體行動與傳播策略。對目標公眾的瞭解，需要透過研究與分析，必須回答以下三個問題：

1.目標公眾習慣使用哪些媒體？接觸哪些資訊？

2.目標公眾如何使用資訊？

3.目標公眾在解決問題過程中使用多少資訊？

在面對多元異質的社會公眾時，深入瞭解各類公眾對組織的看法與期望，對資訊的使用方式與需求程度，才能設計出符合公眾需要的訊息，也只有在訊息接收者瞭解到對資訊的需求時，溝通才有效果。

SWOT內、外部環境分析

內部環境	外部環境
1. 結構	1. 競爭地位
2. 行銷、服務、技術等	2. 經濟環境的走向
3. 部門間的合作	3. 顧客需求的變化
4. 新技術的發展	4. 供應商
5. 財務	5. 新科技
6. 創新力	6. 社會趨勢
7. 反應速度	7. 政治環境
8. 人力資源	8. 競爭變化
9. 科技程度	9. 監理變化
10. 管理能力	10. 法規的增修

組成要素

1.找出組織策略性公眾
2.建立組織與策略性公眾之關係
3.測量與評估組織和策略性公眾的長期性關係

測量「組織──公眾」認知指標
1.相互控制度
2.信賴度
3.承諾度
4.滿意度
5.交換性
6.公共性

Unit 15-4
公共關係調查的意義與內容

一、公共關係調查在組織的形象管理中所具有的意義

1.使組織準確地瞭解其在公眾中的形象地位：公共關係調查組織形象管理，是指用定量化方法準確地判定組織在其公眾中的形象定位。透過形象定位，可以測量出組織自我期望的形象與其在公眾中實際形象的差距。公共關係人員可以針對這個差距，策劃有效的公共關係活動方案，由此也可以大力加強公共關係策劃的目的性。

2.公共關係調查為組織決策提供科學依據：我們進行公共關係調查的主要任務，就是及時地為組織提供決策依據，並能有效地預測和檢驗決策的正確性。

3.使組織及時地把握公眾輿論：公共關係調查可使組織及時把握公眾輿論，並適時地做出決策。公眾輿論是自發產生的，並處於不斷擴大和縮小的動態中，它是公眾對組織的一種浮動的表層的認識。

4.提高組織公共關係活動的成功率：組織在發展某項公共關係活動之前，必須要對現有的人力和物力條件做充分的調查，必要時還要做現場考察。

二、日常公共關係調查的內容

1.組織形象的調查

(1)組織自我期望形象的調查：自我期望形象是指一個組織自己所期望建立的形象，它是一個組織公共關係工作的內在功力、基本方向和目標。自我期望形象的確立，應注意主觀願望和實際可能結合。作為動力和方向，自我期望形象的要求愈高，組織自覺做出公共關係方面努力的可能性就愈大；作為目標，自我期望形象的要求愈高，實際成功率也可能愈高。科學的自我期望形象的調查，包括下面三方面：

①組織領導層的公共關係目標和要求。

②組織員工的要求和評價。

③組織的實際狀態和基本條件。

(2)組織實際形象調查：反應組織真實形象的鏡子，是社會輿論和公眾評價。瞭解組織實際的形象，就是運用調查方法，瞭解本組織在公眾中享有的知名度、美譽度與和諧度。實施方法是：

①公眾網路分析。

②形象地位測量。

③形象要素的分析。

(3)形象差距的比較分析：將組織的實際公眾形象與組織的自我期望形象比較，找出兩者之間的差距，彌補或縮小這種差距，便是下一步設計形象和建構形象要做的工作。

2.組織的公眾輿論調查

組織的公眾輿論調查是對公眾的態度傾向進行統計、測算，用數據顯示公眾的整體意見。公眾輿論具有廣泛性和變動性等特點。

公眾輿論是個含有多層結構的表層意識，是由公眾的各種意見和態度構成的集合體。任何一種輿論都是可以分解

的，根據輿論各部分解值的大小，調查人員可以統計出公眾輿論的傾向和影響力。而衡量輿論分解部分的值，則要確定出公眾輿論標誌和指標體系。

3.組織發展公共關係活動條件的調查

組織在整個形象管理的過程中，要經常地、大量地發展公共關係實務活動。所謂公共關係活動條件的調查，就是指組織在發展公共關係活動之前，對發展活動的主客觀條件進行研究。此類調查具有很強的實用性、機動性，它有時在組織策劃公共關係活動之前，有時則與策劃活動交替進行。

公共活動條件調查內容主要包括以下兩個方面：

(1)公共關係活動主體人力、財力情況調查。

(2)公共關係活動客觀環境調查。

樣本抽取步驟

確定調查研究整體 → 編製整體名單 → 確定樣本規模 → 抽取樣本 → 評估樣本

Knowledge 知識補充站

科學控制抽樣過程

抽取樣本的過程一般由以下五個步驟組成：

1. 確定調查研究整體：樣本調查的結論只能在整體範圍內推論，因此抽樣之前一定要確定整體範圍，即公眾對象的範圍大小、人數多少及相關的各項指標（如性別、職業、年齡、受教育程度等）的界定。

2. 編製整體名單：整體確定後，就要把整體內所包含的所有抽樣單位開列出一份清單，並給每個單位編上號碼。

3. 確定樣本規模：為了既保證有足夠的精確度，又能達到節約的目的，確定樣本規模應考慮以下三個因素：(1)一般來講，樣本規模愈大，抽樣誤差愈小；樣本規模愈小，抽樣誤差就愈大。(2)精確度和可信度的要求愈高，所需要抽取的樣本規模就愈大。一般允許可信度有5%的偏差，即採取95%的可信度。(3)調查研究整體中樣本單位之間的程度差異小，或調查研究的項目少、內容較簡單，樣本數就相對要小；反之，樣本數則大。

4. 抽取樣本：此即根據以上所講的五個步驟進行抽樣。

5. 評估樣本：抽取樣本後，應再檢查一下樣本的代表性如何，以便發現問題盡早糾正，保證調查研究達到預定的效果。

Unit **15-5**
公共關係調查的方法

一、實施公共關係調查有不同的方法

1.訪談調查法

簡稱為「訪談法」。訪談法是社會調查中最古老、最常用的方法之一。它是調查員透過對象進行交談，蒐集口頭資料的一種調查方法。訪談法通常是在面對面的場合下進行的，由調查人員接觸調查對象，就所要調查的問題，向調查對象提問，要求調查對象對提出的問題做出回答，並由訪談員將回答內容及交談時觀察到的動作行為及印象記錄下來。

2.問卷調查法

問卷調查法是目前國內外社會調查中較為廣泛使用的一種方法。問卷是指為統計和調查所用的、以設問的方式表述問題的表格。問卷法就是研究者用這種控制式的測量對所研究的問題進行度量，進而蒐集到可靠資料的一種方法。問卷法大多用郵寄、個別分送或集體分發等多種方式發送問卷。由調查者按照表格所問來填寫答案。

3.引證分析法

是指調查人員對各種媒體所傳播的有關組織形象的資訊進行調查分析的一種方法。引證分析也屬於定量研究，它是對媒體所傳播資訊的數量、品質、時間、頻率等進行數據統計。一般來說，一個組織的資訊被媒體引用的次數愈多，這個組織的影響便愈大，知名度也就愈高。引證分析的關鍵是設法取得資訊材料。

4.抽樣法

抽樣法是一種科學地從調查總體中選取調查樣本的方法。總體是指所要調查對象的全部；樣本是從總體中取出來調查的那一部分。採用抽樣法進行的調查具有調查期短、調查資料準確和可靠、節省調查經費等優點。調查必須要遵守隨機原則，也就是在抽選調查對象時，必須保證總體中的每一個被抽選的對象機會均等。這也是進行統計推論的前提條件。

二、如何設計一份調查問卷

問卷是由題目、說明信或指導語、問卷的具體內容和編號組成。

1.題目：題目的設計，一般有兩方面的要求：

(1)題目本身要和調查目的相符。

(2)題目不要給調查者不良的心理刺激。

2.說明信也就是指導語，是問卷中的第二部分，也是對被調查者回答問題態度影響較大的一部分。一般有稱謂；調查的出發點和目的；調查與被調查者自身利益的關係，強調被調者的重要性；回答問題的原則、具體要求，以及兩方的責任；對有關問題的解釋等等。最後註明聯絡人、聯絡地址和電話號碼等。

3.問卷的具體內容，一般分為兩種：

(1)事實問題：指那些曾發生過的、現存的事件，以及一些實際的行為。

(2)態度問題：包括意見、情感、動機、概念等。

4.編號：設計問卷時，要認真考慮問卷的回答種類。開放型問卷的回答種類，一般只包括一個供回答者填寫的空白空間。一般而言，回答者將依據調查

人員所留的空間進行填寫，這就要求研究人員要根據不同問題留有不同的空間，並且在可能的情況下，要為一個完整的回答留出足夠的空間，以免回答者寫在邊上或背面。

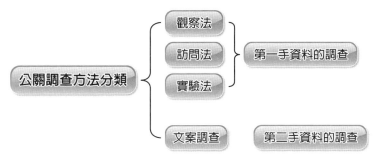

資料來源：楊再春、林榆彬，2012。

知識補充站

按獲取調查資料的方法分類

　　根據所要獲取調查資料的方法不同，公關調查可以分為第一手資料的調查和第二手資料的調查：

1. 觀察法

　　觀察法是指調查者深入現場，透過直接觀察、跟蹤和記錄被調查者的情況來蒐集第一手資料的一種調查方法。

2. 訪問法

　　亦稱詢問法，是調查者透過面談、電信或郵寄等方式向被調查者進行調查的一種調查方法。

　　(1)面談。

　　(2)電話訪問。

　　(3)信函調查。

3. 實驗法

　　實驗法是在人為控制每種因素的前提下，透過作各種對比實驗而取得資料的方法，其結果較客觀、準確、可靠，但往往費時、成本高，而且存在許多人無法控制的實際因素，進而導致實驗結果可能出現誤差。

4. 文獻調查法

　　文獻調查法是一種蒐集、分析、整理現成文獻資料的調查研究方法。這是第一手資料不夠用或不可能取得第一手資料時，利用第二手資料的方法。運用這種方法對於獲取資料較為方便、容易，調查成本低，但所取得的資料可能在時間上、資料的完整性上具有一定的侷限性。

Unit 15-6
科學性調查方法及其比較

一、科學性調查方法的種類

科學性調查方法有郵訪、電話訪問和面訪三種，哪一種較為普及呢？答案是第二種的電話訪問。電話訪問是當今較為普及的科學性調查法，許多企業也會委託民意調查機構以電訪方式取得研究資料。電訪最大的優點是問卷可以馬上回收，不像郵訪那麼曠日費時。訓練有素的電訪員可以在短時間內訪問許多家庭或受訪者，並直接將受訪者的答案鍵入電腦，省略資料轉錄（coding）的繁瑣。此外，在電話裝機普及的台灣，執行電話訪問不需過分擔心樣本偏差的問題。

比起面訪，電話訪問相對而言是比較沒有「侵略性」的。在犯罪率較高的都市地區，許多家庭視訪員為陌生侵入者，戒心較高，然而，電訪就沒有這樣的問題。

目前許多執行電話調查的商業與學術單位，均會使用電腦隨機取樣方法（standard added digit dialing method; Groves and Kah, 1979; Sudman, 1983）來增加樣本數，這是因為許多電話號碼更迭迅速，而且許多電話訂戶注重個人隱私權，不願自己的電話號碼與個人姓名出現在電話號碼簿上，因此，研究人員會以行政地區的前三位號碼為主，再以電腦程式隨機跑出後四碼，以增強電訪樣本的代表性。

我們需注意的是，執行電訪時不宜作較長的問卷，受訪者可能會在回答到一半時不耐煩而將電話掛掉。此外，電訪也不適合做較深的問題，受訪者並不容易從電話中瞭解較難的問題詢問方式，因此可能會導致拒答率或「不知道」比例偏高。

二、郵寄問卷、電話訪問、人員訪問三者之比較

1.郵寄問卷

利用郵政寄發問卷有很多優點：

(1)收件人經過機率抽樣，有代表性。

(2)收件人如果涵蓋地區廣闊，郵寄最為經濟。

(3)郵寄比專人遞送要經濟快速。

但是郵寄也有缺點，最大的問題是回收率太低。

2.電話訪問

利用電話進行調查的機構愈來愈多，台灣的電視收視率調查、民意測驗的調查，以及廣告效果的調查等，幾乎無日無之。電話調查的優點如次：

(1)可以立即得到答覆，不必像郵寄那樣要等待好幾個星期。

(2)打電話聞其聲如見其人，比郵寄問卷有情分，也比派人親訪的費用要低廉不知多少倍。

(3)打電話不像派人訪問那樣打擾被訪者。一個人願意在電話上和訪問者相談五分鐘或十分鐘，但不願意生人進他的家門。尤其是台灣人怕治安不良，到被訪者家中去將不受歡迎。打電話者如果經過訓練，在台灣的回收率可達到九成以上。

然而，在台灣利用電話調查也有

其困難之點。台北市有三分之一的電話用戶沒有登記在電話簿上，因此無法查詢，而且電話公司不提供從地址查電話號碼的服務工作。

3.人員訪問

人員訪問的費用最大。訪員必須訓練有素，薪津較高，而且車旅費用可觀。在大城市，每人每天只能訪問八人到十人。每一受訪者身上所花費的成本在新台幣150元以上（假設訪員每月薪津三萬元，每月訪問20天，其餘時間為假日及準備與整理時間，每天訪問十人。30,000 20（天） 10（人）=150元）。

人員訪問的事先安排頗為費事，而且一般人多不願讓訪員進入家中，是其缺點。但當面訪問可獲得較多資訊，而且訪員可以隨時說明，減少誤解，所獲得的資訊品質最高。所以，人員訪問雖然費用較高，但在這三種辦法之中是最好的一種。台灣每次舉行普查，全都採用人員訪問法。

公共關係對銷售組合的支持

產品／服務	分 銷	傳 播	代 價
非正式調查	物理條件	培育市場	戰略
環境監控	時間條件	廣告訊息及媒體	形象
產品生命週期	訊息及促銷條件	促銷	
名稱或品牌			

資料來源：Ristino, 1989．

269

知識補充站

公關對銷售組合的支持

公共關係人員及他們提供的訊息可以協助產品的銷售，確定將產品或服務提供給消費者的方式、地點。在提供產品、服務之前，組織必須徹底分析與地點、時間相關的後續議題，以確定目標市場。例如：銀行組織到自動提款機應該安裝在距離消費者居住、工作地點近的地方，使用安全的地方，所以現在多數超市都使用自動提款機，而過去自動提款機只安裝在銀行裡，供人們在銀行下班以後使用。無論在分銷還是設計當中，傳播以及提高產品、服務的可供性，都是重要的成功因素。

Unit 15-7
民意調查的定義及公共關係研究與教育設計的未來方向

一、「民意調查」的定義

1.何謂民意調查？

民意調查對於公共關係而言，是一個以科學為其驗證基礎的角色。企業藉由民意調查瞭解目標公眾的心聲與喜好，如此才能知道在公共關係的各種運用溝通方式中，哪些訊息與活動規劃能受到目標公眾的注意與接納。

2.進行民意調查對組織有何幫助？

透過民意調查的協助，可幫助組織及時瞭解社會議題以及民意變化的趨勢，並進一步偵查出組織潛在的危機，使組織能及早準備，快速作出應變，以化解危機。例如：2004年NIKE的喬丹快閃事件，就是NIKE未能及時明白公眾的態度，作出錯誤判斷，導致民眾出現拒買的行動，同時造成NIKE形象上極大的損失。此外，運用民意調查所得的資料分析，可幫助組織知道公眾對組織的期望與需求，進一步促使組織能適當回應公眾需求，調整企業經營目標，符合社會期待與創造企業永續經營的能量。

二、公共關係研究與教育設計的未來方向

休士頓大學的公共關係教授Robert L. Heath，同時也是資深的企業公關顧問，在＜公共關係研究與教育：90年代的課題＞一文中指出，公共關係研究與教育課程的設計，在未來將朝五個重要方向邁進（Heath, 1991）：

1.在學術領域方面：公共關係仍屬於傳播類的學門，但是在行銷、管理方面的研究訓練不可偏廢：Heath指出，以目前公共關係在理論與實務上的發展情形來看，它仍然是一個以傳播為主的學門，學習公關課程的學生藉著學習相關的傳播課程發展溝通技能，學習說服技巧與公關活動策略之設計。

2.在公共關係研究與理論建構方面：組織與不同公眾的互動仍為研究核心，但是公關倫理規範的因素必須列入效益評估的標準之內：Heath認為，由於公關功能普遍受到各大企業與政府單位的重視，因此近幾年來公關的角色漸次提升，純屬技術性的公關工作雖然仍占有一席之地，但是將公關視為組織與公眾互動過程的重要管理工具，則有增加的趨勢。隨著傳播學者對於傳播研究「分析層次」（levels of analysis）的重視（Berger & Chaffee, 1987），Heath呼籲公關研究也應該進行不同分析層次的整合，並強調每一分析層次的研究方向與研究重要性。

3.隨著態度研究理論的精緻化，「說服」與「純資訊式的溝通」界線難明，不宜硬作劃分：Heath指出，傳統的公關研究，將公關活動視為說服或宣傳工作的一環，在說服過程中，隱含著一種閱聽人扮演被動資訊接收者角色的假設，而公關人員在傳遞資訊的過程方面似有操控閱聽人之嫌。然而，隨著態度研究的發展，許多研究均指出，閱聽人會視外在因素而調整自己的資訊處理策略，他們甚至會將公關訊息轉化或調整為符合情境需求的意義，並決定是否改變自己的態度或行為。

4.公共關係是一門求新求變的領

域：隨著時代變遷，公關教育可以進行更多元化的設計，而研究觸角可以多方發展，未來的公關學門可以結合公共政策、法律、環境科學、風險溝通等學門，進行整合性的教學與研究。

5.承續上一個發展趨勢，影響未來公關教育的課程設計有兩股截然不同的力量：一是將公關工作專業化的理想，二是將公關人員做多角化訓練的目標。前者強調公關作為一門專業領域的重要性，呼籲公關專業規範及早制度化並付諸實施；後者則認為公關是一門不斷擴充的領域，不宜過早設定公關工作的範圍，應予以預留發展的彈性空間。這兩股力量如何達成平衡點，值得公關教育者深切思考。

公共關係調查報告文體格式與寫作要求

文體格式		常用形式	基本內容	寫作要求
標題		公文式標題 新聞式標題		醒目 精練 新穎
正文	導言	敘述式 提問式 總結式	介紹調查工作概況（如調查時間、範圍、方式、內容、目的等）	點明主題 高度概括 精練簡短
	主體	邏輯分敘式 表格說明式 條文列舉式	現狀資料分項目彙總敘述；分析造成該現狀的內外原因和影響因素；提出建議和措施	主題明確 中心突出 材料典型 邏輯性強 條理清晰
	結尾	歸納式 警告式 口號式	全文小結	渲染全文 加深印象
署名		標題之下 或全文之後	調查單位 寫作時間	簡單明確
附件		原件 資料卡 表格等	調查表 典型材料 資料庫	為正文服務

資料來源：張岩松等，2013。

知識補充站

撰寫調查報告

　　調查報告是調查者根據公共關係調查活動獲得的訊息資料和據此形成的分析結論所擬寫的一種應用文。公共關係調查報告有其基本文體格式、寫作內容方面的要求，但在具體寫作過程中，仍應針對具體情況靈活安排其寫作結構。

第 16 章

公共關係的評估方式

●●●●●●●●●●●●●●●●●●●●●●●●●●●● 章節體系架構 ▼

Unit 16-1
評估定義、標準標準及企業公關的評估方法

一、評估定義

公共關係程序的最後一個步驟是評估，促使公共關係方案應予以評估的原動力有三：第一，雇主或客戶都具有現代管理成果導向的觀念，耗費人力、財力、物力，推動公共關係方案的最後成果是否值得，因此要求辦理評估；第二，管理重在控制，方案推行的過程之中，需要加以衡量，以求達成預定目標；第三，為符合專業之需要，作業需要加以評估，以求符合水準，例如問卷之測試，目的在使問卷不被誤解。

二、評估標準

公共關係方案執行結果是成功抑為失敗，應有一衡量標準。所謂評估成果，即是將方案執行的結果，與當初所定的目標互相比較。如果達成或超過目標，表示方案的執行非常成功，否則係屬失敗。前面已經提過，公共關係活動的成果為何應予評估，一方面可以知道這種活動是否確有價值，一方面知所得失，將來可以改進。但無論中外，公共關係活動都疏於評估。有時即使舉辦，也是簡單的過程評估，而不是最後成果的評估。推究其原因可能有下列幾點：

1.雇主及客戶心目中的公共關係成果，極為模糊抽象，在擬訂計畫之初，所設定的目標就很不具體，所以沒有要求評估的強烈意願。

2.公共關係工作人員未受過社會科學研究方法的訓練，對於此種評估工作不能勝任。

3.有系統的評估需要大量的人力、物力、財力，及時間。

4.客戶和雇主，甚至公共關係人員認為評估是不急之務，公共關係的活動已成為過去，為得為失，已屬於事無補。

三、企業公關的評估方法

一般而言，公共關係評估方法有三種：第一種是以科學性的方法來評估公關成效，例如以隨機抽樣的方式進行社會調查，以統計數字來證明公關活動執行前後閱聽人態度或行為的差異，目前許多民意調查單位所執行的隨機取樣問卷調查就是一例。

第二種是屬於較為主觀、經驗性的評估，也就是所謂的非正式研究方法（informal methods）。例如我們可以舉辦公關活動的經驗來推測該活動與其他類似的活動相較，其成效如何？公關人員最好事先可以先和企業主管或客戶達成協議，選出一個雙方可以接受的成效指標（the index of effects），例如預定參加活動的人數、現場活動的熱烈程度等等。

第三種評估的方法是內容分析，公關人員以剪報、媒體曝光時間、企業主管接受訪問的次數、專題報導的篇數等等，來評定公關案的效果。有時候公關人員甚至會將新聞報導與其他宣傳成果以廣告費率的標準換算成金額，向企業主管證明公共關係的宣傳「價值」。第三種方法可以說是公關人員在撰寫結案報告時，最常使用的成效評估依據。

公共關係活動實施效果評估標準圖

評估標準 評估要素	100% 最好	83.2% 很好	66.6% 較好	50% 中	33.4% 較差	16.8% 差	0 極差
1.覆蓋區域							
2.接待人員數量							
3.施加影響數量							
4.公關消息數量							
5.專題報導數量							
6.媒體引用次數							
7.增加知道數量							
8.增加瞭解數量							
9.增加信任數量							
10.增加忠誠度數量							
合計							

資料來源：蔣楠，2004。

Knowledge 知識補充站

公共關係活動實施效果評估標準圖

　　上表說明：在這十個要素中，評判它們的基數，可分為幾個方面，第1～3個要素，以公共活動策劃方案的預定指標為標準。第4～6個要素以策劃方案和業界通行慣例為標準。第7～10個要素，以公關活動實施之前的狀態為基數。同時，除了這十個要素之外，根據公共關係活動內容與特性，可進一步充實、完善，只不過這十個要素不可或缺。

Unit 16-2
工作成果的評估的目標評估及其優缺點（一）

工作成果可分為：一、製作成果，二、發出成果，三、採用成果，四、接觸成果，五、價值成果，六、單位成本，七、瞭解資訊，八、認同資訊，九、態度改變，十、行為改變。前八項屬過程評估，最後二項為目標成果的評估，茲分別說明如次：

第一項：製作成果的評估

公共關係部門或公司為雇主或客戶製作事項之評估，如撰寫新聞稿五則，招開記者招待會兩次，製作單張及小冊子各乙次。評估條件：1.是否如期交卷，2.新聞稿是否合乎新聞要求，3.記者招待會出席人數及所代表之媒體是否齊全，準備的新聞稿、背景資料、照片等是否充分。

第二項：發出成果的評估

上述製作之訊息發交各媒體情形之評估，媒體名單或聽眾之名單是否適宜，發送之數量、方法、時間之考慮是否周到等。

第三項：採用成果的評估

上述資訊被媒體採用情形之評估。報紙、雜誌刊出的家數（其中是否包含有指定的大型報紙），及刊登的字數。公共關係人員應簡報並開列清單，裝訂成冊，至於廣播及電視，可委託專門性公司代為監聽，提出報告，併同上項剪報資料，作為公共關係活動的成績，送交雇主或委託的客戶。

第四項：接觸成果的評估

接觸成果乃是指暴露在傳播訊息下的羣眾人數。即各媒體刊出新聞的次數乘以該媒體發行量，再乘以可能接觸的人數之總和。例如甲報刊出新聞兩次，乘以該報發行量一百萬份，假設每份報有三個人看過，則其接觸成果六百萬人次。再以同樣方法計算乙、丙、丁等各報之接觸成果。再將各報接觸成果相加，即得總接觸成果。

第五項：價值成果的評估

將報紙、雜誌刊登的欄數，或廣播電視播放的時間，以廣告計價，作為各該媒體傳播的金錢價值。例如：報紙刊登五吋的報導文章，換算為廣告成本每欄吋100元，共500元，譬如有一家電子公司一年之內，在報紙上提及該公司及其產品的版面，換算為廣告共值158,644元。其餘雜誌、廣播、電視的計算方式相同。依此類推。

這種辦法好像言之成理，其實是將新聞與廣告相提並論，實在是牛頭不對馬嘴，廣告是公司可以直接控制的，而新聞決定的主權操之於媒體。新聞可以是正面的，也可以是負面的或中性的。而且新聞與廣告根本是兩件事。如何能換算？

還有一點，將新聞以廣告換算會使人聯想到「新聞是免費的廣告」，使媒體覺得不是滋味。無論是國內或國外，新聞界對於廣告之變相入侵新聞領域，無不極端敏感。將新聞發布以廣告計值，將造成新聞界的厭惡，影響到新聞發布稿的採用。

不過，新聞以廣告換算價值雖然不倫不類，一無是處，但是從這裡可以知

道公共關係活動的成果，甚難以具體價值表示，這實在是沒有辦法中想出來的辦法，仍不無參考價值。

第六項：單位成本的評估

另一個辦法是，每一個聽眾接觸資訊傳播者，所花費的成本作為評估的標準。

廣告利用此法以衡量廣告成本的高低。例如在台灣，電視台30秒鐘一般時段廣告，約需新台幣2萬元，如果觀眾為16萬人，每人只有新台幣1角2分5釐，傳播者可能認為值得。

此法著重成本效益，不但大眾傳播媒體可以利用，小眾傳播媒體如公司電影、小冊子、通訊等，都可以估計單位成本的高低，以做為選擇媒體的根據。

第七項：瞭解資訊的評估

利用聽眾意見調查，包括任意抽樣訪問、電話訪問及問卷調查等，藉以衡量一次傳播運動，或一項特別事件，群眾瞭解的情形，稱為群眾對資訊瞭解的成果。衡量群眾瞭解資訊的程度，並不需要知道群眾對傳播的訊息同意與否。

第八項：認同資訊的評估

以上所說的是衡量群眾對訊息瞭解的程度，現在要進一步衡量群眾在瞭解訊息之後所認同的情形，例如台灣的公營事業近年來都編有鉅額預算，推行敦親睦鄰運動，表示公營事業已負起企業的社會責任，在地方上做一個好公民。

公共關係效果評估的三大階段

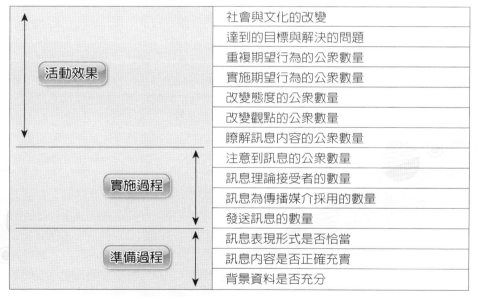

活動效果	社會與文化的改變
	達到的目標與解決的問題
	重複期望行為的公眾數量
	實施期望行為的公眾數量
	改變態度的公眾數量
	改變觀點的公眾數量
	瞭解訊息內容的公眾數量
實施過程	注意到訊息的公眾數量
	訊息理論接受者的數量
	訊息為傳播媒介採用的數量
	發送訊息的數量
準備過程	訊息表現形式是否恰當
	訊息內容是否正確充實
	背景資料是否充分

資料來源：李道平等，2014。

Unit 16-3
工作成果的評估的目標評估及其優缺點（二）

第九項、態度改變的評估

公共關係人員利用訊息，改變人的觀念和意見，評估上的困難有過於以上所述的各種衡量。

衡量態度轉變的主要技術稱為「水準基標的研究」（bench mark study），即舉辦公共關係活動之前，及之後各舉行一次態度調查，就可以算出採取活動及態度改變的百分比。當然，此中有許多干擾變數，因而產生誤差，不過仍就可以統計分析的方法，儘量消除誤差，以求得態度改變的實際數字。

第十項、行為改變的評估

公共關係活動最終的目的在使群眾按照預期計畫，達成公司目標。

戲院的目標不是在媒體上報導，而是在出售戲票；候選人打恭作揖，笑臉迎人，不是為了表示謙和，而是在爭取你的選票；有的公司響應收回包裝，捐款給環保基金，公司的真正目標可能不在環保運動，而是在塑造企業形象。

上列十種工作成果評估中，前八種屬於工作過程中階段性的評估，後兩種屬於最後成果的評估。對雇主和客戶而言，前者都不是他們花費人力及財力所希望獲得的成果，他們所關心的試聽眾的態度和行為改變了多少。他們要問：「我們的形象改變了多少？」「我們所告訴群眾的，他們有多少人知道了？」「反對我們的人原來有50％，現在還有多少？」至於公共關係人員寫了多少新聞稿、送到哪些媒體、剪報資料共有幾公斤、有多少人瞭解到傳播資訊、換算

為廣告要值多少錢，以及每人成本是如何低廉等，都不是他們所重視的。

成果評估是有層次性的，愈是在前面的，愈是受到公共關係工作人員的重視，愈到最後，愈是受到雇主或客戶的重視。

二、企業公關的評估方法的優缺點

但是這種工作過程中，階段性的評估雖然不是雇主或客戶所要求的最後結果評估，但是，(1)製作成果評估，可就專業知識及訓練衡量製作物的水準，同時考慮聽眾可能接受的程度，這屬於定性的評估，一般公務人員多半以此作為評估的根據。(2)發出成果評估，資訊發送給媒體或聽眾的情形，媒體的選擇是否經過評估，如直接送交聽眾，聽眾名單是否適宜，聽眾能否接觸傳播通道。(3)採用成果評估，將寄發名單與採用者名單互相對照，即可算出採用之比率，並應檢查是否包括預先指定之重要媒體。如直接寄發聽眾，應設法取得聽眾回饋資料。一般而言，採用成果為剪報資料，雇主或客戶多能接受。(4)接觸成果評估，此法在廣告上應用最為普遍，由接觸成果可以約略知悉傳播活動的影響範圍。(5)價值成果評估，可推算公共關係活動對雇主或客戶之貢獻。雖屬難謂準確，但亦可略知大概。(6)單位成本評估，計算每一聽眾之單位成本，如基本資料準確，則計算之結果大致可靠，可作為選擇傳播媒體之依據。(7)瞭解資訊評估結果，可以知道這訊息是否難

易適度，能否引起羣眾的興趣。(8)認同資訊的評估結果，可以知道羣眾在觀念上的傾向，但仍不足以決定他最後的態度。(9)態度改變之評估。(10)行為改變之評估，屬於最終的評估，此雇主及客戶所追求的最後結果。

這種最後成果評估的最大的困難，在評估的標準難以訂定。其中變數太多，公共關係人員無法控制，例如前例增加乾梅子銷路的公共關係活動推行結果，年銷量增加4％，看上去是一次很成功的活動，但也可能不是，假定這一年社會上突然流行一種風尚，大家愛吃乾梅子。還有，此次僱用推銷員，介紹乾梅子是健康食物，如改用電視傳播，可能效果更好。前面我們說過，這種評估可能掠人之美，也可能貪天之功，其故在此。

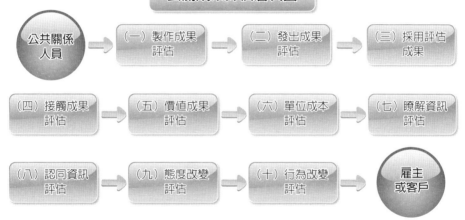

公關成果評估層次圖

279

知識補充站

公關成果評估層次圖

上圖，旨在進行工作成果的評估的目標評估，而這十種工作成果評估中，前八種，包括：一、製作成果，二、發出成果，三、採用成果，四、接觸成果，五、價值成果，六、單位成本，七、瞭解資訊，八、認同資訊，都是屬於工作過程中階段性的評估，後兩種則是屬於最後成果的評估，包括：第九項的態度改變的評估，以及第十項的行為改變的評估。這裡要特別提的是，第九項有關衡量態度轉變的主要技術稱為「水準基標的研究」（bench mark study），即舉辦公共關係活動之前，及之後各舉行一次態度調查，就可以算出採取活動及態度改變的百分比。最後，也是最重要的是，公共關係活動最終的目的，使群眾按照預期計畫，達成公司目標。如此才算大功告成。

Unit 16-4
公共關係主觀性評估方式分析

一、公共關係的主觀性評估方式

1.企業公關活動執行後的公關小組檢討會議，在檢討會議中，小組成員依照工作分派方式、工作品質、參與者的回饋以及工作人員在現場所作的觀察等來檢討活動的成敗，這是屬於組織內部的評估。

2.有時候公關人員也會藉由「外力」推估活動成效，例如許多企業因為投入社會公益活動，獲頒年度公關貢獻獎，或者公關公司以曾經執行的優良企劃案參與比賽獲獎，都可以拿得獎來證明或肯定公關企劃案之成果。

3.活動進行當中，有哪些事先未知的變數影響活動成果？公關人員是否有效控制這些變數？減輕他們所帶來的負面影響？公關人員對於危機或臨時狀況的掌握，也是評估過程的指標。

4.公關人員可觀察公眾的行為，藉此瞭解他們的態度，通常這是一種非正式的感覺。例如起立歡呼、自然的鼓掌、離開時的口頭推薦或評論，甚至是當面表達讚美，這些都是判斷公眾對公關活動接受程度的線索。換句話說，如果他們沒有回應或表現出懷疑、反對的態度，這個活動就很難被視為是一個成功的活動。當然，公關人員也會使用較為系統性的方法來評估，最普遍的評價方法就是在活動結束後，讓參加者填寫問卷評量表。要求參與者評定關於活動地點、花費、設備、訊息內容、有待改進項目以及對於未來活動的建議。

二、如何執行雇主的滿足？

雇主的滿足是公關主觀性評估的重要項目之一，但是這是一個極難評估、但是卻普遍存在於管理階層的問題。有時候，即使公關人員圓滿完成公關目標，雇主（客戶）對於公關目標的認知，可能與公關執行，還有一大段的落差。許多客戶可能希望公關人員能夠達成比原訂公關目標更好的結果（例如上重要媒體的頭版頭條新聞），但是公關人員與客戶之間，卻從未針對這些期望進行任何溝通。這些看起來不甚實際的期望，有時候會對公關工作造成阻力，公關人員應與客戶充分的溝通，瞭解他對於公關工作的期望，以及公關活動可能（以及不可能）達成的目標究竟是什麼？

三、採行媒體內容分析法評估應注意事項

1.大眾媒體的經營型態、定位、發行量／收視率

大眾媒體的閱聽人定位各有不同，即使是綜合性的媒體，不同節目與版面所吸引的對象也不一樣。企業公關人員，應該注意這些媒體的定位與公關活動目標對象之間的關係。如果公關活動是一個娛樂晚會，那麼以軟性新聞為主的休閒性頻道，或報紙對該活動所做的報導，可能會比其他類型的媒體重要。此外，媒體的發行量或收視率，會直接影響到公關訊息被接收的可能性，因此公關人員也應密切注意報紙的閱讀率與電子媒體節目的收視率。

2.公關訊息／媒體報導在媒體出現的大小／前後順序與位置

這直接率涉到公關訊息是否可以被有效的吸收。就報紙而言，擺在愈前面的

版面的新聞愈重要，而新聞在版面的位置上，依重要順序分別是：右上、左上、右下、左下。就電子媒體而言，消息的重要順序是依播報前後順序而定的。

3.報導訊息內容為正面、中立或是負面？

媒體大篇幅報導某企業的新聞，並不代表記者是該企業的形象化妝師。有時候企業發生危機，如產品被發現有重大瑕疵、公司組織人事異動、財務發生困難時，新聞記者都會有興趣報導。一般而言，媒體是喜歡報憂甚於報喜，因此媒體早已習慣於新聞事件中主角的衝突對立，對於報導動態事件的興趣，也甚於靜態事件。

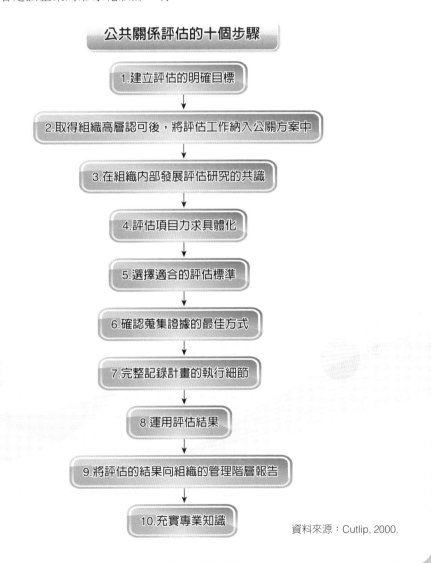

公共關係評估的十個步驟

1.建立評估的明確目標

2.取得組織高層認可後，將評估工作納入公關方案中

3.在組織內部發展評估研究的共識

4.評估項目力求具體化

5.選擇適合的評估標準

6.確認蒐集證據的最佳方式

7.完整記錄計畫的執行細節

8.運用評估結果

9.將評估的結果向組織的管理階層報告

10.充實專業知識

資料來源：Cutlip, 2000.

Unit 16-5
傳播審查、傳播稽核及公關測量的長期效果

一、傳播審查

機構的傳播活動，每年至少要審查一次，以瞭解本機構整個傳播活動是否有效。審查的內容，包括本機構的傳播目標是否切合當時需要、評估本機構的長、中、短程傳播方案、本機構傳播作業的優點及缺點、本機構應加強公共關係活動的建議事項。

傳播審查除定期辦理外，遇有必要時亦可臨時舉行，例如當公司有大改變時，包括產品或勞務的改變、股票上市、合併或收購其他公司，或管理上有重大改革時，均可審查。審查的範圍如次：

1. 分析本公司全部傳播作業，包括通訊、通告、說帖、小冊子、年報、郵寄名單、所接觸的媒體、標誌、廣告、接待人員、會客室等。

2. 非正式訪問員工、中級管理人員、高級主管等，以明瞭彼等對於公司傳播事項瞭解的程度。

相關的研究技術均可應用在傳播審查方面。例如信件及電話調查、焦點群眾調查等。凡群眾應該知道而未知道者，就表示傳播上有漏洞，急待補救，例如證券分析人員，對本公司財政狀況茫然無知；又如市政府官員，對本公司的社區關係多有誤解，這顯然是傳播上的缺失，應予改正。

審查工作結束之後，應撰寫一份審查報告書，提供管理階層做決策的參考。

二、傳播稽核的定義及活動

1. 傳播稽核的定義

「傳播稽核」就是評估組織整體的傳播計畫，一個組織的整體傳播活動，應該由各種可能的角度加以分析與評估，以確認每個主要及次要公眾接收到適當的訊息，同時藉此找出那些需要加強溝通與改變策略的部分。

2. 傳播稽核活動應該包括以下部分：

(1) 分析所有的傳播活動：包括新聞報導、備忘錄、組織政策、對外聲明稿、手冊、圖表、商標、廣告、櫃檯接待、訪客休息室等。

(2) 進行與基層員工、中階主管、及行政高層主管的非正式面談。

(3) 安排與公眾意見領袖、媒體守門人、消費者、業務代表以及在社會上或其他產業有影響力者，進行非正式的面談。

三、公關測量的長期效果

目前的公關效果雖然可經由傳播過程的訊息評估，瞭解傳播目標的達成與否及其短期的傳播效果，但卻難以有效測量出組織與公眾關係的長期效果。因此，如何測量公關的長期效果，及如何顯現公關對組織與社會的價值，已成為公關學術研究與改進公關實務的重要主題。

James Grunig和幾位學者都陸續發表了一些有效評估「組織－公眾」之間關係品質的方法，有助於衡量公關對組織與社會的長期價值。Grunig認為公共關係對組織的價值，在於它與策略性公眾的

關係建立，他提出「良好關係」（good relationship）的測量指標，並可將其實際運用於公關專業上的具體作法。Grunig認為公共關係要使組織運作更有效率，必須找出最主要的策略性公眾，使之成為策略性管理過程的一環，並提出一套有效的溝通計畫，以便發展與維持組織與策略性公眾之間的長久關係。此外，透過對「組織－公眾」的關係品質測量，並將傳播活動效果評估與關係品質之測量作連結，更可進一步確認與延展公共關係的價值。

公共關係活動類型評估的內容及要點

日常活動評估	①組織的全員公共關係運作情況； ②領導者開展內外部公共關係活動的情況； ③全體員工的公共關係意識和行為表現情況； ④組織的各部門在經營管理各環節上的公共關係投入情況； ⑤組織內部公共關係協調狀況； ⑥公共關係網路和日常的組織溝通情況。
專項活動評估	①項目的計畫是否合適； ②其目標與組織總目標、公共關係戰略目標是否一致； ③項目的目標是否已經實現； ④傳播溝通策略和訊息策略是否有效； ⑤公共關係協調狀況如何； ⑥對公眾產生了哪些影響。
年度活動評估	①年度公共關係計畫目標是否實現； ②年度公共關係計畫方案是否合理； ③實現狀況如何； ④年度內日常公共關係工作成效如何； ⑤年度內單項公共關係活動的類型、數量及成效分析； ⑥年度公共關係活動經費預算和使用情況及合理程度。
長期活動評估	①某一長期公共關係項目以及公共關係長期工作的成效分析； ②將日常工作評估結果、專項活動評估結果、階段性工作評估結果，進行系統地分析，從而獲得總結論； ③對公共關係活動的經歷進行客觀評估； ④將前幾種公共關係活動效果評估的內容和要點加以歸納和分析。

資料來源：MBA智庫百科http://wiki.mbalib.com/

283

參考書目

中文部分

MBA 核心課程編譯組編譯（2003）。《公關經理》（下）。台北：讀品文化。

卜正珉（2003）。《公共關係──政府公共關係議題決策管理》。台北：揚智。

于然（2014）。《現代組織公共關係學》。北京：北京師範大學。

王婷（2011）。《面對媒體的策略──新聞發言人媒介素養實務》。北京：中國傳媒大學。

王忠偉（2011）。《公共關係學》。北京：化學工業。

王鎬、洪敏莉譯，Larry Percy 著（2000）。《整合行銷傳播策略：從企劃、廣告、促銷、通路到媒體整合》。台北：遠流。

世新大學公共傳播學系主編，Grunig, J. 主講（2001）。《公關新世紀──理論與實務的探討》。台北：世新大學「曹演義」國際學術講座。

孔誠志主編，臧國仁等著（1991）。《公關手冊：公關原理與本土經驗》。台北：商周文化，再版。

孔祥軍等譯（2008）。《公共關係：職業與實戰》。北京：中國人民大學。

匡文波（2014）。《新媒體輿論：模型、實證、熱點與展望》。北京：人民大學。

杜琳、劉穎（2013）。《公共關係原理與實務》。北京：清華大學。

李次郎（2003）。《公共關係理論與實務》。台北：水牛。

李湘君（2004）。《當代公共關係：策略、管理與挑戰》。台北：亞太。

李湘君（2013）。《策略公共關係：理論與實務》。台北：五南。

李道平等人（2014）。《公共關係學》。北京：經濟科學。

李樸良譯，Matt Haig 著（2001）。《數位公關──成本少效率高的網路 PR 實務》。台北：高智文化。

何嘉敏（2010）。《公關學一天課》。台北：智言館。

林之達（2012）。《傳播心理學教程》。北京：北京大學。

林維國（2013）。《新媒體與民意理論與實證》。台北：五南。二版。

林靜伶等編著（1996）。《公共關係》。新北市蘆洲區：國立空大。

吳怡國等（Don E. Schultz 等原著）（1994）。《整合行銷傳播：21 世紀企業決勝關鍵》。台北：滾石文化。

吳昆茂（2010）。《公共關係：理論、策略、實務》。台中：中華民國資深記者協會。

吳儀蓁（2005）。《危機傳播：公共關係語藝觀點的理論與實證》。蘇州：蘇州大學。

吳錦屏（2000）。《百變公關：不可思議的公關實戰手冊》。台北：方智。

吳錦屏（2002）。《公關共和國──35 位頂尖公關的經驗講座》。台北：方智。

易聖華（2013）。《新聞公關營銷實戰》。北京：機械工業。

參考書目

紀華強（1997）。《實用公關基本法》。台北：漢宇。

紀華強（1998）。《雙向溝通做公關》。新北市：華碩文化。

姚惠忠（2009）。《公共關係：原理與實務》。台北：五南。二版。

高萍（2007）。《廣告策劃與整合傳播》。北京：中國傳媒。

孫秀蕙（2004）。《公共關係理論、策略與研究實例》。台北：正中。

秦勇、龐仙君（2014）。《現代公共關係學》。北京：交通大學。

胡百精（2005）。《危機傳播管理》。北京：中國傳媒。

梁吳蓓琳（1995）。《新公關時代》。台北：方智。

莊克仁（2011）。《公共關係 Q & A》。台北：亞太。

唐雁凌、姜國剛（2011）。《公共關係學》。北京：清華大學。

陳一香 （2007）。《公共關係：理論、策略與應用》。台北：雙葉書廊

陳力丹（2012）。《輿論學——輿論導向研究》。上海：上海交通大學。

陳心想等譯（John R. Zaller 原著）（2013）。《公共輿論》。北京：中國人民
　　大學。

陳先紅、何舟（2009）。《新媒體與公共關係研究》。武漢：武漢大學。

陳東園、莊克仁、郭文耀（2004）。《大眾傳播學》。新北市蘆洲區：國立空大。

葉鴆鳩等主編（2010）。《廣告原理與實務》。天津：天津大學。

郭惠民（1998）。《當代國際公共關係》。上海市：復旦大學。第二版。

陸炳文（1992）。《公關與危機處理》。台北：南海圖書。

崔寶瑛等譯（1986）。《實用公共關係學》。台北：世界。

程秀花、姜東旭（2011）。《傳媒市場調查》。廣州：中山大學。

黃深勳等著（1997）。《企業公共關係》。新北市蘆洲區：國立空大。

黃深勳等著（1999）。《觀光行銷學》。新北市蘆洲區：國立空大。

梅文慧（2013）。《信息發布與危機公關》。北京：清華大學。

彭家發譯，Herbert Strentz 著。（1994）。《新聞記者與新聞來源》。台北：遠流。

彭懷恩（2011）。《媒體關係》。新北市：風雲論壇。

張在山（2004）。《公共關係》。台北：五南。

張依依（2007）。《公共關係理論的演進與變遷》。台北：五南。

賴金波（2003）。《公關策略：理論與實務運用》。台北：五南。

張岩松等（2014）。北京：《公共關係》。北京：清華大學。

張益勤等譯（Simon Cottle 等原著）（2010）。《新聞學與公共關係》。新北市：
　　韋伯文化國際。

熊源偉編著（1994）。《公共關係學》。台北：天一。

熊源偉主編（2000）。《公共關係學》。合肥：安徽人民。

鄭自隆（2013）。《公共關係：策略與管理》。台北：前程文化。

鄭貞銘（2001）。《民意與民意測驗》。台北：三民。

參考書目

蔡麗蓉、李先鳳譯（Rich Jernstidt 等原著）（2005）。《公關行銷聖經》。台北：經濟新潮社。

蔡美瑛編著，Doug Newssom, Judy VanSlyke Turk & Dean Kruckedrberg 著（1999）。《公共關係：理論與實務》。台北：亞太。

楊中明（1998）。《哈佛學不到的公關藝術》。台北：慧眾文化。

楊在春、林瑜彬（2012）。《公共關係理論與實務》。北京：機械工業。

楊雅婷等譯（Wolfgang Donsbach, Michaele W. Traugott 主編）。《民意與民調研究》。新北市：韋伯文化國際。

賴祥蔚（2009）。《公關計畫——活用媒體曝光術》。台北：書泉。

劉月英（2009）。《公共關係》。上海：復旦大學。

劉建順（2005）。《現代公共關係學：整合傳播行銷與公共報導導向》。台北：智勝文化。

劉俊麟（1999）。《現代公共關係法》。台北：揚智。

劉俊麟校閱、熊源偉主編（2002）。《公共關係學》。台北：揚智。

蔣楠（2011）。《公共關係原理與實務》。北京：中國人民大學。

潘文文（1995）。《非營利組織公共關係策略之研究——我國宗教型社會福利組織之個案研究》。台北：國立中興大學公共政策研究所碩士論文（未出版）。

鍾榮凱編譯，Fraser P., Seitel 著（1999）。《實用公共關係學》。台北：天一。

戴鵬飛譯（A. V. Dicey 原著）（2014）。《公共輿論的力量——19 世紀英國的法律與公共輿論》。上海：上海人民。

廖為健（2011）。《公共危機傳播管理》。廣州：中山大學。

譚昆智等（2009）。《公共關係策劃》。北京：清華大學。

韓運榮、喻國民（2005）。《輿論學：原理、方法與應用》。北京：中國傳媒大學。

魏宏晉（2008）。《民意與輿論：解構與反思》。台北：台灣商務。

嚴成根等（2006）。《公共關係學》。北京：清華大學。

參考書目

西文部分

Baskin, Otis., Anonoff, Graig., & Lattimore Dan. （1997）. **Public Relations: The Profession and the Practice.** USA: Time Mirror Higher Education Group, Inc.

Cutlip, S. M., Center, A., & Broom, G. (1994), **Effective Public Relations,** 7th ed. New Jersey: Prentice Hall.

Edited by Coombs, Timothy W. Holladay, Sherry J. (2012). **The Handbook of Crisis Communication.** UK: Wiley –Blackwell.

Pettegrew, L. S. (2000). If IMC is so good, why isn't it being implemented? Barriers to IMC adoption in corporate America , **Journal of Integrated Communication.** [On-line]. Available.

Gruning, J. E. & Hunt, T. (1984). **Managing Public Relations.** New York: CBS Publishing Company.

Harrison, Shirley. (2000). **Public Relations: An Introduction.** UK: Thomas Learning.

Heath, Rober L. (ed.) (2001). **Handbook of Public Relations.** CA: Sage Publications, Inc.

Oliver, Sandra. (2009). **Public Relation Strategy**, 3rd ed. USA: Kogan Page.

Schultz, D.E. (1993). Integrated Marketing Communication : Maybe definition is in the point of view , **Marketing News,** January 18, p.17.

Schultz, D. E. & Kitchen, P. J. (2000). A response to Theoreteical concept or management fashion? **Journal of Advertising Research,** 40(5), pp.17-21.

Seitel, Fraser. (2011). **The Practice of Public Relations.** 11th ed. Prenctice-Hall.

Smith, Ronald D.(2005). **Strategic Planning for Public Relations.** 2nd ed. New Jersey: Lawrence Erlbaum Associates, Inc.

Stacks, Don. (2011). **Primer of Public Relations Management**. NY: Guilford Press.

Swann, Patrica.(2010). **Case in Public Relations Management.** NY: Routledge.

Theaker, Alison. (2004). **The Public Relations Handbook**, 2nd ed. London & New York: Routledge.

Watson, Tom, & Noble, Paul. (2005). **Evaluating Public Relations: A Best Practice Guide to Public Relations and Evaluation.** London, UK & Sterling, VA, USA: Kogan Page Ltd.

Wilcox, Dennis L., Ault, Phillip H., Agee, Warren K., & Cameron, Glen T. (2000).

Public Relations: Strategies and Tactics, 6th ed. New York: Addison-Wesley Publishers Inc.

Windahl, S., Sigitizer, B. H., & Olson, J. T. (1992). **Using Communication Theory: An Introduction to Planned Communication.** New York: Sage Publications, Inc.

國家圖書館出版品預行編目(CIP)資料

圖解民意與公共關係 / 莊克仁著. -- 初版.
-- 臺北市：五南, 2015.05
　　面；　公分
ISBN 978-957-11-8081-6 (平裝)
1.民意　2.公共關係
541.771　　　　　　　　104004956

1ZEU

圖解民意與公共關係

作　　　者 - 莊克仁（213.9）

發 行 人 - 楊榮川

總 編 輯 - 王翠華

主　　　編 - 陳念祖

責任編輯 - 李敏華

封面設計 - 童安安

出 版 者 - 五南圖書出版股份有限公司

地　　　址：106台北市大安區和平東路二段339號4樓

電　　　話：（02）2705-5066　　傳　　真：（02）2706-6100

網　　　址：http://www.wunan.com.tw

電子郵件：wunan@wunan.com.tw

劃撥帳號：01068953

戶　　　名：五南圖書出版股份有限公司

台中市駐區辦公室：台中市中區中山路6號

電　　　話：（04）2223-0891　　傳　　真：（04）2223-3549

高雄市駐區辦公室：高雄市新興區中山一路290號

電　　　話：（07）2358-702　　傳　　真：（07）2350-236

法律顧問　林勝安律師事務所　林勝安律師

出版日期　2015年5月初版一刷

定　　　價　新臺幣370元